Federico Mello

Il lato oscuro delle stelle

Imprimatur editore

Imprimatur editore è un marchio di Francesco Aliberti

Promozione e distribuzione RCS Libri

Sede legale e operativa:
Via Meuccio Ruini, 74 - 42124 Reggio Emilia
Tel. 0522 272494 - Fax 0522 272250

Partiamo da un dato di fatto. Voi siete morti. E noi avevamo sbagliato tutto. Voi, come direbbe Grillo, siete politici, giornalisti, intellettuali, professori universitari, saggisti, classe dirigente diversamente assortita. Siete morti perché non avete capito quello che stava succedendo, non avete capito che l'arrivo del nuovo media internet, la Rete, il world wide web, avrebbe cambiato tutto, anche le dinamiche del consenso e del potere. Siete stati attratti come una falena dalla luce delle chiacchiere, da amici con l'iPad sotto braccio che vi consigliavano di aprire un profilo Twitter, di connettervi anche voi. Vi siete fatti incuriosire dai vostri figli che smanettavano su schermi e tastiere. Ci avete provato, vi siete messi all'opera, ora forse avete qualche centinaia di amici su Facebook, sapete telefonare con Skype, ogni tanto vi concedete qualche porno in streaming – qualche corso di make-up quando non avete niente da fare e la casa è vuota. Ma proprio voi, cari morti, non avete avuto abbastanza tempo per metterci le mani sopra, provare sulla vostra pelle, farvi una cultura digitale, sottoporre a prova scientifica le vostre intuizioni per poi vedere come queste si rompevano sulla realtà proprio come un'onda si infrange sugli scogli.

Non vi dovete sentire soli però. Noi blogger, community manager, esperti di social network, giovani imprenditori della new economy, costruttori di siti internet, intellettuali delle Reti e dei network, anche noi eravamo "morti". E oggi, a guardarci indietro, a rivedere cosa dicevamo, la nostra propaganda digitale, la nostra supponenza elitaria in un mondo che marciava ancora ad andatura analogica, possiamo dirlo: non ci avevamo capito niente. Eravamo allora come siete voi oggi. Anzi, peggio. Siamo stati proprio noi a sviare il discorso quando eravamo ancora una minoranza. Ci sentivamo eletti, urlavamo da dietro le tastiere: la Rete cambia tutto! Giornali, radio, televisioni, Berlusconi, Prodi, destra, sinistra. Niente frontiere, un solo e unico grande continente connesso. Il mondo è più piccolo. Tutto è nelle mie mani. Dicevamo agli altri: aprite gli occhi. Capite. Che qua c'è confronto. Orizzontalità. Tutti possono parlare con tutti. Linux è un sistema operativo programmato in Rete che soppianterà ogni altro software. La televisione scomparirà. Ognuno di noi diventerà super-umano impiantandosi un chip di memoria nel cervello. È tempo di parlare molti-a-molti, la comunicazione con un solo emittente e tanti riceventi è finita. Second life è una nuova forma di socialità. Finalmente! Senza barriere, razze, religioni. I giornalisti non esistono, esiste il citizen journalist, il giornalismo dei cittadini. Sentenziavamo: tutto è vecchio, tutto è passato. Chi non si aggiorna è destinato a essere spazzato via. È la Rete bellezza, e tu non puoi farci niente.

Epperò, proprio noi, come una goccia che cade su un marmo di granito e ora dopo ora, giorno dopo giorno, consuma, scava, buca. Con il passare del tempo abbiamo dovuto cominciare ad ammetterlo. Che non avevamo capito niente. Ancora, di nuovo. Il buio analogico, poi la luce digitale quindi il lato oscuro della forza dei bit. Nel mondo nuovo e connesso non tutto filava così liscio come avevamo pensato. Internet, da solo, non serviva a ''cambiare'' la vita in meglio: non era sufficiente la Rete a trasformare il mondo in una democrazia orizzontale. Era invece il mondo con le sue contraddizioni, le sue storture, il suo genio e i suoi abissi, le sue disuguaglianze e i suoi successi, l'eterna guerra tra potere e contropotere, a cambiare la Rete.

Tutto probabilmente non poteva che andare così. Non avevamo saggi a spiegarci come fare, spalle di giganti sulle quali arrampicarci, nessun manuale a mostrarci la profondità di quello che stava succedendo, nessun fondo di caffè a farci vedere il futuro. Della Rete, nata nei centri di ricerca negli anni Sessanta, diventata web all'inizio dei Novanta, esplosa all'alba del nuovo millennio, tutti siamo stati pionieri e cavie. E così noi, "early adopter" entusiasti, piano piano, status dopo status, post dopo post, notifica su notifica, mail dopo mail, commento dopo commento, abbiamo cominciato a capire come la rivoluzione sognata era stata cambiata dalla complessità delle dinamiche umane e dalle forze in campo. Solo oggi, con alcuni anni di esperienza alle spalle, possiamo provare a cercare un senso, a distinguere.

Prima o poi ci siamo dovuti accorgere che in Rete qualcosa cambiava di segno, si modificava, si ribaltava. Le promesse della rivoluzione di Twitter non ci portavano pace e prosperità. Potevamo consultare Wikipedia, scaricare musica e serial americani, chattare con amici e avere accesso a ogni fonte di informazione. Ma intanto anche altri poteri facevano proprio il mezzo internet e lo utilizzavano ai loro scopi. La Rete pura e cristallina come l'avevamo conosciuta è andata man mano inquinandosi, così come un ruscello in alta quota che dai monti va ad attraversare, gonfio anche di detriti e veleni, le metropoli occidentali. La Rete oggi è in parte inquinata: da profili falsi, troll, identità fantasma, algoritmi utili per vendere di tutto, così come da idee da veicolare come verità assolute. È inquinata da regimi che si sono rafforzati quando hanno capito l'efficacia delle connessioni e delle conversazioni online. Anche teorie sconfitte dalla storia, stereotipi, leggende metropolitane, bufale, riemergono e trovano nuova linfa per vivere e prosperare su internet.

Di tutti questi agenti inquinanti, in particolare, in questo volume ne prendo in considerazione uno. Non parlo del Movimento 5 Stelle, fatto in gran parte di gente per bene e onesta, da cittadini che hanno trovato un nuovo spazio per condividere passioni e paure. In queste pagine parlerò invece del comico Beppe Grillo e del suo socio Gianroberto Casaleggio, manager visionario ed esperto di marketing. I due, a loro modo geniali e unici per capacità immaginifica e comunicativa, non sono "nemici" per la democrazia e il vivere comune. Anzi, sono riusciti a creare una realtà che contiene in nuce tutti i tratti di quelle tendenze che andranno a imporsi in questo secolo.

Grillo e Casaleggio hanno costruito un movimento

di opinione che si prende a cuore le sorti dell'ambiente, dei beni comuni; un movimento che ha rimesso al centro del dibattito la parola "futuro sostenibile". I due, tramite il mezzo internet, sono riusciti a immaginare nuovi spazi di partecipazione, a smuovere una politica sempre più arroccata sui suoi errori, sui suoi interessi, sui suoi privilegi. Tutto ciò, però, è ben presto andato cozzando sulla realtà, sulle persone che loro stessi avevano coinvolto. Il rischio dell'apprendista stregone è sempre dietro l'angolo per ogni accadimento sociale: innescata una miccia, non si può sapere come divamperà l'incendio. E il progetto di Grillo e Casaleggio proprio su questa contraddizione si infrange. La loro attività, che veniva proposta come una scossa da dare "ai cittadini" per svegliarsi dal torpore e riprendersi la propria vita, si è trasformata presto in un movimento verticale e proprietario, impermeabile all'esterno e interessato unicamente alla propria ulteriore riproduzione: il marketing, con le sue regole, si è fatto politica. E ora punta alle istituzioni.

Anticipo una critica possibile. In un Paese come il nostro, dove corrotti, mafiosi, palazzinari, politici senza scrupoli e senza ritegno, logge massoniche e poteri occulti continuano a minacciare le basi della nostra democrazia, è questa l'emergenza di cui occuparsi? Sono proprio Grillo e Casaleggio da indagare, sviscerare, illuminare, nella loro proposta politica? La risposta è senz'altro sì! Per due ragioni innanzitutto. In primo luogo perché entrambi si propongono come portatori di un'istanza etica superiore rispetto a quella dei partiti. Il movimento di Grillo e Casaleggio non ha come obiettivo quello di migliorare le dinamiche politiche esistenti, ma quello di abbatterle, di distruggerle, per dare vita a un nuovo ordine "etico", appunto, senza mediazioni e scevro dai limiti della nostra democrazia. Per fare questo, però, dovrebbero avere le carte in regola, dimostrare a ogni pie' sospinto la loro buona fede, aprire le loro discussioni, le loro visioni, le loro proposte, le scelte sulle dinamiche interne, sulle tecniche comunicative e di consenso di cui si fanno portatori, alla società civile, ai loro militanti, alla stampa. Dovrebbero praticare una trasparenza assoluta. Nel loro arroccamento autoritario, invece, documentato nelle pagine che seguiranno, nella loro proposta a tratti totalitaria, dove non è contemplato spazio per avversari politici, dibattiti aperti, idee, sfumature, si nascondono delle ombre che è compito del giornalismo svelare.

Altra ragione fondamentale per la quale ho deciso di scrivere queste pagine è la constatazione che oltre ad essere un movimento ben preciso, calato nella peculiare realtà italiana, il 5 Stelle di Grillo e Casaleggio porti in nuce tutte le contraddizioni di quei movimenti politici che in questo secolo si imporranno alla vita sociale e democratica. Sono contraddizioni con le quali sicuramente dovremo fare i conti nei prossimi anni: il tecno-utopismo raccontato in queste pagine, è anche un case-study su una dottrina che su internet trova ogni giorno spazio per organizzarsi e prosperare. In alcuni casi queste idee possono essere una risorsa per la democrazia, certo. Ma come tutte le dinamiche umane, possono anche dare spago a storture, autoritarismi, manipolazioni.

Un approfondimento del genere, va detto, poteva essere fatto solo da una persona innamorata del web. Chi scrive da internet ha avuto tutto: lavoro, possibilità di dire la sua, occasioni per entrare in Rete con persone interessanti che spesso hanno rappresentato un arricchimento fondamentale per la propria vita. Molti amici e colleghi si sono conosciuti con quello che è diventato l'uomo, o la donna della propria vita, tramite uno dei mille rivoli del web, e ora hanno costruito famiglie solide e vite felici.

Ma proprio perché gli anni che ci aspettano sono ancora più carichi di connessioni tramite nodi e cavi, proprio perché ormai il web avvolge ogni aspetto della nostra esistenza, sono convinto che dobbiamo imparare a misurare potenzialità e lati oscuri della Rete. Ne va del nostro futuro. E se quelli come me, che non avevano capito niente, hanno contribuito, in buona fede, a inquinare i discorsi pubblici, è arrivato il momento di ripagare al torto commesso. Con studio, analisi e tanti fatti che, messi in fila l'uno dopo l'altro, ci fanno vedere un pezzo di realtà imprescindibile per capire ciò che ci circonda. E per affrontare senza paura il futuro che ci aspetta.

Prima parte

Cosa c'è dietro?

Per spiegare cosa abbia messo in piedi la coppia Beppe Grillo-Gianroberto Casaleggio non possiamo che partire da internet. Badate bene però. Qua non ci rifacciamo alla solita "retorica" sul web, quella che ci racconta *le magnifiche sorti e progressive* del mondo connesso, quella che asserisce con fare perentorio che internet uccide tutto e mangerà il resto. No. Qua vogliamo parlare invece di cosa ci sia "dietro" il web, come questo possa essere modificato e manipolato per perpetrare obiettivi ben determinati. E lo possiamo fare solo partendo da esempi specifici che possano darci un altro sguardo, degli altri occhiali, una nuova "cassetta degli attrezzi" per guardare a ciò che si muove in Rete. Di questo ci occuperemo in questa prima parte del volume. Nella seconda invece andremo dentro il Movimento 5 Stelle. Se vi interessa però, dovete aprire la vostra mentre e sgombrarla da luoghi comuni e riflessi condizionati. Ci sono abissi sotto il livello di navigazione, che vanno scandagliati.

Oggi, lo sappiamo, facciamo tutto online. Compriamo viaggi, vestiti e software. Ascoltiamo musica e guardiamo film in streaming e serie Usa ancora non sbarcate in Italia. Conosciamo persone, ci innamoriamo, litighiamo, togliamo l'amicizia su Facebook. Ma non solo. Cerchiamo percorsi, visitiamo luoghi, interroghiamo pagine web a caso sui nostri malanni di stagione, sui problemi che affliggono le persone care.

Il web, ormai, è il luogo al quale ci rivolgiamo per sapere ogni cosa. Non solo notizie, ma anche informazioni spicce sulla vita di ogni giorno, sui nostri dubbi, i nostri problemi. Lo consideriamo una grande macchina della verità: sappiamo che Google ci porta solo a una verità parziale ma comunque, nelle nostre navigazioni, ci fidiamo del nostro intuito, della nostra esperienza e, alla fine, non possiamo farne a meno: è tutto così facile, così comodo; è troppo difficile resistere al bisogno compulsivo di sedersi davanti a uno schermo e digitare una domanda con la tastiera.

Noi tutti, in fin dei conti, ci "fidiamo" della Rete. Perché sappiamo, seppur vagamente, che è un mezzo nato libero, dove tutti possono dire la loro e nel quale – quasi – nessuno ci chiede soldi. Molte informazioni, inoltre, ci arrivano da amici o da persone nei cui confronti riponiamo fiducia. Esclusi i famosi "nativi digitali", infine, molti di noi sanno quale pena fosse la vita analogica pre-Internet. Non in termini di sensazioni, emozioni, relazioni e sentimenti – il cuore umano è grande a prescindere della tecnologia che lo circonda. Ma in termini di possibilità di accesso alla conoscenza, a idee, relazioni, mondi lontani, curiosità e passioni. Il mondo analogico, effettivamente, era più piccolo di quello connesso che ci ha conquistato negli ultimi tre lustri.

Eppure, davanti a uno schermo, ci facciamo ancora poche domande. «L'hanno detto in tv» era il mantra che usavamo fino a qualche anno fa per dare autorevolezza a una notizia comunicata ad altri, qualcosa che avevamo saputo e che volevamo condividere. Ora, molto più spesso, la risposta alla domanda: «Come lo sai?» è un'altra: «L'ho letto su Internet».

Notate però che i due casi non sono identici. Certo, la televisione, soprattutto in Italia, ha dato pessima prova di sé principalmente per quanto riguarda il giornalismo – spesso schiacciato sulla propaganda – e l'approfondimento, spesso lontano da tutto ciò che interessa direttamente i cittadini. Ciononostante, ancora oggi, dire «l'hanno detto in tv», assume un valore perentorio, quello di un'informazione che ci arriva da strutture professionali e autorevoli. Quando qualcuno afferma, invece, «l'ho letto su internet», quella risposta ci risulta tronca, insufficiente, meritevole di ulteriori approfondimenti. Su internet dove? Su quale sito? È la parola di un esperto o la dritta di un amico in chat? Fateci caso: la risposta «l'ho letto su Internet» non ci soddisfa.

Questo non vuol dire che online l'autorevolezza non esista. La magia del web è quella di dare l'opportunità a chiunque di costruirsi una reputazione, dal nulla. Vogliamo però fare un'affermazione lapalissiana che spiegheremo subito dopo: non sempre ciò che leggiamo su Internet è vero. Certo, starà pensando chi legge, sai che bella scoperta: lo so bene e ci ho messo anni per imparare a navigare nel mare connesso, cerco di guardarmi ogni volta da questo rischio. Eppure partendo da questo sillogismo («Non sempre ciò che leggiamo su Internet è vero») qua vogliamo fare un ulteriore passo in avanti. Vogliamo chiederci: le informazioni false che circolano su Internet – e sono numerose – da chi vengono pubblicate, e perché, con quali scopi? Insomma, chi, cosa e quali interessi ci sono dietro ciò che leggiamo su Internet?

Facciamo un esempio molto semplice. Prendiamo il caso che il sottoscritto cerchi online delle informazioni su una città che intende visitare. Diciamo Palermo. Ebbene, come chiunque la prima cosa da fare sarà senz'altro quella di cercare su Google. Digitiamo: «visitare Palermo». Il primo risultato è un link al sito "10cose.it". Come il navigatore medio, clicco proprio sul primo risultato e mi ritrovo così in una pagina web ben fatta, con tanto di foto e informazioni sulla cattedrale e le catacombe del capoluogo siciliano, con consigli – piuttosto vaghi – sulla cucina palermitana («Dall'antipasto al dolce, Palermo offre piatti tipici assolutamente imperdibili») e consigli su dove passare la notte.

Utile? Sì, abbastanza. Eppure, prima di chiudere questa pagina e rituffarmi nelle navigazioni online voglio fare una cosa che di solito un normale navigatore, me compreso, non farebbe. Voglio capire cos'è, quali finalità ha il sito dove ho trovato queste informazioni. Scopro così che si tratta di un portale che si definisce «la guida turistica che conta», e si vanta di essere… «10cose.it: la guida che ti consiglia le 10 cose da fare e vedere nelle destinazioni più belle». Altre informazioni sulla natura di questo sito, le sue finalità e i suoi gestori, sono scarse. C'è un "chi siamo" molto scarno: «Siamo una redazione formata da redattori di viaggio professionisti. Scriviamo per riviste e siti di viaggio. Abbiamo viaggiato in tutto il mondo, attraversando città grandi e piccole, magnifiche o bruttissime, famose o sconosciute. 10cose.it è la somma di tutte le nostre esperienze. È il nostro modo per consigliarvi solo il meglio, di ogni luogo». Sarà così. Però, se continuo a pormi quella domanda di prima: «Chi c'è dietro?», le informazioni lette non mi bastano, mi risultano insufficienti. Di questi «redattori di viaggio professionisti», infatti, non viene fornito neanche un nome o una foto, figuriamoci un curriculum. Eppure se fosse il sottoscritto a capo di un sito del genere, metterebbe sicuramente in bella mostra la sua scuderia di talenti, magari segnalando i rispettivi account sui social network per avere feed-back dai viaggiatori che visitano il sito e poter così arricchire man mano le pagine del portale.

Su 10cose.it, no. L'unica altra informazione disponibile è la seguente, che riusciamo a raggiungere cliccando sul bottone "pubblicità". «Sei interessato a pubblicare i tuoi annunci su 10cose.it? Compila il modulo che segue. Se preferisci, puoi telefonare allo 081 52****. Puoi anche scriverci via mail». Scopriamo, quindi, che qualche informazione in più – persino il numero di un telefono fisso da chiamare in orari da ufficio – viene fornita soltanto a chi vuole fare pubblicità. Non c'è da stupirci. Come pagherà 10cose.it lo spazio che ospita il suo server e gli stipendi dei famosi «redattori di viaggio professionisti», i *webdesigner*, i suoi indicizzatori? Non abbiamo che una sola risposta possibile: con la pubblicità.

Niente di sconvolgente vero? Ma proviamo a fare un ulteriore passo in avanti, proviamo a porci un'altra domanda. Molto semplice anche questa: ma sarà davvero così? Davvero questo portale si finanzia solo con la pubblicità? Ci viene un dubbio. Nella sezione su Palermo, alla voce "dormire" viene spiegato: «Alberghi di lusso come il Grand Wagner, o Bed &

Breakfast più economici, sono disseminati vicino alle mete da non perdere. [...] Se state cercando un hotel, vi consigliamo di scegliere tra quelli offerti da Booking.com. 120 hotel con prezzi, foto e i commenti di chi ha soggiornato prima di voi».

È semplice vedere come nello specifico non vengano fatte molte segnalazioni: oltre a informazioni vaghe viene presentato soltanto un sito per prenotazioni (booking.com) e un albergo in centro (il Grand Wagner). Eppure anche solo due segnalazioni risultano indicative: visto che il link di 10cose.it è il primo risultato che abbiamo trovato cercando "Visitare Palermo" su Google, risulterà probabilmente quello più cliccato da chiunque vuole passare una vacanza nella capitale della Sicilia. E se io fossi il titolare dell'hotel Grand Wagner sarei ben lieto che il mio nome risulti l'unico segnalato tra i posti nei quali pernottare. Non solo. Se fossi il gestore del sito Booking.com, l'unico sito segnalato nella scheda di 10cose.it, sarei ben felice di quel link che porta ai miei servizi – dai quali io poi trattengo una percentuale e chiudo un bel bilancio in attivo a fine anno.

Infine, se io fossi invece il titolare dell'albergo concorrente del Gran Wagner, mi spiacerebbe molto non essere contemplato in quella lista e, forse, potrei decidere di spendere alcune centinaia di euro affinché anche il mio nome compaia tra i luoghi segnalati per passare la notte.

La sola domanda "chi c'è dietro" questo sito, insomma, ci offre un intero mondo di interpretazioni diverse. Ma ci fornisce anche una piccola lezione. Anche con una prova casuale, abbiamo trovato su Internet informazioni utili e gratuite che, nonostante tutto, possono svelare degli interessi che ai nostri occhi risultano nascosti. Preciso che non mi riferisco in particolare a 10cose.it: si tratta in realtà solo del primo sito sul quale siamo capitati e che, nella nostra sedentarietà, non conoscevamo prima. Però questo piccolo esempio dimostra che, sul web, come detto, non tutto è ciò che appare, non tutto ciò che sembra vero lo è realmente. E a differenza di ciò che affermano i cosiddetti "cyber-utopisti", coloro che hanno una fiducia cieca nel mezzo Internet – e di questi Grillo&Casaleggio sono forse i più conosciuti e autorevoli esponenti mondiali – anche la Rete è un territorio di caccia per interessi ben specifici e organizzati che conoscono le tecniche di marketing e possono influenzare i dibattiti online quindi le nostre scelte in merito a vacanze, libri, musica e persino… a proposte politiche.

Nel nostro esempio sul viaggio a Palermo abbiamo cominciato a srotolare il nostro filo. Eppure nel caso specifico, gli interessi in ballo erano modesti, appena un hotel e un sito di prenotazioni. Ma che succede quando i numeri cambiano, crescono e diventano leader indiscussi nel settore? Cosa succede quando le forze in campo hanno risorse economiche ingenti e interessi pressanti da perseguire? Chi c'è dietro le informazioni che troviamo online e che, a prima vista, sembrerebbero essere là solo per cambiarci la vita in meglio? Rimaniamo nel campo delle vacanze, ma facendo un salto di grado.

Vi trovate in una città che non conoscete. Non avete amici che risiedono sul posto, cercate un ristorante e non volete andare a mangiare in una delle solite catene uguali in ogni città, in ogni posto del mondo. Come fate a sapere che recandovi in un determinato ristorante non vi verrà rifilata l'ennesima "sola": cibo scadente e un conto salato da pagare?

Moltissime persone, una buona percentuale di coloro che utilizzano uno smartphone, in queste situazioni, al giorno d'oggi, si affidano a un'apposita applicazione che è riuscita a diventare un successo mondiale. Si tratta di Tripadvisor, una piattaforma web che, tramite apposito sito e dispositivi mobili, è diventata un punto di riferimento irrinunciabile per molti viaggiatori e per esercizi che vivono di turismo. Si tratta, ormai né più né meno che di una vera e propria "agenzia di rating" dei viaggi, un'agenzia conosciuta dagli utenti di tutto il mondo e che sulla retorica della partecipazione dal basso (una sorta di "*user generated rating*") e dell'esperienza, è ormai uno spazio virtuale che incide sul volume di affari di qualsiasi businness.

Tripadvisor funziona in maniera semplice e intuitiva: basta cercare una città e selezionare la tipologia di servizio sul quale volete essere informati. Potete scegliere "ristoranti", appunto, ma anche "case vacanze", "hotel", "voli". Se cercate dei ristoranti in una data città, vi comparirà un elenco di quelli fino ad allora recensiti "dal basso". Quindi, per ogni locale, troverete un voto medio – che va da un minimo di zero a un massimo di cinque stelle – espresso dagli utenti, e dei commenti che questi avranno lasciato sui servizi offerti. Anche voi, volendo, potete lasciare i vostri voti e le vostre valutazioni.

Il servizio non è diverso da quello di 10cose.it. La differenza è che mentre il secondo si affida alla fantomatica squadra di «redattori professionali di viaggi», tripadivisor fa sì che i giudici e i voti vengano espressi dagli utenti stessi.

Sembrerebbe un uovo di Colombo. Ma le cose non sono così semplici. Perché Internet non è più quell'oasi di nerd e smanettoni che era ancora solo qualche anno fa. È un luogo frequentato da metà della popolazione mondiale e da buona parte della popolazione del mondo occidentale. Per una pizzeria, per un ristorante, per un bed and breakfast, buone recensioni su Tripadvisor possono rappresentare il successo o il fallimento di una proposta, la sopravvivenza di posti di lavoro o il loro smantellamento.

Tripadvisor afferma che sono circa ventinove milioni i visitatori del suo sito diventato così: «il più grande sito di viaggi sul web».

Il giro di affari è così ampio che il gradimento espresso dagli utenti non è più un giochino da ragazzi, un sistema di consigli tra amici. Ci mancherebbe! Le intenzioni rimangono buone: chi meglio di un cliente di un ristorante può consigliarvi? È evidente, questo schema non vale sempre: quello che per alcuni è un ottimo ristorante, con piatti gustosi e un buon servizio, per altri risulterà, magari, un posto dozzinale e di pessima qualità. Ma non è questo in discussione, non la buona fede degli utenti. Più interessanti, e subdoli, sono invece gli interessi in campo, anche quelli meno visibili, magari di grossisti o fornitori che noi utenti finali facciamo fatica a inquadrare.

Il caso è scoppiato in Italia nell'estate del 2012. A denunciare una pratica commerciale scorretta, lo chef Amerigo Capria, trentatreenne con già una grande esperienza in locali di grido. Capria non se la prende con le critiche ricevute («un cliente ha stroncato le mie penne al pomodoro mai entrate nel nostro menu» racconta al «Corriere della Sera»). Spiega piuttosto di aver avuto un'offerta di vino in cambio di una recensione positiva su Tripadvisor. Ad avanzarla, un suo fornitore. «Mi ha sempre detto: "Compri dieci casse, una è in omaggio"» racconta lo chef . «Stavolta ha cambiato: "Dieci casse di vino e 5 recensioni di quelle buone su TripAdvisor"». «Adesso basta», è stata la risposta dello chef, che per tutta risposta ha ricevuto una minaccia neanche tanto velata: «O accetti la fornitura o ti ammazzo». L'assassinio, va specificato, riguarderebbe solo la reputazione sul web, ma non è questa cosa da poco per un ristoratore: "pizzo digitale" è la definizione che viene in mente a sentire storie come questa.

Il caso Tripadvisor non si è limitato a questo singolo episodio. In Italia è intervenuta la Federazione italiana pubblici esercizi promettendo di denunciare sia "gli autori dei ricatti" sia i singoli portali che offrono questo tipo di valutazioni online. È stato durissimo l'attacco degli esercenti: «Più i commenti online assumono valore economico più il ricatto diventa strutturato» spiega sempre al «Corriere» Aldo Cursano, della Fipe (Federazione italiana pubblici esercizi). «Prima ti capitava il commento negativo del cliente, quello del dipendente lasciato a casa: ora ci troviamo davanti a una nuova mafia, un mercato nero che va contro la democrazia dal basso non condizionabile sbandierata da Tripadvisor. Non parliamo di quindici-venti ristoratori ma di centinaia». Le questioni che vengono poste sono del tutto nuove e scarsi sono gli strumenti per decriptarle bene. Tripadvisor Italia, nel caso specifico, si è naturalmente difesa: «Chi fa una recensione falsa compie un reato» spiegò ai tempi un portavoce «ben vengano le cause mirate. Stiamo però tutti dalla stessa parte: siamo vittime come i ristoratori che invitiamo a segnalarci i casi sospetti. Un'attività che va ad affiancare quella dei nostri settanta professionisti del team antifrode».

Tutto qui? Magari. Il caso del portale di recensioni online ormai riguarda numerosissime situazioni e non si contano i procedimenti giudiziari in essere, in ogni parte del mondo. Sono rischi che si corrono se il proprio slogan pubblicitario è: «Leggi la verità e poi vai».

Il vero problema del portale di recensioni, infatti, è l'anonimato dei suoi utenti: il sito ha sempre difeso con le unghie e con i denti il diritto alla non riconoscibilità degli iscritti che lasciano una recensione. Nelle pieghe dell'anonimato e della poca trasparenza però, è noto, si celano grandi rischi di manipolazioni. Il sito Giornalettismo ha pubblicato una lettera ricevuta da un imprenditore al quale veniva fatta la seguente offerta:

> Salve, mi chiamo Luca Lez, e sono un esperto di TripAdvisor. Sono in grado di rilasciare numerose recensioni positive a 4 stelle, in diverse lingue da numerosi paesi del mondo grazie ai miei contatti che visitano il mondo, sappiamo ormai quanto sono diventate importanti le recensioni per il mercato del turismo. Ovviamente ciò non lo facciamo gratuitamente, ha un costo. Se siete interessati contattatemi e Vi rilascerò maggiori dettagli.
>
> *Luca Lez*
> *Web marketing, Trinidad y Tobago*

In Francia una lunghissima querelle ha diviso gestori del sito e albergatori. Alla fine Tripadvisor è stato condannato per "pubblicità ingannevole" e ha dovuto sborsare quasi 500 mila euro al sindacato degli albergatori francesi per risarcirli di alcune recensioni fasulle. In Italia l'autorità antitrust ha sanzionato per "pratiche commerciali scorrette" i siti di viaggio Exepdia, Edream e Opodo. In questi casi è stata inflitta una multa di oltre 400 mila euro per «scarsa trasparenza delle informazioni ai consumatori, meccanismi di assicurazione dei pacchetti vacanza poco chiari, addebiti su carte di credito non dovuti per transazioni non completate, gestione scorretta dei reclami».

Ancora in Francia, sempre il sito Expedia è finito in tribunale con l'accusa di pubblicizzare sconti fittizi su strutture che non hanno mai dato il loro consenso e soprattutto per aver realizzato un software che fa risultare, in maniera fuorviante, libere camere che non lo sono, per poi dirottare prenotazioni verso intermediari o verso strutture commerciali con le quali era stato stretto un accordo.

Il tema delle false recensioni online, soprattutto di alberghi e ristoranti, è di grande attualità. Secondo la Fipe una recensione su tre su Tripadvisor sarebbe falsa. Numeri così alti, forniti peraltro da una fonte interessata, suonano come esagerati, tanto che il famoso portale ribatte che in realtà nel 98 per cento dei casi giudizi sul sito coinciderebbero con il riscontro reale dei clienti. Comunque sia, il tema è sul piatto. Secondo uno studio Gartner che ha fatto il giro del mondo, entro il 2014 fra il 10 e il 15 per cento di tutte le recensioni che compaiono sui social media, saranno false, pubblicate ad hoc da chi ha interesse a far passare un determinato messaggio. È facile notare, inoltre, che queste recensioni false, realizzate da studi professionali di marketing ed esperti del settore, hanno più capacità di imporsi rispetto ad altri messaggi. Il web, come detto, è inquinato, e viene inquinandosi sempre più a causa di chi ha interesse a riversare online rifiuti e liquami che portino acqua al suo mulino. Così funziona per le vacanze. Ma per musica e libri le cose non vanno troppo diversamente.

KimDotcom è uno che di web se ne intende. È lui il miliardario fondatore di Megavideo e Megaupload, due portali illegali che per anni hanno permesso a milioni e milioni di cittadini in tutto il mondo di vedere film e serie televisive in streaming. Hacker e informatico provetto, da sempre fiero dei suoi oltre centocinquanta chili di peso, nel 1998, a soli ventiquattro anni, si fa due anni di prigione per frode informatica e ricettazione: era riuscito a "bucare" varie carte di credito per poi rivenderle a terzi.

Il suo arresto, avvenuto nel gennaio 2012 in Nuova Zelanda, viene conseguito grazie a un'operazione congiunta tra l'Fbi e le polizie cinesi, olandesi e tedesche. Viene prelevato nella sua villa – una delle più costose del Paese – dove colleziona macchine d'epoca e opere d'arte. Gli vengono sequestrati quasi duecento milioni di dollari e rischia cinquant'anni di carcere per avere, a detta dell'accusa, inflitto un danno da cinquecento milioni di dollari alle aziende che detengono la proprietà di film e serie tv. Scarcerato per un vizio di forma, Dotcom ha annunciato subito di voler riprendere la sua attività ma, soprattutto, ha cominciato a togliersi dei sassolini dalle scarpe contro i suoi nemici di sempre: le major cinematografiche e i detentori di diritti d'autore (anche lui ha interesse, naturalmente, a propagandare la sua verità parziale). Su Twitter è un continuo: «Buongiorno Hollywood, per la vostra guerra illegale a difesa del copyright, la generazione Internet ora vi odia. Li avete trasformati in pirati. Voi, mica io» uno dei suoi tweet.

Ma è un altro suo messaggio che merita attenzione per il nostro discorso. «Miliardi di visualizzazioni su YouTube sono opera dell'industria musicale. Vi immaginate quanti falsi account Twitter sono riusciti a trovare per i loro artisti?»

La denuncia è chiara. I "paladini dei diritti d'autore", che utilizzano la legge per difendere le loro prerogative, sono gli stessi che portano avanti una guerra sporca per promuovere i propri artisti. La notizia è vera, ed è passata sotto silenzio solo perché venuta fuori il 29 gennaio 2012, in un periodo dell'anno in cui il traffico online è ridimensionato ed è bassa la soglia dell'attenzione mediatica. Comunque, come scrive anche l'«Huffington Post» Usa, proprio alla fine del 2012 Google (proprietario di YouTube), ha deciso di "tagliare" circa due miliardi di visualizzazioni dai contatori appositi nei video di alcune star sostenute dalla major.

Ci spieghiamo: ogni video su YouTube ha un particolare contatore che dice quante volte quel video è stato visualizzato. Un altro contatore, invece, segna come è stato valutato dagli utenti. Su YouTube, avere un alto numero di visualizzazioni è molto importante e molto redditizio. A parte il fatto che il portale paga i proprietari di un video in base al numero di volte in cui è stato visualizzato, un video molto visto viene percepito dal pubblico come riuscito, efficace, da non perdere. Non solo. Un video visto molte volte fa sì che numerosi utenti si iscrivano a quel canale che quindi si troverà avvantaggiato, nella pubblicazione del video successivo, per la sua diffusione virale.

Riprendiamo quindi la domanda che ci siamo posti nelle scorse pagine, sempre quella: chi c'è dietro? Chi c'è dietro la mole di visualizzazioni dei video di molti artisti? Il loro talento musicale e l'affetto del pubblico? O anche una pianificata strategia di marketing aggressivo da parte delle major discografiche che hanno interessi cospicui affinché i loro artisti conquistino un vasto seguito? Secondo l'«Huffington Post», i due miliardi di visualizzazioni "tagliate" da Google riguardano i giganti della discografia mondiale: Universal Music Group si è visto tagliare un miliardo di visualizzazioni su un totale di sette miliardi; ai brani degli artisti della scuderia Sony, sono state tagliate 850 milioni di visualizzazioni. I "tagli" non hanno guardato in faccia nessuno, comprese le *queen* del pop Rhianna, Beyonce e, udite udite, Justin Bieber. Questo nome forse a molti non dirà niente. Eppure Justin Bieber è una vera e propria icona del mondo connesso. Ragazzino canadese nato nel 1994, dopo aver cantato in qualche competizione locale comincia a caricare, con sua madre, video su YouTube nei quali interpreta famosi brani della musica pop: da Stevie Wonder a Justin Timberlake. Il successo è immediato e straripante: nel 2011 la rivista «Forbes» lo classifica come il secondo artista under trenta più pagato al mondo (in soli dodici mesi ha portato a casa 53 milioni di dollari). Justin Bieber, inoltre, con la sua faccia da chierichetto da anni provoca reazioni isteriche da parte di adolescenti di tutto il mondo (che si dividono in *Beliebers*, appunto, fan di Bieber, e *Directioners*, fan della boy band inglese *One Direction* anche questa fortissima sul web. Ha conservato a lungo un primato mondiale: il suo video *Baby* è risultato per oltre due anni, il più visto in assoluto su YouTube: i suoi 800 milioni di visualizzazioni sono stati spodestati solo dal successo mondiale di un altro video, *Gnamgnam Style* del coreano Psy che ha sfondato – per ora prima e unico – la soglia di un miliardo di *views* su YouTube.

Anche dietro il successo travolgente di Justin Bieber c'è la manina di qualche casa discografica? Google non l'ha specificato. Ha spiegato però che il problema non riguarda «un buco nella nostra sicurezza interna», bensì «un rafforzamento delle garanzie che offriamo sulle politiche di visualizzazione». La cancellazione aveva inoltre uno scopo molto chiaro: «Combattere hacker e siti di promozione che costruiscono visite fittizie su YouTube per apparire più popolari e raccogliere maggiori introiti dalla pubblicità».

Non era d'altronde la prima volta che il portale video interveniva in questo senso. Nell'ottobre 2012 proprio da YouTube hanno fatto sapere che è allo studio un nuovo metodo di rilevazione del gradimento dei video che sposterebbe l'attenzione dal numero di visualizzazioni all'"engagement" dell'utente, ovvero al livello di coinvolgimento basato sulla percentuale di video visto rispetto al totale (se apro un video e lo chiudo subito attualmente questa viene conteggiata comunque come una visualizzazione).

Tutto ciò vale solo per la musica? No di certo, il discorso non è troppo diverso per i libri. Amazon, la più grande libreria al mondo con oltre 50 mila dipendenti e 50 miliardi di dollari di fatturato all'anno, vende sul suo portale ogni tipo di prodotto. Ma ciò per cui è nota e utilizzata ovunque è il suo servizio di libreria digitale: la grande maggioranza dei titoli usciti in ogni angolo del pianeta, spesso anche quelli fuori catalogo, sono acquistabili su Amazon. Non c'è libro, pamphlet, guida, romanzo o eBook che non trovi spazio sul sito fondato da Jeff Besoz.

Amazon, come altri servizi simili, ha inoltre da tempo permesso ai suoi utenti di compilare una recensione del singolo libro. Così come abbiamo visto per Tripadvisor, chiunque può dare un suo voto al volume (il massimo sono cinque stellette) e può recensire liberamente l'opera – un servizio simile viene effettuato anche dalla "biblioteca" online senza fini di lucro Anobii.

Sembrerebbe anche in questo caso tutto normale e utile per chi cerca online una bella storia da leggere. Ma le cose non stanno precisamente così. Perché anche in questo caso, in un mercato come quello dei libri dove un best seller può arrivare a vendere milioni e milioni di copie, sono numerosi gli interessi in campo. Da parte delle case editrici, naturalmente, che monitorano con molta attenzione ciò che succede online. Ma anche da parte dei singoli autori che possono "pilotare" e manipolare le recensioni al loro libro: nell'era del *self-publishing*, l'autopubblicazione tramite Internet, chiunque diventa autore, editore e, soprattutto, *promoter* di se stesso. L'interesse, anche in questo caso, è commerciale: un libro con buoni voti e buone recensioni degli utenti può vendere di più, risulta in posizione più rilevante quando si visita la pagina di un altro volume (in questo caso viene indicato come libro correlato, segnalato tra i "volumi che potrebbero interessarti") e fa "salire" il libro nelle classifiche interne di Amazon fornendo così ulteriore pubblicità al volume.

Ebbene, il «New York Times» ha condotto un'inchiesta scoprendo che anche questo campo non risulta al riparo da usi impropri. Il quotidiano americano prende in esame il caso del signor Todd Rutherford. Si tratta di un personaggio particolare, ora poco più che trentenne, ma che non si è fatto mai mancare idee per ingegnarsi e fare soldi (indicativo l'aneddoto raccontato dal «Times»: Todd da ragazzino comprava copie di «PlayBoy» a cinque dollari per poi rivendere ai suoi amici le singole foto scollacciate a 1 dollaro ciascuna: l'incasso, alla fine, risultava di 15 dollari per copia).

Nell'autunno del 2010, Rutherford fonda un sito web dal nome indicativo: GettingBookReviews.com, ovvero "ottieni la recensione di un libro" e si propone come recensore dei libri autopubblicati da autori sconosciuti. I suoi prezzi non sono stellari ma non sono neanche per tutte le tasche: 99 dollari per comprare una singola recensione online, 499 per venti, 999 per cinquanta. Il signor Rutherford viene dal mondo dell'editoria e sa come muoversi: l'idea di aprire il sito gli è venuta proprio dopo anni di fatica per convincere i critici a recensire qualche libro della casa editrice dove lavorava. Con la nuova attività gli incassi sono arrivati presto: mediamente sono 28 mila i dollari incassati per ogni mese prima che Amazon si accorgesse delle sue "offerte" e decidesse di cancellare i suoi *rating* e le sue recensioni. Ma l'inchiesta del «New York Times» non finisce qui. Il Professor Liu, esperto dell'Università dell'Illinois, rivela che un terzo delle recensioni sul web sono false. Il perché di questo proliferare di false recensioni è molto chiaro e intuibile: i libri che hanno commenti molto positivi vendono di più. Ed è praticamente impossibile che un recensore interessato, se non organizzato in maniera industriale come Rhuteform, possa essere smascherato. Lui, comunque, orgoglioso delle sue idee commerciali, non fa un passo indietro: precisa piuttosto che scrive qualcosa di più vicino al marketing che alla critica letteraria. «Esalto i punti forti e tralascio i punti deboli» ammette.

A parte il suo singolo caso, non stupisce che forze di questo tipo, apertamente manipolatorie, si mettano in campo. Sono ormai innumerevoli i casi di libri nati online e finiti in libreria (un caso è capitato nel 2007 anche a chi scrive, seppur poi il suo libro non sia di certo diventato un best seller).

Cosa ci insegnano queste brevi storie? In realtà la stessa cosa che ci ha insegnato la nostra ricerca di una sistemazione per un week end a Palermo, così come le cause in corso contro Tripadvisor. La domanda "chi c'è dietro?" va posta sempre quando parliamo di Rete. Pensare che Internet sia in grado da sola di fornire contenuti autorevoli, oltre che ingenuo è un atteggiamento che non aiuta a capire la reale posta in gioco quando si parla di web – e anche di pubblicità e di denaro.

Naturalmente le cose cambiano se parliamo di un hotel in centro a Palermo o delle case discografiche più importanti al mondo. La nuova domanda che dovremmo porci adesso è però la seguente: cosa succede quando questo tipo di manipolazioni vengono utilizzate per l'attivismo politico? E cosa quando arrivano addirittura in mano ai governi?

L'Amina vagante

Nel giugno del 2011 mezzo mondo si commuove per una storia che mescola questioni internazionali e diritti civili, rete Internet e repressione violenta. Un tam-tam su Internet lancia un appello per Amina Arraf, blogger ventenne, «di madre americana e padre siriano» scomparsa in Siria mentre era impegnata a scrivere un libro autobiografico. Amina, dichiaratamente lesbica, dal febbraio precedente aveva aperto un blog, *A gay girl in Damascus*, nel quale raccontava le sue emozioni e gli episodi della vita di ogni giorno, pubblicava le sue poesie, si schierava a favore della democrazia e tifava apertamente per la "Primavera araba" arrivata anche in Siria.

Il 6 giugno il suo nome rimbalza in ogni angolo dell'infosfera: sul suo blog compare infatti un messaggio terribile. A scriverlo è la cugina di Amina, Rania, e racconta di come la blogger, mentre si stava recando a un appuntamento con attivisti locali, sia stata rapita da tre giovani in borghese che, armi in pugno, l'hanno trascinata in una vettura rossa – sulla quale faceva bella vista un adesivo con un'immagine riconducibile al governo – sequestrandola. La famiglia di Amina, aggiunge Rania, è disperata e teme per la vita della ragazza.

La notizia si diffonde in tutto il mondo, così come la foto che immortala il dolce viso di Amina. La mobilitazione, off e online, è immediata: appelli, gruppi Facebook; in Italia i Radicali annunciano un sit-in e l'onorevole del partito democratico e punto di riferimento per le battaglie sui diritti civili, Paola Concia, interviene sulla vicenda alla Camera.

Ma non passa molto, e arrivano i primi dubbi. Prima sussurrati, poi in una cascata che mette tutto in discussione. La foto, innanzitutto, è un falso: una donna di Londra si riconosce nell'istantanea che dovrebbe ritrarre la blogger: «Quella donna sono io» dice ai media locali. «Amina» fa sapere invece un'altra donna ai media britannici «è una mia amica. Ma non ci siamo mai incontrate, ci siamo sempre sentite per email: ne abbiamo scambiate oltre cinquecento». Non solo. Se Amina aveva denunciato un'incursione nella sua casa siriana ad aprile da parte di agenti in borghese, si scopre in realtà che sul suo blog hanno trovato spazio alcuni testi già usciti online nel 2007: l'autrice era sempre la ragazza che descriveva i suoi testi come un mix tra "realtà e fiction". Altre numerose incongruenze le fa notare Robert Mackey dal suo blog sul «New York Times». Da un'indagine condotta da Andy Carvin, attivista online con un enorme seguito su Twitter, nessuno degli attivisti impegnati nella difesa dei diritti umani nel mondo ha mai incontrato Amina di persona. La Bbc ha sì intervistato la ragazza il mese precedente, ma soltanto via mail. Va aggiunto, inoltre, che dopo una verifica, nessuno su Internet o tra i media internazionali fornisce una foto, né tanto meno la possibile età della ragazza. A cosa credere allora? I media internazionali si interrogano. C'è una ragazza che rischia la vita nelle prigioni del regime siriano? O qualcuno, sfruttando l'anonimato di Internet, ha messo in piedi una campagna politica degna del Guy Fawkes, il cospiratore britannico che sorride dalla maschera di *V per Vendetta*?

Per qualche giorno la vicenda rimane sospesa in aria. A chi si occupa di questi temi, però, non può non tornare in mente la storia di Neda, la ragazza iraniana uccisa barbaramente durante la rivoluzione verde in Iran: si scoprì in seguito che il suo ovale incorniciato dal velo, già diventato un'icona, era in realtà il volto di un'altra donna, ancora viva.

Passano solo alcuni giorni e la vicenda si chiarisce. Nel modo forse più inaspettato – e per certi versi squallido. Amina non esiste. E non è mai esistita. Amina, in realtà, è un quarantenne americano della Georgia. Il 12 giugno del 2011 è lui stesso ad ammetterlo scrivendo l'ultimo post su *A gay girl in Damascus*: «Scuse ai lettori». Spiega di essere andato in vacanza con la moglie in Turchia (il post è firmato Tom MacMaster, Istanbul, Turchia).

> Non mi aspettavo – scrive – un livello di attenzione del genere. Mentre il personaggio era di fantasia, i fatti raccontati su questo blog sono veri e non fuorvianti rispetto alla situazione sul campo. Io credo di non aver danneggiato nessuno. Gli eventi vengono plasmati dalle persone che li vivono su base quotidiana. Ho solo cercato di gettare luce su di essi per un pubblico occidentale. Questa esperienza ha tristemente confermato il mio modo di sentire riguardo alla copertura spesso superficiale del Medio Oriente e la presenza pervasiva di forme di Orientalismo liberale. In ogni caso sono rimasto profondamente toccato dalle reazioni dei lettori.

Tom MacMaster ci mette davanti a una questione cruciale. È legittimo quello che ha fatto? È utile alla causa del movimento per la democrazia e per i diritti civili in Siria? Gli attivisti siriani in realtà reagiscono molto negativamente e lo accusano di aver danneggiato la loro causa diffondendo notizie false come quella del presunto rapimento di Amina. «Il giorno che verrò rapito dal governo, molti non se ne preoccuperanno, perché il mio potrebbe rivelarsi un nuovo caso Amina», l'accusa di un blogger libanese citato dalla Bbc. Eppure MacMaster, forse non potendo fare altrimenti, tiene il punto: «Ho inventato un nome di copertura dietro il quale parlare per fare in modo che l'attenzione si concentrasse sui fatti veri» spiega. Poi è arrivato un successo inatteso. Il blogger americano comprende le critiche che gli vengono rivolte, quelle di chi dice che ora per i blogger in Siria la situazione è più difficile, ma incalza: «la verità è che sono stato in contatto con molti all'interno della Siria e ho seguito le cose da vicino». La cosa più importante era «fare in modo che le informazioni uscissero». La comunità gay locale la pensa diversamente: «Per colpa sua, Signor MacMaster, molti veri attivisti della comunità LGBT (lesbiche, gay, bisessuali e transgender) sono finiti sotto i riflettori delle autorità siriane» è il post di Daniel Nassar, direttore del blog Gay Middle East.

Una storia utile, triste? Ha portato benefici o meno alla causa della primavera araba? Non sta a noi rispondere. Perché il quesito che ci interessa, ancora e ancora, è sempre quello: chi c'è dietro le notizie che leggiamo online?

Una famosissima vignetta pubblicata in tempi antesignani, nel 1993, da Peter Steiner sul «New Yorker» ritraeva un cane davanti al computer. La didascalia diceva: «Su Internet, nessuno sa che sei un cane». È proprio così. Su Internet, per tornare all'argomento di questo libro, nessuno sa che dietro certi dibattiti serratissimi e cattivi magari c'è qualche agenzia di comunicazione che ha interesse a spingere un certo candidato e una certa proposta politica. Su Internet, per esempio, nessuno può sapere che dietro una certa pagina web c'è magari una polizia occhiuta o servizi segreti che non si fanno certo passare sotto il naso le smanie internettiane di qualche ragazzino nerd.

Tweet e pallottole

Chi scrive è stato convinto per anni che Internet fosse un mezzo formidabile per diffondere democrazia ed equità nel mondo. Nel mio lavoro prima di blogger e poi di giornalista mi sono confrontato e ho raccontato le prime esperienze di organizzazione politica su Internet: dal cyber-guerrigliero messicano, il subcomandante Marcos, al popolo di Seattle; dallo stesso Grillo al Popolo viola, dalle proteste della primavera araba alle iniziative dei blogger russi. La convinzione alla quale mi appoggiavo era che il mezzo digitale fosse di per sé portatore di una nuova era di libertà e apertura del mondo: sarebbe bastato «bombardare i regimi autoritari con la banda larga» per avere, contro le forze in campo e la propaganda dei regimi, pace e prosperità.

Va detto, non ero il solo e unico a credere in tutto ciò: a molti – se non tutti – di noi, ha fatto piacere, sinceramente, sperare in una *way out* così comoda e a portata di mano. Mentre la rivista «Wired Italia» candidava Internet al premio Nobel per la pace, nel gennaio 2010 anche Hillary Clinton venne a darci una mano, con tutto il peso del suo incarico di segretario di Stato di quella che è ancora la più grande potenza al mondo.

Durante un intervento al Newseum di Washington – il museo dedicato alla libertà di stampa – dopo un'estate che aveva trasmesso a ogni pie' sospinto le immagini della rivoluzione "verde" e "digitale" in Iran, dopo che Google aveva spostato la sua sede a Hong Kong per non sottostare ulteriormente alla dittatura cinese, la Clinton pronunciò un discorso che risulta ancora una colonna portante in quella che è l'opinione corrente sulle capacità democratiche delle connessioni elettroniche.

Le sue parole: «Grazie al Web oggi l'informazione è libera e globale e, laddove non lo è, dovrebbe esserlo. L'accesso libero all'informazione in tutte le sue forme è fondamentale per la democrazia». Il paragone tra muri virtuali e muri reali non è solo una suggestione: «La possibilità di operare liberamente nel cyberspazio è imprescindibile in una società e in un'economia moderne. Ci sono barriere e muri virtuali che oggi devono essere abbattuti, così come abbiamo fatto con il muro di Berlino. In questa prospettiva blog, video, messaggi e social network, hanno un ruolo fondamentale per avvicinare le persone e fare informazione. Informazione che è alla base di ogni democrazia». È un impegno concreto quello del governo americano: «La nostra amministrazione è impegnata a promuovere la libertà di Internet. Affiancheremo organizzazioni private, investiremo nella ricerca e nello sviluppo di nuove tecnologie Ict per migliorare tutti gli strumenti che abbiamo già a disposizione ma che devono essere implementati per dare a tutti libero accesso al Web e lanciare nuovi servizi». Per fortuna, però, il discorso del Segretario di Stato non è segnato solo da un cyber-utopismo un po' *naif*. La Clinton ricorda anche che «la Rete viene usata, ad esempio, da Al Qaeda per minacciare il mondo o reclutare terroristi. E ancora, il Web è uno strumento dove si sviluppa la pedofilia, il traffico di donne, i mercati neri». Seppur «anche in questo caso la censura è inutile. Lo dimostra il fatto che i Paesi che l'hanno scelta come argine ai crimini online, Cina, Tunisia, Arabia Saudita, Vietnam o Uzbekistan, hanno fallito».

Ora, sicuramente, come già detto in precedenza e come chiarito dalla Clinton, le piattaforme digitali sono state un formidabile strumento per promuovere cause giuste e battaglie di libertà in tutto il mondo. Quello che ancora manca, invece, è un bilancio sul traguardo al quale queste battaglie hanno condotto. I tempi connessi sono velocissimi e spesso, mentre la storia si srotola, non è facile fare i conti con ciò che sta succedendo.

Per esempio, a quasi quattro anni dalla rivoluzione "verde" in Iran, la "rivoluzione di Twitter" come venne soprannominata, passati alcuni anni dalle primavere arabe, mentre nel nord Africa una vera democrazia tarda ancora a decollare (sono tornati invece i governi confessionali, come i Fratelli Mussulmani in Egitto che tentano di rendere costituzionale la Sharia), una riga in fondo si può però tirare, e si può provare a capire quali insegnamenti ci siamo lasciati alle spalle.

La questione che ci poniamo, naturalmente, non è se Internet abbia aiutato – o meno – la nascita di movimenti democratici in giro per il mondo. Sicuramente le piattaforme di discussione e condivisione online hanno aiutato questi processi. La domanda che ci facciamo è invece se Internet – così come per esempio, vedremo tra poco, teorizzano Grillo e Casaleggio – sia in grado, da sola, di garantire la democrazia. Cosa succederebbe se ci accorgessimo invece che, in alcuni casi, è avvenuto esattamente il contrario? Cosa faremmo se capissimo che la Rete, strumento potentissimo nelle mani dei cittadini, lo è ancora di più nelle mani di governi che hanno risorse umane e mezzi per utilizzarlo alla massima potenza?

Il giornalista esperto di geopolitica Evgenij Morozov nel suo *L'ingenuità della Rete* ha raccolto una serie di fatti e di analisi che inchiodano senza appello le supposte capacità taumaturgiche di Internet. È stato proprio Morozov a coniare la definizione che abbiamo usato anche in queste pagine, quella di *cyberutopismo*, ovvero «L'idea che Internet favorisca gli oppressi invece che gli oppressori, la fiducia ingenua nel potenziale liberatorio della comunicazione online; una fiducia che si basa sul rifiuto ostinato di riconoscerne gli aspetti negativi».

I casi che ci obbligano a scontrarci con la realtà sono numerosissimi: solo ignoranza o malafede possono portare a non vederle. Ripetiamo, del web e della vita ad esso connessa siamo tutti allo stesso tempo utilizzatori e cavie: e anche il «New York Times», ai tempi delle proteste iraniane scrisse che «nei principali conflitti del XXI secolo da una parte ci sono i teppisti del regime che sparano pallottole e dall'altra giovani manifestanti che sparano tweet» come se le due cose fossero equivalenti.

In Iran, infatti, in seguito alle elezioni politiche del giugno 2009, dopo la vittoria di Mahmud Ahmadinejad, il leader democratico Hosein Musavi si dichiarò il vero vincitore delle elezioni e denunciò pesanti brogli da parte del governo. L'appello di Musavi fece scendere in piazza milioni di suoi sostenitori che nell'Iran degli ayatollah chiedevano libertà civili e religiose. Le proteste, represse duramente dal regime anche grazie all'aiuto di bande paramilitari e delle falangi dei Guardiani della rivoluzione islamica, portarono a un riconteggio dei voti (anche questo duramente criticato dall'opposizione) e a un terribile bilancio di sangue: secondo Amnesty International circa ottanta furono le vittime totali.

Da noi in Occidente, di quelle proteste arrivarono numerose testimonianze: foto, video, immagini, storie. Il tutto, spesso, passava attraverso il media digitale e il social network di microblogging Twitter. Su giornali, televisioni, radio, siti web, veniva continuamente citata la fondamentale importanza di Twitter nell'alimentare e coordinare le proteste e – cosa ancora più importante – nel permettere al mondo "di sapere" quello che avveniva. Tale e tanta fu considerata la centralità di Twitter sulla protesta, che il social network, su pressioni del governo Usa, decise di rimandare degli importati aggiornamenti programmati da tempo e che avrebbero oscurato per un paio d'ore i tweet proprio nei giorni più caldi delle proteste. «Un aggiornamento cruciale doveva essere effettuato per assicurare il buon funzionamento delle operazioni di Twitter» fecero sapere dal quartier generale. «Ciò nonostante, alla luce del ruolo che Twitter sta giocando come importante strumento di comunicazione in Iran, abbiamo rinviato il blocco». Naturalmente Internet ha dato parecchio filo da torcere al regime iraniano, non a caso durante le proteste le autorità iraniane bloccarono Facebook e, in alcuni momenti, anche gli sms.

Eppure oggi, ad alcuni anni di distanza da quei giorni, cosa è rimasto sul campo, cosa è rimasto degli oppositori, dei movimenti di protesta, dei blogger? Ahmadinejad, questo è sicuro, è ancora al suo posto e intanto il regime si è riorganizzato proprio per arginare il "potere di Internet": c'è da scommettere che la prossima volta non si farà trovare impreparato.

In pochi mesi, spiega Morozov, il governo iraniano ha creato un team di alto livello composto da 12 persone incaricate di combattere quelli che vengono definiti i "cyber crimini" e di scovare qualunque informazione "falsa" (ovvero antigovernativa) presente sul web iraniano. Nel dicembre successivo, un sito vicino ad Ahmadinejad ha quindi pubblicato decine di foto di dissidenti che hanno portato a numerosi arresti. Oltre ai tentativi di "infiltrare" la Rete con video di violenze contro il regime – con l'idea di dividere l'opposizione e confinarla nel sempre comodo cantuccio dei "violenti" – anche gli agenti di frontiera sono stati incaricati di controllare se gli iraniani residenti all'estero che passavano dall'aeroporto di Teheran avessero un profilo Facebook per poi verificare in che tipo di "rete sociale", magari contigua a qualche dissidente, fossero inseriti.

Ma ancora più interessanti sono i calcoli su quanti fossero coloro che realmente utilizzavano piattaforme come Twitter per diffondere e dare nuova forza alla protesta. Naturalmente il fatto che su Twitter si parlasse moltissimo di Iran rimane un dato oggettivo. Ma chi era a farlo? Chi era a spingere le "hashtag" in vetta ai *trending topics*? Secondo uno studio della società che si occupa di monitoraggio delle attività virtuali Sysomos, in Iran erano appena 19.235 gli account attivi, e di questi non è dato sapere se appartenessero realmente a persone residenti in Iran o sparse in giro per il mondo. Secondo il direttore dei nuovi media di Al Jazeera, le cifre sono ancora più scarse: dichiarò infatti che in quel periodo erano solo 60 gli account utilizzati nel Paese, scesi successivamente a sei quando il governo mise in atto le misure per bloccare le comunicazioni.

Finora, inoltre, nessuno è riuscito a capire realmente quale sia stato l'impatto del social network da 140 caratteri sulle proteste. Chi era a twittare, che fine ha fatto, lo ha fatto sistematicamente o sporadicamente? L'analisi condotta da Mehdi Yahyanejad, a capo di un sito in lingua farsi con sede a Los Angeles, sosteneva a riguardo: «L'effetto di Twitter in Iran è zero. Negli Stati Uniti c'è molto clamore ma se guardi bene vedi che la maggior parte è creato da americani che twittano tra di loro».

Per carità, qua tutto vogliamo fare tranne che svilire il coraggio e la bellissima testimonianza dei cittadini iraniani che hanno messo in gioco la loro incolumità, e in alcuni casi addirittura la vita, per chiedere democrazia e diritti. La questione da porsi è piuttosto quanto il mezzo digitale sia stato realmente utile per portare avanti battaglie politiche e, ancora di più, per vincerle.

In Egitto le cose non sono andate troppo diversamente. Dopo la primavera araba che cacciò dal Paese il "faraone" Osny Mubarak, il quotidiano locale «Al Ahram» diffuse la notizia che una coppia aveva chiamato "Facebook" la figlia appena nata. Il riferimento era chiaro: un ringraziamento storico per la piattaforma che aveva permesso di creare contatti e scambio di informazioni durante l'assedio di Piazza Tahrir. Proprio al Cairo la protesta era guidata, tra gli altri, da Wahel Gonim, già dirigente del marketing di Google e poi indicato da «Time» come «uomo più importante del 2011». Ma cosa è rimasto oggi di quelle speranze che hanno scaldato il cuore di tutti noi?

La nuova Costituzione egiziana, promulgata (dopo un referendum molto contestato) nel dicembre 2012 dal presidente Mohamed Morsi, legato ai Fratelli Mussulmani ed eletto dal nuovo Egitto post-Mubarack, ha ricevuto innumerevoli critiche da parte delle associazioni per i diritti umani in quanto, per esempio, non riconosce la supremazia del diritto internazionale in tema di diritti umani. Al tempo stesso, la Costituzione approvata dopo le proteste della primavera araba, considera come principi cardine della giurisprudenza i fondamenti della Sharia, e non solo: nel nuovo testo costituzionale è "saltato" il riferimento ai diritti delle donne: la dicitura «la donna è in uno stato di parità con gli uomini nel campo della vita politica, sociale, culturale ed economica», già contenuto nella Costituzione del 1971, è bellamente scomparso.

Colpa di Facebook, di Twitter, di Internet? Certo che no. Allo stesso modo, però, lo ripetiamo ancora, la rete non basta da sola a portare nel mondo libertà e democrazia. Dittatori e regimi hanno capito molto presto, e bene, come usarla.

Nel 2009 in Thailandia un sito apposito è stato creato dalla monarchia per far segnalare messaggi e post offensivi nei confronti del re: nel solo primo giorno di vita del sito sono state ben 5000 le pagine web bloccate. Stesso discorso in Arabia Saudita dove la commissione incaricata di seguire "le offese" alla monarchia assoluta, riceve circa 1200 segnalazioni al giorno.

Se in Cina, invece, è possibile segnalare al governo qualsiasi sito porno in cambio di una ricompensa, in Israele la Jewish Internet Defense Force, un'organizzazione che si richiama alle posizioni della destra più estrema, si è attivata, grazie a conoscenze informatiche di un certo rilievo, per smantellare gruppi di antagonisti politici sui social network: «Uno dei risultati più notevoli di questa organizzazione è stato cancellare quasi 11 mila membri su 118 mila di un gruppo di simpatizzanti con Hezbollah» spiega sempre Morozov. È chiaro inoltre che in questo, come in altri casi, il meccanismo di censura si "democratizza" venendo messo in atto non solo dai governi ma anche da specifici gruppi di interesse.

Nel mondo gli esempi che offrono una lezione sui "lati negativi" dell'utilizzo della Rete nelle attività politiche, sono tantissimi. Finché ha goduto di buona salute, il presidente venezuelano Hugo Chávez era noto per il suo amore nei confronti di Twitter (conta quasi 4 milioni di follower): questo però non ha impedito che nel 2007 il suo governo chiudesse la rete televisiva Globovision, spesso critica nei confronti della sua politica. Tra i tanti atti unilaterali, il governo venezuelano ha anche chiuso una sessantina di stazioni radio.

Le tecniche che possono essere utilizzate per mettere a tacere, o screditare, voci scomode sono numerose e complementari: «In Paesi in cui anche i sostenitori più entusiasti della democratizzazione sono spesso paranoici riguardo all'intervento degli stranieri, per screditare un blogger basta accusarlo di essere pagato dalla Cia o dal Mossad. Se l'accusa viene ripetuta da un centinaio di altri blogger, anche se alcuni non sono credibili, persino i più avveduti critici della propaganda di governo ci penseranno due volte prima di postare nuovamente il messaggio critico di quel blogger» (nel Movimento di Beppe Grillo in Italia, gli oppositori sono accusati di «smanie partitocratiche», ma su questo punto ci torneremo).

Anche il governo russo ha capito presto i vantaggi di una Rete conquistata dalla propaganda. Una grande mossa politica di Vladimir Putin è stata proprio quella di riuscire a portare dalla sua parte "l'opinione pubblica" connessa. Il blogger indipendente Konstantin Rykov è diventato un punto di riferimento (un *influencer* potremmo dire) del cyberspazio russo aprendo un sito di curiosità e aneddoti sulla vita moscovita: Fuck.ru. L'home page alternativa online dal 1998 (quando Rykov aveva solo 21 anni) è presto diventata punto di riferimento imprescindibile tra blogger e navigatori. Ora, però, Rykov è uno stimato deputato di Russia unita, il partito di Putin, e il Cremlino gli ha delegato ogni questione riguardante "le politiche di Internet". Ed è proprio lui adesso a gestire le questioni più spinose per quanto riguarda la propaganda digitale del governo: con la sua azienda Rykov riesce a far diventare virali siti come Zaputina.ru (in sostegno a Putin) con l'obiettivo di creare un consenso "dal basso" per un nuovo incarico per il suo presidente. Il governo russo, su questo fronte, si è impegnato molto seriamente: solo qualche anno fa un think tank vicino a Russia unita ha lanciato la "Scuola dei blogger del Cremlino", tenuti guarda caso "dai principali ideologi e propagandisti" del regime. Anche in Iran, presso la città di Qom, è stata istituita una scuola per lo sviluppo di "blogger religiosi" nel Paese.

Come è facile intuire, le cose in Cina non vanno diversamente. Oltre alla "grande muraglia digitale" che filtra ogni contenuto scomodo e ne evita la pubblicazione su Internet, è nato con il tempo un vero e proprio esercito di propagandisti pro-regime. Vengono chiamati "il partito dei 50 centesimi" – questo quanto presumibilmente guadagnano per ogni commento – e sono stimati in 280 mila persone: il loro compito è «difendere gli interessi del Partito comunista infiltrandosi e sorvegliando l'Internet cinese, che è in continua crescita».

Ma in tutto il mondo sono pochi i regimi che rimangono con le mani in mano e stanno a guardare. Dal 2009 una serie di editoriali sui giornali cubani ha cominciato a chiedere ai giornalisti filogovernativi «di presidiare le cyber-trincee e difendere la rivoluzione online creando dei propri blog, lasciando commenti critici sui blog contrari al governo e ripubblicando i migliori post favorevoli al governo sui mezzi di comunicazione ufficiale». Cuba, non va dimenticato, è lo stesso stato che da anni rende la vita impossibile alla blogger Yani Sanchez non a caso bollata come "serva della Cia" dal governo.

Probabilmente il capolavoro assoluto in termini di propaganda digitale è stato quello compiuto in Cina e portato alla luce, ancora una volta, dallo studio di Morozov. Nel 2009 muore in carcere Li Qiaoming, contadino di ventiquattro anni che era stato arrestato per aver tagliato illegalmente degli alberi. La versione ufficiale fornita dalla polizia è che il detenuto «ha sbattuto la testa contro la porta» mentre giocava a nascondino con i compagni di cella. Una storia come questa, inevitabilmente, è diventata subito "cliccattissima" nella pur sorvegliata rete cinese, e si è imposta all'opinione pubblica diventando un vero e proprio "caso". Da subito, nella Rete, sono state moltissime le accuse contro la polizia e le richieste di ulteriori indagini e chiarimenti. Intelligentemente, però, questa volta, il governo non è intervenuto cercando di mettere a tacere la vicenda, al contrario, «i censori si sono rivolti agli internauti cinesi invitandoli a trasformarsi in cyber-investigatori» e chiedendo, addirittura, ai cittadini disponibili di accompagnare le autorità nel sopralluogo presso la cella dove era morto Li. Su mille candidati a presenziare l'ispezione, sono state selezionate quindici persone («ogni problema che riguarda Internet deve essere risolto con i metodi di Internet», la tecnica spiegata dal funzionario per la propaganda dello Yunnan, regione dove si svolgevano i fatti). La commissione recatasi sul posto in realtà non ha prodotto molto: è stato perfino negato il permesso di visionare i filmati registrati dalle telecamere di sorveglianza interna. Alla fine, come prevedibile, il tutto si è concluso con un buco nell'acqua mentre, poco dopo, sono state le stesse autorità di polizia, probabilmente a conoscenza fin dall'inizio della reale dinamica dei fatti, a scusarsi con i parenti in quanto, ammisero, Li era morto dopo le percosse subite in cella. A poco è valso il fatto che, successivamente, si sia scoperto che tutti e quindici i membri della commissione lavorassero, o avessero lavorato in passato, per la televisione di Stato. A conti fatti si tratta comunque, conclude Morozov, «di un esempio di pubbliche relazioni digitali al loro meglio. Quello che poteva diventare un grosso guaio per il governo è diventato un'opportunità di esibire il proprio impegno di democratizzazione». «Gli esperti cinesi di propaganda potrebbero dare lezioni a molti colleghi occidentali» è l'amara conclusione.

Nella veloce carrellata di esempi che abbiamo riportato in queste pagine, non dobbiamo nasconderlo, almeno per quanto riguarda la propaganda politica, abbiamo riportato soprattutto vicende svoltesi in regimi dittatoriali o comunque dove risulta molto limitata la libertà dei media, della intellighenzia e dell'opposizione politica. Ciò detto, quello che emerge è la smentita su tutta la linea delle posizioni tecno-utopiste.

Internet è un media, che può essere usato da costruttori di pace e di democrazia o dai loro più acerrimi nemici e repressori. Non è portatore in sé di nessun contenuto positivo. Anche nella nostra Italia, d'altronde, si stanno raffinando e moltiplicando le azioni di propaganda digitale. Nella campagna elettorale del 2013, per esempio, Twitter è ormai popolato da ogni politico e ogni partito. Non solo il "campione" delle tv Silvio Berlusconi, che ha fatto un grande sforzo economico per riconquistare seguito su Internet, con alcune stranezze prontamente denunciate da blogger e stampa. Nella settimana del Capodanno 2013, infatti, l'account Twitter @berlusconi2013 è aumentato di 70 mila unità in appena sette giorni, (come vedremo non è difficile acquistare "follower" a pagamento), al punto che dal partito hanno dovuto ammettere che tra questi c'erano numerosi profili falsi. Il consulente per la comunicazione digitale di Berlusconi, Antonio Palmieri, ha inoltre spiegato l'8 gennaio 2013 ad Annalisa Cuzzocrea di «Repubblica»: «Abbiamo arruolato, ehm... si sono palesate tantissime persone che hanno messo a disposizione della campagna elettorale i loro profili, i loro blog. Li usiamo per diffondere materiali, rimotivare le persone». Ma anche lo stesso "sobrio" Mario Monti, prima presidente del consiglio tecnico e poi candidato alla guida del Paese, si è buttato sui *social*, e questo nonostante il suo profilo umano e professionale sia quanto di più distante si potrebbe immaginare da quello di un politico connesso. Sabato 5 gennaio, per esempio, ha fatto molto clamore una "intervista" con Twitter dell'ex premier. "Supermario" ha potuto twittare ai suoi 100 mila follower una ventina di risposte alle circa duemila domande ricevute dagli utenti. Risultato? Un'intervista di scarso valore e di grande propaganda. Di certo molto meno incalzante e molto meno scomoda di quella che avrebbe potuto fare un qualsiasi giornalista libero e senza timori referenziali.

Eppure, ancora una volta, chi scrive non si sognerebbe mai di "buttare il bambino con l'acqua sporca". Ovvero di affermare che, essendo Internet un media manipolabile, allora risulta inutile o peggio, dannoso. Quello che abbiamo detto finora ha uno scopo ben preciso. Far vedere anche *The other side*, l'altro lato delle connessioni digitali. Questo percorso risulta fondamentale per capire al meglio l'oggetto di questo libro, il Movimento 5 stelle di Beppe Grillo e Gianroberto Casaleggio. Perché loro quel lato oscuro non hanno voluto mai guardarlo. Anzi. La loro retorica e la loro propaganda è tutta incentrata sulla Rete e il mondo nuovo che questa ci prefigura: nella loro cosmogonia connessa i lati oscuri non sono neanche presi in considerazione. Forse perché, altrimenti, tutto il loro edificio di marketing cadrebbe al suolo molto presto e rovinosamente.

Chi scrive è convinto che Beppe Grillo e Gianroberto Casaleggio non siano al soldo di nessuno, che non nascondano sotto il tappetto interessi occulti né che – come suggeriscono altri – siano addirittura una sorta di emanazione di "poteri forti" intenzionati a gestire potere e contropotere.

Come nelle migliori tradizioni giullaresche, invece, la caratteristica profonda dell'idea politica di Grillo&Casaleggio, la loro vera *weltanschauung*, è quella di una satira efficacissima per diventare virale sul web – con conseguenti guadagni – e che successivamente sia in grado di trasformarsi in una proposta politica coerente. Il successo, in termini di seguito, è assicurato soprattutto visto il talento straordinario dell'interprete (Grillo) e dell'autore (Casaleggio). Quello che non funziona, però, alla lunga, è il tentativo di sistematizzare uno sgangherato repertorio di provocazioni e suggestioni in una visione del mondo, e in un conseguente movimento basato su regole certe e chiare.

È illuminante una dichiarazione rilasciata da Beppe Grillo a Udine nei primi giorni del 2013, poi pubblicata online dal blogger Claudio Messora.

Dietro le quinte di una manifestazione politica, Grillo si ferma a parlare con una decina di simpatizzanti e discute delle sue recenti decisioni in termini di trasparenza, espulsione dei militanti sgraditi e visione generale della sua proposta politica. Il tema del ragionamento è proprio quello del rapporto tra la sua natura di "comico" e il suo ruolo da "leader politico" di un movimento accreditato per il parlamento italiano con ben oltre il 10 per cento dei consensi.

«Io» dice Grillo, «ho la mia personalità. Sono un *comedian*, un comico. Per una battuta mi faccio ammazzare, come tutti i comici. Non posso cambiare la mia personalità perché se faccio una battuta uno la può interpretare e mi può rovinare. Mi rovino, mi rovinerò». La questione fondamentale, rispetto alle "interpretazioni di una battuta", ritorna subito dopo: «La mia natura è questa. Ora sono più serio perché se faccio dell'ironia, del sarcasmo o uso il paradosso in politica. Ma non aspettano altro che il paradosso per rendertelo vero, io devo essere serio: anche quando scrivo devo essere preciso, non puoi usare l'ironia sennò l'ironia viene interpretata in un'altra maniera». Insomma, nel suo vittimismo Grillo accusa genericamente "loro" – viene da supporre, i media e la politica –, di non essere in grado di distinguere una sua battuta, un paradosso, da un discorso politico più serio. Tutta colpa dei "figli di puttana". «Sono andati a vedere i miei spettacoli» aggiunge infatti, «hanno preso pezzi di miei spettacoli dove io dicevo che l'Aids non esiste. Son veramente dei figli di puttana: io non ho mai detto che l'Aids non esiste. Ho detto che il virus dell'Hiv c'erano due premi Nobel che dicevano che non era causa dell'Aids. Son due cose diverse».

Ma sono davvero due cose ben diverse? E, cosa ha

detto Beppe veramente Grillo sull'Aids? In realtà la sua dichiarazione non risale a uno spettacolo teatrale, bensì a una intervista pubblicata da «Mosaico Pace» nel 1997, il periodo in cui nei teatri Grillo difendeva a spada tratta la cura anti-cancro del dottor Di Bella. Alla domanda di Riccardo Comina («Una delle cose interessanti che hai accennato, è quella relativa alla sanità, alla medicina, anch'essa succube dell'economia») Grillo risponde: «Io ho la convinzione – e non solo io, siamo in tanti ad avere questo sospetto, persone illustri della scienza – che l'Aids non esiste, che questa malattia è stata un modo per prendere fondi, miliardi di dollari. Mai è stato provato che esista il virus Hiv, nessuno l'ha mai visto. Dicono che la teoria dell'Aids ha portato tre cose: 1) un vaccino che non c'è; 2) una cura che non c'è; 3) i preservativi che ci sono già». Al che l'intervistatore incalza: «Ma è possibile che ci abbiano preso in giro così bene?» e Grillo: «È possibile tutto, perché dove ci sono i miliardi di dollari è possibile tutto. Uno si inventa un virus che si trasforma ogni volta che lo guarda».

Ora, non vogliamo inchiodare Grillo a questa dichiarazione. Seppur ai tempi furono vibranti le proteste delle associazioni che si battono contro l'Aids, il ruolo di "Beppe" allora risultava quello di "comico". Impegnato, novello Savonarola, combattivo, ma comico: gli spettatori paganti andavano ai suoi spettacoli per ridere, anche per essere stimolati certo, ma non per ascoltare un programma di governo. Ora è diverso, ora è un capo politico. Anche se, come ammette lui stesso, tutta la sua retorica si basa su comicità e su paradossi. Come ha ben spiegato Giuliano Santoro nel suo bel libro, *Un Grillo qualunque*, «Far ridere è evidenziare contraddizioni» e Grillo proprio questo fa: «fotografa comicamente i contrasti della società accarezzando la voglia di semplicità in un mondo complesso e inafferrabile, tracciando continuamente un confine tra "noi" che siamo le vittime e "loro" che sono la causa dei nostri mali». Santoro cita anche il saggio *L'umorismo* di Pirandello, nel quale il grande scrittore italiano sostiene che la comicità è l'immediatezza dei contrasti: una vecchia signora agghindata come una velina qualsiasi, fa sorridere: «Vedo una vecchia signora, coi capelli ritinti, tutti unti non si sa da quale orribile manteca, e poi tutta goffamente imbellettata e parata d'abiti giovanili. Mi metto a ridere. Avverto che quella vecchia signora è il contrario di ciò che una vecchia rispettabile signora dovrebbe essere. Posso così, a prima vista, arrestarmi a questa impressione comica». Nei comizi di Grillo, riassume Santoro, «La vecchia signora è la politica, gli abiti giovanili che cerca di indossare sono la Rete (e la sua gente)».

Non ci sarebbe nulla di male a usare questo tipo di retorica per proporre spettacoli e provocazioni: anche artisti, poeti, pittori, pongono la loro prospettiva secondo un orizzonte di sensazioni e di emozioni, e imprescindibile risulta il loro lavoro per sollecitare le nostre idee, il nostro modo di vedere le cose, porci della domande, metterci in discussione. Il problema vero è però quando tutto ciò si trasforma in politica. Prima di tutto in termini di proposta: se Fabrizio De Andrè canta che un giudice «nano è una carogna di sicuro perché ha il cuore toppo, troppo vicino al buco del culo» ci fa riflettere, per paradosso, sui confini tra "giustizia" della legge e giustizia tra gli uomini, ma sarebbe folle trasformare i suoi versi in un programma di governo per riformare la giustizia. Ma anche in termini di organizzazione interna del suo movimento.

Lo schermo del paradosso è utilizzato da Grillo per ogni sua sparata: nel caso in cui si accorga di averla detta troppo grossa, può sempre prendersela con i "figli di puttana" che avrebbero "travisato" le sue parole. Il 26 maggio del 2012, per esempio, solo pochi giorni dall'elezione di Federico Pizzarotti a sindaco di Parma, su BeppeGrillo.it compare un post dal titolo – e dai contenuti – molto chiari. Il 19 maggio è esplosa una bomba a Brindisi, davanti alla scuola professionale Morvillo-Falcone, sul terreno è rimasta uccisa le sedicenne Melissa Bassi e numerose altre studentesse sono rimaste ferite. Grillo (forse con un "paradosso"), quando le indagini sono ancora in alto mare, suggerisce che quella bomba, e altri episodi inquietanti di quei giorni, siano stati pensati e messi in atto per fermare l'ascesa del suo movimento. «Bomba o non bomba, arriveremo a Roma» scrive. E continua:

> Nell'aria c'è odore di zolfo, ma il cambiamento non si può arrestare. Se tre indizi (il ferimento di Adinolfi a Genova [amministratore delegato di Ansaldo Nucleare, gambizzato in quei giorni, ndr], la bomba di Brindisi e le continue esternazioni sul ritorno del terrorismo) fanno una prova, allora ci sono ottime probabilità del ritorno di una stagione stragista. Per ora le nuove sigle e i nuovi bombaroli non sono all'altezza di piazza Fontana, che bloccò le aperture a sinistra di Aldo Moro, o della stazione di Bologna, alla quale fecero seguito un decennio di craxismo e un ventennio di berlusconismo. Forse ritengono che alzare il tiro non sia ancora necessario. [...] Nei momenti di cambiamento o meglio in cui il cambiamento si manifesta possibile, le forze che vogliono mante-

> nere gli interessi costituiti, economici e politici, bussano alla porta con grande energia. Le bombe e gli attentati sono il loro biglietto da visita. I fatti del dopoguerra ci hanno insegnato che godono dell'impunità. Bomba o non bomba, arriveremo a Roma.

Ora, è evidente che qua siamo ben lontani sia dal paradosso che dalla comicità. Come responsabile del terribile attentato di Brindisi, venne poi arrestato l'imprenditore locale Giovanni Vantaggiato. E se i contorni della vicenda non sono stati ancora chiariti, si fa molta fatica a immaginare che una tragedia così immane sia stata pensata e messa in atto da qualcuno per frenare il Movimento 5 Stelle.

Eppure, in questi casi come mille altri (compresa la sparata sull'Aids e tante altre, a cominciare dalla sua campagna per la Bio Wash Ball, una palla di plastica contenente dei minerali che avrebbe dovuto sostituire il detersivo, rivelatasi una bufala), Grillo non si è mai scusato e non ha mai fatto autocritica. E sinceramente, nelle sue sparate non vediamo neanche una grande elaborazione teorica e politica. Lui e Casaleggio, piuttosto, sono figli di un sistema che loro stessi hanno creato e che si pone solo un obiettivo: essere virale, efficace su Internet, sfruttando le pieghe nascoste dal marketing digitale. Questo vale per la loro proposta politica. Anche la colonna portante della loro ideologia, quella che mette la Rete internet al centro di tutto, addirittura la inquadra come motore di una guerra tra il vecchio e il nuovo mondo. E le argomentazioni fornite su carta risultano ancora più sconclusionate dei post che Grillo continua a sfornare ogni giorno sul suo blog gestito da Gianroberto Casaleggio. La Rete, nella cosmogonia grillina, ha un ruolo fondamentale: sono appunto «gli abiti giovanili che cerca di indossare la vecchia signora». Senza di essa non si produrrebbe il paradosso e quindi neanche l'efficacia. Peccato che in tutta questa operazione ci siano due vittime sopra le altre: la verità e la coerenza.

Il vangelo a 5 Stelle

Oltre agli innumerevoli post che BeppeGrillo.it negli anni ha dedicato alle battaglie di sempre (lotta alla casta, ambiente e rifiuti, No Tav, critiche all'informazione professionale) c'è una vera e propria Bibbia scritta apposta per tutti noi dal duo Grillo-Casaleggio. È un volume uscito alla fine del 2011 per l'editore Chiarelettere (per la quale, sia detto per inciso, la Casaleggio & Associati cura la comunicazione online) ed è firmato proprio dai due capi del Movimento. Si intitola *Siamo in guerra – per una nuova politica*. In queste centocinquanta pagine agili e scorrevoli, la mano del guru del marketing è molto più incisiva di quella del comico (in molti passaggi Grillo è chiamato "Beppe", in terza persona) ma non è questo il punto. In questo libro che rende conto anche delle varie attività di BeppeGrillo.it e del Movimento 5 Stelle, si tenta di fare un salto ulteriore e di teorizzare una vera e propria "ideologia" del mondo nuovo a cui vogliono approdare. Il libro, se preso come un testo satirico, non fa ridere per niente: le poche battute presenti risultano fiacche e già sentite. Se preso invece seriamente, come "il libretto rosso del perfetto grillino", offre invece notevoli spunti per illuminare quel meccanismo del paradosso comico che in quelle pagine intende trasformarsi in proposta politica. Purtroppo, però, l'operazione è ardua e ai limiti dell'impossibile. A un lettore attento l'ingenuità di molti passaggi fa mettere in dubbio la reale buona fede degli autori nel presentare le loro idee.

La cornice generale è proprio racchiusa nel titolo. «Siamo in guerra» dicono i due autori, una «guerra totale, che coinvolge ogni aspetto della nostra vita e mette in discussione strutture economiche e sociali date per scontate da secoli», una guerra, se non lo si è capito, «dovuta alla diffusione della Rete».

Le conseguenze di questa guerra sono immanenti: «I giornali stanno scomparendo, poi verrà il turno delle televisioni, seguite dai libri. Entro dieci o vent'anni saranno considerati alla stregua di specie estinte come il Dodo. Tutta l'informazione confluirà in Rete e chiunque potrà diventare *prosumer*, ossia al tempo stesso produttore e fruitore d'informazione». Dopo altre amenità («nel salotto di casa collegandosi in Rete si potrà creare qualunque oggetto, da una penna a un fischietto») ecco il senso del passaggio epocale: «Nella guerra in corso il vecchio mondo perirà, ma prima di lasciarci userà tutte le risorse a sua disposizione per mantenere vecchi privilegi e rendite di posizione. La guerra durerà a lungo. In Italia i partiti controllano la società, l'economia, l'informazione, il commercio, i trasporti, le leggi e la loro stessa applicazione. Tutto. Sono l'essenza stessa del vecchio mondo. Per difendersi hanno redatto quantità industriali di leggi contro la Rete. Si credono invulnerabili, ma i cittadini, grazie alla Rete, stanno entrando nel Palazzo».

L'attacco contro i partiti è senza appello, come tutto del resto: il mondo nuovo costruito da Grillo e Casaleggio non prevede sfumature, pensieri alternativi, sacche di resistenza, persone per bene. Il loro è invece un pensiero totalitario rispetto al quale esistono solo due alternative: adeguarsi o soggiacere. Nel capitolo intitolato *Uno vale uno* («la Rete può essere spiegata con queste tre parole, che stanno alla base della democrazia diretta») si continuano a spiegare le conseguenze della "guerra" in corso:

> La Rete è spesso paragonata a un nuovo media con nuove regole, con cui giornali e televisione possono convivere. In realtà si tratta d'altro. Oltre ad essere un supermedia che assorbe, e quindi elimina, tutti gli altri, Internet cambia in modo radicale ogni processo: politico, sociale, informativo, economico, organizzativo. In un tempo relativamente breve – un decennio forse due – nulla sarà più come prima. Scompariranno i media tradizionali, svanirà gran parte delle strutture gerarchiche che regolano i vari aspetti della società e dell'economia. Tra queste, anche i partiti, che saranno sostituiti dai movimenti.

L'attacco è davvero al cuore dei partiti, anche se qua si entra nel regno delle corbellerie belle e buone:

> La Rete è francescana, anticapitalistica: nel Web le idee e la loro condivisione valgono più del denaro. I partiti vivono di soldi, di lobby, di strutture sul territorio: sedi, uffici stampa, dipendenti, giornali. In Rete tutto questo è un disvalore, non serve.

Ora, pensare che la politica possa essere fatta senza soldi e senza strutture, appare del tutto campato in aria: i 5 Stelle, in questi anni, pur rinunciando ai rimborsi pubblici, hanno usufruito delle risorse stanziate dai vari enti comunali e regionali e sono decine i "dipendenti" degli eletti a 5 Stelle (alcuni di questi, come in qualsiasi altro partito, sono stati poi candidati alla Camera e al Senato per le elezioni del 2013). Vedremo più avanti quale uso intende fare Casaleggio di alcuni fondi pubblici. Questa affermazione, quindi, che «strutture e uffici stampa» siano «un disvalore», è falsa per gli stessi grillini. Ma ancora di più, l'idea che la Rete possa essere per sua natura "francescana" e "anticapitalistica", quando il cuore del nuovo capitalismo è proprio quello che batte nella California della Silicon Valley, e che crea valore con connessioni tra le persone, i loro dati e con gli strumenti informatici che permettono di accedervi, è pura propaganda. È però tutta la struttura di *Siamo in guerra* a basarsi su questa visione escatologica, anche se spesso essa viene contraddetta nei fatti dalla reale azione politica del duo Grillo-Casaleggio.

In un altro punto del libro si approfondisce la figura del leader: «Se ognuno vale uno» scrivono «i leader politici non hanno senso, sono una contraddizione in termini. Gli uomini della Provvidenza appartengono a una visione infantile della politica. Chi si definisce leader dovrebbe essere sottoposto al trattamento sanitario obbligatorio». Cos'è questa affermazione? Una battuta che verrà "travisata" dai "figli di puttana" che la riporteranno altrimenti? O un postulato al quale credere pedissequamente? Strano, perché è proprio Grillo, meno di un anno dopo dall'uscita del libro, subito dopo le elezioni in Sicilia dove il Movimento 5 Stelle è risultato il primo partito, a spiegare le nuove sfide del movimento per poi dichiarare: «Tutte queste cose dovremmo metterle a punto anche insieme, io devo essere il capo politico di un movimento». La domanda sorge spontanea: anche Grillo in quanto "capo politico" dovrebbe essere sottoposto «a trattamento sanitario obbligatorio»?

Le risposte fischiano nel vento e tutte ugualmente denunciano lo scollamento tra le analisi generali e la loro traduzione in pratica quotidiana. C'è da notare, però, che i concetti espressi godono di una loro indubbia fascinazione, il concetto "uno vale uno" rappresenta al meglio ciò che le persone si vogliono sentire dire e, ancora di più, è una proposta di certo "virale" per far sua l'attenzione su Internet. Poco più avanti il libro continua: «Il nuovo mondo sarà post-ideologico. I partiti si cullano nell'idea che tutto cambierà perché nulla cambi, che la secolare struttura piramidale rimarrà intatta. Ma le masse informate non hanno più né il bisogno né la volontà di delegare ad alcuno il loro destino». Sarà veramente così? Siamo sicuri che Internet abbia migliorato e aumentato l'interesse diffuso per la politica, il bene comune, la diffusione, per dire, di inchieste giornalistiche e approfondimenti su come governare la cosa pubblica? Siamo sicuri che chiunque si collega alla Rete con una certa frequenza rientra di fatto nella grande pancia delle "masse informate"? L'esperienza quotidiana di qualsiasi navigatore, e ancora di più di qualsiasi gestore di siti di news, direbbe esattamente il contrario. Se date un'occhiata ai video più visti ogni giorno – o ogni settimana – su YouTube, non si trovano convegni della fondazione Pavese o analisi dell'ultimo progetto di cooperazione internazionale. A farla da padrone sono invece corsi per il make-up, sviste arbitrali nelle partite di campionato, video-blogger bellocci che danno consigli su come rimorchiare, video pecorecci con ragazze sexy, star della musica "pompate" dalle major. Non a caso sul web la più lunga e grande tradizione di successo, il trono dei contenuti più popolari, è da sempre detenuto dai gatti: *lolcat,* come spiega Wikipedia, «immagini che abbinano l'utilizzo di immagini di gatti a testi umoristici», è il fenomeno di maggiore successo digitale di sempre. Non troppo diverse risultano le cose sulle bacheche Facebook dei circa 25 italiani – e dell'altro miliardo di esseri umani – connessi al social network dove, tra qualche notizia curiosa (in Italia una delle più condivise del 2012 è stata «Picchiata perché cantava il Pulcino Pio»), la parte da padrone la fanno oroscopi, sfottò sulla fede calcistico/campanilistica, fotografie ammiccanti, analisi di questioni sentimentali, video di incidenti e cadute, oroscopi. Per non parlare di Twitter. Appena il social network da strumento di condivisione e informazione è diventato un media appannaggio di tutti, con milioni di iscritti, a svettare tra gli hashtag (gli argomenti più gettonati) si trovano quasi sempre appelli lanciati dalle famose *Belieber*, o piuttosto dalle *Directioner*, che si chiedono quale sia il cantante più figo tra i cinque membri della boy band inglese, o che strillano per chiedere al cantante canadese di aggiungere anche una data italiana al suo tour in giro per il mondo.

Sempre l'illuminante Morozov, su questo piano, fa un'altra riflessione molto utile al ragionamento dipananto in queste pagine: «Il Lolcat preferito da Orwell» lo chiama. Osservando la Russia di Putin l'autore bielorusso si chiede per esempio: «Cosa succede se ci accorgiamo che il potenziale liberatorio di Internet contiene anche i semi della de-politicizzazione e della de-democratizzazione?» È il solito meccanismo del *panem e circensis* che i regimi sfruttano ma al quale molti di noi, la stragrande maggioranza, si sottopone spontaneamente: «Pensavamo che Internet avrebbe sfornato una generazione di "ribelli digitali", invece ha dato vita a una generazione di "prigionieri digitali" che sanno come consolarsi online, qualunque sia la situazione politica», anche perché «non si può fare a meno di notare che il seno è molto più popolare della democrazia nella blogosfera russa». Molto interessante, infine, rispetto al supposto potere di Internet di creare "masse informate", un esperimento di cui Morozov dà conto:

> Un esperimento del 2010 ha coinvolto la onlus Good Samaritans in un progetto di volontariato in cui degli occidentali dovevano prestare il loro computer con una connessione a banda larga, tramite un software chiamato Psiphon, a stranieri che vivevano in Paesi in cui Internet era sotto controllo, nella speranza che, dopo aver assaggiato per la prima volta la libertà di navigare senza controlli, avrebbero usato queste possibilità per informarsi sugli orrori del loro regime. La realtà è stata più deludente. Secondo "Forbes" una volta libere di navigare a loro piacimento, queste persone cercavano foto di Gwen Stefani nuda e di Britney Spears senza mutande.

Per Grillo&Casaleggio tutto ciò non conta. Ovvero, ammettono in un passaggio del loro volume che

> il palinsesto generato dagli utenti e quello dei media tradizionali divergono nettamente. L'informazione più apprezzata dai lettori in Rete non ha nulla a che spartire con i palinsesti dei giornali online. Da un'analisi comparativa effettuata da Journalism.org, tra le notizie apparse durante una stessa settimana su quarantotto testate tradizionali online, (come il «New York Time» o il «Washington Post») e quelle indicate dagli utenti della

Rete, è emersa una totale divergenza, con una coincidenza solo del 15 per cento. È la certificazione di due mondi paralleli, due vasi non comunicanti.

E sarà certamente così, ma non sta scritto da nessuna parte che "gli utenti della Rete" siano interessati a prescindere ad approfondimenti e analisi piuttosto che a gatti o a video di reggaeton.

Per l'ideologia di Grillo e Casaleggio le cose in realtà risultano molto più semplici, anche in campi molto complessi.

> I referendum via Rete senza quorum e propositivi diventeranno la normalità. Le Costituzioni dei vari Paesi potranno essere ridiscusse online ogni volta che sarà ritenuto necessario, come è avvenuto in Islanda nel 2011. I programmi politici saranno scritti dai cittadini e ogni nuovo punto dovrà essere approvato prima della sua attuazione. Ogni spesa non coperta sarà soggetta alla volontà della popolazione. Il debito pubblico deciso da pochi, che oggi minaccia la stabilità dell'economia mondiale, dalla Grecia agli Stati Uniti all'Italia, non sarà più possibile.

Questo del "Referendum proposto senza quorum" è un vecchio pallino delle rivendicazioni grillesche. Secondo la sua idea, praticamente, i cittadini – immaginiamo tramite la Rete – dovrebbero essere chiamati anche più volte al giorno a esprimersi sui provvedimenti del governo, legge di stabilità finanziaria, persino sull'emissione di Bot e Cct (che non si capisce perché dovrebbe essere vietata, quando è una pratica di politica economica in piedi fin da quando sono nati gli Stati moderni).

Grillo&Casaleggio citano il caso dell'Islanda e della sua Costituzione approvata in Rete. Ma anche qua le cose sono più complicate di una sparata utile per fare il pieno di "mi piace" su Facebook. Nel suo *Reti di indignazione e di speranza*, il massimo teorico dei movimenti ai tempi di Internet, Manuel Castells, spiega l'origine di quella crisi e tutto ciò che ne è conseguito. Dopo una pesantissima crisi economica dovuta alla eccessiva finanziarizzazione delle banche locali – appoggiata dal governo –, negli anni zero le principali banche islandesi cominciarono a usare le proprie azioni come collaterale per contrarre grossi prestiti l'un l'altra, e per poi utilizzare questi debiti per finanziare l'acquisto di altre azioni delle altre banche – facevano salire in questo modo il prezzo delle azioni e gonfiavano i rispettivi bilanci. I clienti erano spinti a indebitarsi e ad avere consumi illimitati stimolando artificialmente la domanda e la crescita economica. In questa pratica ai limiti del criminale, prestiti agevolati ad alcuni politici e ingenti finanziamenti alle loro campagne elettorali permettevano di continuare a operare in totale tranquillità. Naturalmente, come sempre, quando una bolla è troppo gonfia prima o poi scoppia. Così è stato nel febbraio 2006 quando un *outlook* negativo proprio su quelle tre banche islandesi portò la banca centrale a indebitarsi: la situazione presto precipitò fino a diventare insostenibile. Quando, nel 2008, dopo altri giochi finanziari, tutto il castello crolla, l'Islanda si trova con perdite equivalenti a sette volte il suo prodotto interno lordo. Fu così, con il Paese sull'orlo del baratro, che il cantante Hordur Torfason decise di sedersi davanti al Parlamento svedese e con la sua chitarra espresse tutto il suo sdegno nei confronti dei banchieri e dei politici. Il video della sua performance, pubblicato su YouTube, diventò subito virale e diede vita a proteste settimanali davanti al parlamento svedese sempre più partecipate, con cittadini armati di pentole e tamburi che chiedevano di "mandare a casa" politici e banchieri che avevano affossato l'economia nazionale. Così, alle successive elezioni, a trionfare fu una coalizione rosso-verde con una sonora sconfitta dei partiti conservatori fino ad allora al potere: al governo salì Johanna Sigurdardottir, primo capo di Stato dichiaratamente gay. La premier islandese appena insediata, per portare il Paese a un risanamento che fosse equo e partecipato, si è fatta promotrice di una iniziativa che in seguito verrà chiamata la *wikicostituzione*. Un "wiki" è un software che permette a un testo di essere editato online da molti utenti. Nell'autunno del 2010, il governo e il Parlamento svedese lanciano quindi specifiche elezioni per designare una nuova assemblea costituente, composta da 25 membri. Si candidano in 2000 ma si recano alle urne solo il 37 per cento degli aventi diritto, rendendo non valide queste consultazioni. Il Parlamento, allora, decide di saltare il fosso e nomina di sua sponte l'Assemblea Costituente scegliendo i 25 nomi che erano risultati i più votati alle elezioni invalidate. Così è partita la redazione della "Costituzione partecipata". L'assemblea, usando Facebook e Twitter, ha informato costantemente sui suoi lavori e ha risposto alle domande dei cittadini. Su YouTube si sono svolti dibattiti aperti tra persone comuni e cittadini "costituenti". Alla fine, con i 16 mila commenti e suggerimenti ricevuti, sono state redatte 15 diverse versioni della costituzione e i 25 costituenti, dopo ulteriori confronti e consultazioni, ne hanno votato all'unanimità una versione definitiva. Avuto anche il voto del governo, la Wiki-Costituzione è andata al voto dei cittadini il 20 ottobre del 2012. In realtà si trattava di una votazione non vincolante che serviva a fornire solo delle linee guida generali al parlamento (su temi come le risorse naturali, i mandati del governo e la possibilità di proporre referendum propositivi). Da sottolineare, però, che l'Islanda conta in tutto solo 320 mila cittadini residenti (esattamente quanti il Comune di Bari) e di questi appena 237 mila rappresentano il corpo elettorale. Alla fine il 66 per cento degli aventi diritto ha risposto di sì e il referendum quindi è stato approvato.

Senza dubbio si tratta di un esperimento molto innovativo, facilitato di certo dal numero quasi "comunale" delle persone coinvolte. Nonostante ciò, l'esperienza islandese indica una strada di certo interessante che, in futuro, tra miglioramenti piccoli e grandi potrebbe di certo aumentare la partecipazione dei cittadini alla vita pubblica.

Da qua, però, a pensare che entro "i prossimi dieci-vent'anni", «le Costituzioni dei vari Paesi potranno essere ridiscusse online ogni volta che sarà ritenuto necessario, come è avvenuto in Islanda nel 2001», come propongono Grillo e Casaleggio, il passo appare molto lungo.

Anche sul tema dei "referendum propositivi senza quorum", altro cavallo di battaglia di Grillo e socio, se si gratta sotto la patina del populismo digitale, c'è da notare che poco di serio e di concreto rimane sul piatto. Tanto per cominciare bisogna dire che i padri italiani della Costituzione immaginarono sì l'istituto dei referendum come strumento di "democrazia diretta", ma non a caso specificarono che questo non poteva essere applicato a norme tributarie e trattati internazionali. Detto in soldoni: siamo sicuri che avvantaggerebbe davvero "i più deboli", i "cittadini", la possibilità di votare qualunque cosa, anche una legge finanziaria? Se un referendum mettesse al voto il pagamento dell'Irpef, chiedendo di dimezzarlo, sicuramente i risultati di tali votazioni risulterebbero bulgari, la maggioranza positiva schiacciate. Ma con un budget dimezzato lo Stato potrebbe garantire i – già adesso scarsi – servizi sociali a partire da istruzione, sanità, ammortizzatori sociali o, l'ordine pubblico? La politica, e la realtà, sono dannatamente complesse. E purtroppo fanno sempre molta fatica a essere compressi dentro gli angusti recinti dei paradossi.

Proprio sul tema delle "consultazioni perenni", inoltre, parole illuminanti sono state scritte da Thomas Friedman, editorialista del «New York Times» e forse tra i più influenti *opinion leader* americani. In un articolo uscito nel giugno del 2012 il giornalista si interroga sul «Rise of popularism», l'ascesa del "popularismo". Il suo ragionamento può essere riassunto in una frase: «Se tutti seguono, chi dirige?» Nel suo pezzo Friedman, appena tornato da un giro in Europa, si chiede: «Perché i leader capaci di esortare il popolo a far fronte alla sfida della nostra epoca sembrano così pochi?» Dal suo punto di vista gli aspetti determinanti sono due: «Questa penuria di leadership su scala globale ha molte spiegazioni, ma vorrei concentrarmi in particolare su due: la prima, generazionale e l'altra, tecnologica». Partendo proprio dal punto di vista tecnologico, Friedman cita la nota legge (empirica) formulata dal fondatore di Intel Gordon Moore, quella che negli anni Settanta all'indomani dell'invenzione del microprocessore stimò che la capacità di calcolo dei computer sarebbe raddoppiata ogni 18-24 mesi.

Questa legge, grosso modo, è valida ancora oggi. Ebbene, traslata questa velocità sulla politica, e «osservando i leader europei, arabi e statunitensi alle prese con le rispettive crisi, mi domando se la legge di Moore non abbia forse un corollario politico: la qualità della leadership politica diminuisce ogni cento milioni di nuovi utenti di Facebook e di Twitter». Lo scenario, naturalmente, non è né apocalittico né del tutto negativo – come d'altronde stiamo cercando di spiegare in queste pagine: «In un mondo di media sociali e telefonini in grado di connettersi alla Rete, la natura del dialogo tra leader e popolo sta cambiando ovunque: stiamo passando da un dialogo prevalentemente a senso unico – dall'alto verso il basso – a uno preponderantemente a doppio senso – dal basso verso l'alto e dall'alto verso il basso. Ciò presenta numerosi vantaggi: più partecipazione, più innovazione e più trasparenza. Ma è possibile che la partecipazione diventi troppa? Che i leader prestino ascolto e inseguano in ogni momento così tante voci da diventarne schiavi?»

Anche sulla macro-politica il "lato oscuro" della rete è sempre in agguato:

> La scorsa settimana a Londra mi è addirittura capitato di sentire una parola nuova: "popolarismo". È la über-ideologia dei nostri tempi. Leggi i sondaggi, segui i blog, tieni il conto dei messaggi che appaiono su Twitter e degli stati di Facebook e dirigiti esattamente là dove si trovano gli altri e non dove pensi che dovrebbero andare. Ma se tutti "seguono", chi dirige?

Ci sono anche esperienze dirette in questo caso di alcuni capi di stato: «Alexander Downer, ex ministro degli Esteri australiano, mi ha recentemente fatto notare che "molti leader sono sottoposti a uno scrutinio senza precedenti. E mentre ciò non scoraggia i migliori tra loro, la costante e ridicola interazione con il pubblico rende più difficile per loro il compito di prendere delle decisioni sensate e coraggiose». A questo si aggiunge anche il fattore "generazionale":

> Quando si dispone di tecnologie che facilitano reazioni e giudizi rapidi e immediati, e quando si ha a che fare con una generazione abituata a ricevere gratificazioni istantanee – ma ci si trova a dover affrontare dei problemi le cui soluzioni richiedono traiettorie complesse, come l'attuale crisi creditizia o la mancanza di posti di lavoro o l'esigenza di ricostruire da zero i Paesi arabi – si è alle prese con un'autentica discrepanza – nonché una sfida per la leadership. Quasi ogni leader oggi deve chiedere al proprio popolo di farsi carico degli oneri, e non limitarsi a godere dei benefici, e di studiare di più e lavorare meglio – e tutto questo solo per tenersi al passo. Ciò richiede una leadership straordinaria, che deve iniziare con il mettere i cittadini a parte della verità. Dov Seidman, autore del libro *How* e fondatore della Lrn, un'azienda che offre consulenze di leadership ai dirigenti di impresa, afferma da tempo che "nulla ispira le persone più della verità".

Verità appunto, lontana anni luce dalle battute di un comico:

> Molti leader ritengono che raccontare la verità possa renderli vulnerabili rispetto al pubblico o ai loro avversari. Ma si sbagliano. «L'aspetto più importante del dire la verità è che così facendo si rafforza il legame con chi ci ascolta» spiega Seidman. «Perché quando dimostriamo di avere fiducia negli altri mettendoli a parte della verità, questi a loro volta si fidano di noi». I leader che

nascondono i fatti creano ai loro cittadini ulteriori problemi e più confusione.

La conclusione è quasi una lezione di governo ai tempi dei social media:

> Non è così che vediamo comportarsi i leader dell'America, del mondo arabo e dell'Europa. Si sarebbe portati a credere che uno di loro, almeno uno, avrebbe colto l'occasione per mettere i propri cittadini al corrente dei fatti, spiegando loro a che punto si trovano, quale dovrebbe essere il loro obiettivo, quale strategia occorre seguire per raggiungerlo e qual è il contributo che ciascuno di loro deve dare affinché la situazione migliori. Un leader che si comporta così avrà dei "seguaci" e degli "amici" in carne e ossa – e non virtuali.

Certo, anche quella di Friedman è una opinione, non la verità assoluta. Eppure aiuta a ragionare, a riflettere, a vedere differenze e sfumature che sono esattamente ciò che fa progredire il pensiero e la vita tra gli uomini. Altra cosa è la dottrina di chi non ha mai spazio né interesse per interessarsi di altro che non sia la sua propaganda e che nel fabbraio 2013 in un libro edito da Chiarelettere e intitolato *Il grillo canta sempre al tramonto* per quanto riguarda sesso, pornografia, prostituzione, uomini e donne avrà il coraggio di teorizzare quanto segue:

> Grillo: Sulla rete c'è di tutto. Forse Dario non lo sa, ma tra i primi dieci siti più visti nel mondo ce n'è uno che si chiama YouPorn. Ecco come funziona. Tu hai voglia di avere un rapporto con una donna. Se prima andavi per le strade, ti mettevi d'accordo con una prostituta e la portavi in albergo, adesso ti colleghi al sito YouPorn, vai a vederti un filmetto porno che ti piace, due donne

insieme, in tre, con un cavallo, quello che vuoi. Dopo che hai visto questo filmato gratis, sul monitor appare automaticamente il genere di donna che hai visto. Abita vicino a te, nella tua città e se vuoi si collega con te immediatamente. Lei è in casa sua che ti guarda con una webcam e tu guardi lei. Se vuoi parlarle clicchi, fai conoscenza e ti metti d'accordo per una prestazione. In questo modo il rapporto è diretto, non c'è più il magnaccia, lo sfruttatore, e non vai più per strada. La rete toglie tutte le intermediazioni, toglie anche le donne o gli uomini dalla strada. Vuol dire che tu fai pornografia in proprio, tu direttamente, ti metti in rete e ti pagano. Se non vuoi pagare la prestazione ti fai filmare in una scena sessuale con un quadratino nero sul volto così non ti si riconosce. Ti filmano e mettono il filmato sul sito, e tu non paghi niente, è tutto gratis. Insomma sesso a chilometro zero. Poi può capitare che chi ti contatta è la tua collega che si è connessa online dall'adiacente angolo del tuo ufficio... è successo davvero.

Affermazioni surreal, che ricordano molto quelle sull'Aids: vallo a spiegare a chi si batte per i diritti delle prostitute e contro la "tratta delle schiave" che basta YouPorn e ogni sfruttamento è spazzato via.

Lo scooter e l'arte dell'intelligenza collettiva

Un'altra grande battaglia portata avanti fin dall'inizio da Grillo e Casaleggio è quella contro l'informazione professionale. Il comico su questo tema ha celebrato un intero V-Day il 25 aprile del 2008, invocando una non meglio definita «nuova liberazione» e lanciando la raccolta di firme – come vedremo dopo – per l'abolizione dell'ordine dei giornalisti, la cancellazione dei contributi pubblici all'editoria e l'eliminazione della legge Gasparri sulla radiotelevisione.

I giornalisti per Grillo sono, a seconda dei casi, «lingue umide», «servi», «merde». Naturalmente non alcuni giornalisti in particolare, ma i giornalisti di professione in quanto tali. In un post del luglio 2010 (dove commenta lo sciopero della stampa contro "la legge bavaglio" proposta dal governo Berlusconi che intendeva impedire la pubblicazione delle intercettazioni), con il suo solito stile "lucido", il blogger spiega la sua visione: «La stampa italiana, da sempre con la museruola, oggi si è messa anche il bavaglio. Lo ha fatto per protestare contro la legge bavaglio. È come se uno stupratore protestasse con uno stupro in piazza. Un serial killer con un omicidio plurimo». Il problema, per lui, sono i finanziamenti pubblici:

> I giornali sono finanziati dalle nostre tasse, senza chiuderebbero. È quindi corretto che al giorno di sciopero corrisponda una trattenuta di un trecentosessantacinquesimo del finanziamento annuo. A cosa servono i giornali? A influenzare l'opinione pubblica per conto dei loro proprietari e a inviare messaggi mafiosi alla bisogna.

Poi arriva la solita "vision" generale:

> I giornali non vanno confusi con l'informazione. Giornali e informazione sono incompatibili. Dove ci sono i primi, non c'è la seconda. La vera informazione in questi anni l'hanno fatta i blogger, la Rete, i siti di controinformazione, non certo la «Repubblica» di Scalfari o il «Corriere» di De Bortoli o «l'Unità» del pdimenoelle [questo l'appellativo dato da Grillo al Partito democratico, *ndr*]. I giornali sono superati dalla Rete, come a suo tempo il pony express dal telegrafo. Per pubblicare un articolo bisogna mettere d'accordo gli interessi degli azionisti espressione delle lobby, il consiglio di amministrazione, la direzione, il comitato di redazione, il capo redattore e poi si digita sulla tastiera il nulla (nel migliore dei casi) o un testo promozionale. Dov'è la libertà di espressione? [...] L'albo dei giornalisti va abolito. Siamo tutti giornalisti.

Come al solito, nell'universo grillino tutto è netto, tutto è chiaro, non ci sono alcune testate che fanno informazione e altre al soldo di alcuni interessi, non ci sono nelle singole redazioni professionisti che fanno al meglio il proprio lavoro cercando di resistere alle pressioni degli editori: Sergio Rizzo e Gian Antonio

Stella, i giornalisti del «Corriere della Sera» autori de *La Casta* vanno bene solo quando vengono intervistati su beppegrillo.it. Che in Italia poi esista un problema relativo alla libertà di stampa, ancora di più per lo strapotere mediatico di Silvio Berlusconi, su questo non ci piove. Ma l'idea, per esempio, che i finanziamenti pubblici alla stampa siano sbagliati, è un modo piuttosto gretto di immaginare le modalità del dibattito pubblico. A parte il fatto che i giornali principali hanno dei rimborsi soprattutto rispetto alle spese della carta, i quotidiani che invece godono di finanziamenti diretti in quanto organi di partito, eccezion fatta per alcuni chiari abusi, concorrono a dare pubblicità a idee che non avrebbero mezzi o risorse per essere ascoltate altrimenti. Inoltre, che la Rete possa sopravvivere alla scomparsa dell'informazione professionale, o piuttosto che questa serva unicamente «a influenzare l'opinione pubblica per conto dei loro proprietari e a inviare messaggi mafiosi alla bisogna», non è che un paradosso da avanspettacolo.

Anche su questo tema il significato "alto" che si intende dare alla campagna grillina ricade sempre dentro l'escatologia della Rete. In *Siamo in guerra* varie pagine vengono profuse per spiegare, appunto, che «siamo tutti giornalisti», come si intitola un intero capitolo. «La televisione e i giornali invecchiano e deperiscono sotto i nostri occhi. Assomigliano a dei sopravvissuti. La Rete, progressivamente, li sta sostituendo. Il Web assorbe, trasforma, cancella ogni forma precedente di comunicazione».

L'assioma è il seguente: «È nato un nuovo modo di fare informazione, individuale, che non prevede consigli di amministrazione, interferenze degli azionisti, comitati di redazione, pressioni degli inserzionisti pubblicitari». L'idea, quindi, è che chiunque sia in grado di battere su una tastiera sia un giornalista. «Lo *user-generated content*, ossia il contenuto generato dall'utente sotto forma di commenti, foto o video, rappresenta una forma di comunicazione nuova e più potente rispetto al passato: è l'effetto dell'accesso di massa alla produzione e pubblicazione dei contenuti».

Seguendo questo sillogismo, dunque, l'informazione professionale sarebbe tutta "venduta", mentre "commenti foto e video" sarebbero la nuova forma di comunicazione più "potente" delle precedenti. Ma, verrebbe da chiedersi, questi commenti, rispetto a quale contenuto dovrebbero essere inseriti dai lettori? E la "vera informazione" dovrebbe essere costituita dai commenti alle notizie piuttosto che dalle notizie stesse? E ancora: se tutti commentano, chi scrive? O forse l'informazione del nuovo mondo connesso dovrebbe passare solo e soltanto dai commenti al blog di Grillo? E ancora, davvero pensiamo di essere tutti i giornalisti? Strano, perché allora possiamo essere tutti cardiologi o ingegneri nucleari: sul web si trovano certamente corsi e lezioni, anche di università molto prestigiose, per poter studiare cardiologia o ingegneria nucleare. E infine: perché, già che ci siamo, non possiamo essere tutti antennisti, autisti di autobus, idraulici, massaggiatori, esperti di logistica? Non so voi ma, se il mio scooter smette di camminare, io vado dal meccanico, non faccio un appello su Facebook.

È vero, d'altronde, che molti giornalisti hanno dato pessima prova di sé nei vent'anni del conflitto d'interesse di Silvio Berlusconi. Eppure la professione ancora oggi risulta fondamentale per informare, fare luce, confrontare le idee: basta solo un po' di onestà intellettuale per vedere come la stragrande maggioranza dei contenuti di cui la Rete "discute" proviene da fonti di informazione professionale. Non solo: grazie a Internet, sempre più spesso, capita che notizie anche importanti trovino una loro strada per diventare pubbliche, grazie al passaggio (e al vaglio) di una qualche redazione che dia poi loro risalto e autorevolezza.

Ci sia permessa un'altra divagazione rispetto ai famosi *User Generated Content*. Anche su questo dobbiamo scontrarci con la realtà, perché rispetto a una retorica che ritiene "le masse connesse" in grado di soddisfare qualsiasi necessità, sono pochissimi i servizi di qualità prodotti in Rete. A parte alcuni software come Linux o Open Office, a parte alcune esperienze come Wikipedia (per la quale, comunque, è solo una percentuale infinitesimale degli utenti a curare le singole voci), ben pochi sono i risultati soddisfacenti di questa fantomatica intelligenza collettiva. Certo, un qualsiasi cittadino che si trovi davanti a un abuso, a un fatto drammatico, a un avvenimento inusuale, diventa un reporter nel momento in cui con il suo telefonino o le sue *device* può rendere pubblico ciò che si trova davanti. Ma questo non è giornalismo: questa è testimonianza. Se bisogna informarsi sulla politica economica, sugli appalti del Comune nel quale si abita, su cosa succede dall'altra parte del mondo o se bisogna illuminare gli oscuri anfratti nei quali si nascondono le protezioni politiche di cui gode la criminalità organizzata, è forse meglio affidarsi a un professionista bravo ed esperto, che dispone di fonti autorevoli e informazioni privilegiate. Poi, naturalmente, la Rete permette a tutta una serie di esperti e realtà civiche di poter fare le loro indagini, pubblicare online le proprie denunce. Anche in questo caso però parliamo di un arricchimento dell'agorà pubblica che si affianca e non si sostituisce all'informazione professionale.

In realtà la lotta di Grillo e Casaleggio contro la stampa non è casuale. Serve da una parte ad arroccarsi nei loro paradossi e nelle loro sparate. Dall'altra a svilire tutto ciò su cui la Casaleggio & Associati non ha controllo: se la tv è morta, i giornali mentono, le testate professionali online disinformano, chi mi racconterà il mondo ogni giorno? «Beppegrillo.it!» sembrano rispondere i due capi dei 5 Stelle.

Anche quando nel loro volume parlano di fiducia e autorevolezza, il discorso dei due grillini supremi si fa confuso:

> Il giornalista online, può, se vuole, essere uomo libero; ma in realtà è condannato a esserlo. In Rete, infatti, la trasparenza è d'obbligo, non si può mentire. Un articolo con dati corretti è immediatamente confutato e il suo autore perde credibilità. Mentire, o anche perdere credibilità, fa perdere contatti.

Anche in questo passaggio le ingenuità non mancano. La verità, purtroppo, non è una. E un articolo "con dati corretti" può essere più mistificatorio di un altro con dati del tutto sballati. Inoltre, nel campo delle opinioni (è giusto o meno costruire un inceneritore? È giusto o meno togliere i finanziamenti ai partiti?), sono necessarie prese di posizioni e approfondimenti maggiori rispetto al campo della "verità". Come quando Grillo e Casaleggio prendono in esame il giornalismo economico:

> La Rete permette all'ignaro investitore di comprendere i misteri della Borsa e i suoi oscuri collegamenti attraverso la teoria del "piccolo mondo" e i sei gradi di separazione su cui sono basati tutti i più popolari social network, da LinkedIn a Facebook [la teoria dei "sei gradi di separazione" prevede che io possa comunicare, attraverso sei soli passaggi, con qualunque altra persona sulla faccia della terra, *ndr*].

Quindi, se vi interessa la Borsa, suggeriscono, grazie alla Rete avrete una soluzione sicura per i vostri investimenti:

> In Italia è disponibile online la Mappa del potere, che permette di conoscere le connessioni esistenti tra le società di Borsa attraverso i gradi di separazione tra i consiglieri. Più sono le presenze nei vari consigli, più aumentano le interconnessioni. Al primo luglio 2011, i consiglieri e i sindaci con due incarichi in società quotate erano 369, con tre 109, con quattro 48 (tra cui Marco Tronchetti Provera e Carlo De Benedetti), con cinque 12, con sei 2 consiglieri. La Borsa di Milano è in realtà uno *spaghetti stock exchange*. La trasparenza, una delle leggi della Rete, è il miglior modo per tutelare i nostri investimenti e non finire in mutande.

Cari investitori, scrivono in *Siamo in guerra*, altro che rischi, analisi dei mercati, esperienza: con la mappa del potere pubblicata da Casaleggio sul blog di Grillo – molto ben fatta tra l'altro – ogni problema di Borsa è risolto. Facile no? Ogni falegname potrà trasformarsi in un broker. Strano quindi che l'economia e la finanza, grazie a questa intuizione encomiabile e alla presenza della Rete, non abbiano ancora trovato un equilibrio perfetto.

Ma, e qui chiudiamo davvero con la Bibbia di Grillo e Casaleggio, i due ne hanno anche per i "marchi", facendo loro le note posizioni *open source* per la conoscenza diffusa. Scrivono:

> La diffusione della Rete ha da tempo messo in discussione il copyright come strumento economico e di reale protezione degli autori. In Rete il copyright non è solo inutile, è anche dannoso [...]. Il giurista statunitense Lawrence Lessing ha affrontato nel suo libro di maggior successo, *Cultura libera*, il tema dell'anacronismo degli attuali strumenti legislativi riferiti al diritto d'autore. Le tesi di Lessing sono semplici: 1) la proprietà privata dei beni materiali non è equiparabile a quella dei beni digitali; 2) gli interessi economici delle lobby, che traggono guadagno dal copyright, frenano lo sviluppo degli Stati Uniti e, più in generale, dell'umanità.

Bellissime parole, non c'è che dire. Ma come al solito la trasposizione dalla teoria alla pratica è quanto di più lontano ci si potrebbe mai immaginare dalla "tradizione hacker". Giuseppe Grillo, detto Beppe, per dire, ha registrato a suo nome il marchio del movimento 5 Stelle e altri marchi secondari (in particolare Pirati a 5 Stelle). Basta consultare l'archivio dell'ufficio italiano Brevetti e Marchi per vedere come il simbolo «Movimento 5 Stelle – figura di un cerchio al cui interno sono disposte cinque stelle e la parola "movimento" con "v" in carattere di fantasia (marchio figurativo)» sia registrato proprio a nome del comico-blogger. Quindi il suo movimento che combatte la guerra contro il copyright in quanto «frena lo sviluppo dell'umanità» ha in realtà un marchio registrato a nome del suo fondatore – che a sua volta ne acconsente o meno l'uso ai suoi militanti. Per espellere una lista o una persona dal Movimento, basta una lettera dello studio Squassi e Montefusco, che da sempre segue Grillo: «Le comunico la decisione del sig. Grillo di revocare l'autorizzazione all'utilizzo da parte Sua del nome e del marchio MoVimento 5 Stelle di cui egli è esclusivo titolare, invitandoLa a volersi astenere, per il futuro, di qualificare la Sua azione politica come riferibile al MoVimento stesso o, più in generale, come ispirata dalla persona del mio cliente». Questa la diffida inviata al consigliere piemontese Fabrizio Biolè nel novembre del 2012.

Le contraddizioni tra il dire e il fare, l'abbiamo capito ormai, sono innumerevoli. Un edificio poco solido che sembra costruito apposta per essere veicolato online, che si ammanta di una diversità etica rispetto al resto della politica ma che in realtà è campione in turpiloquio e urla ma non è in grado di fornire soluzioni credibili. Eppure, se questo edificio ha potuto prosperare e puntare a un posto nel parlamento italiano, è perché è riuscito in tutti questi anni a sfuggire al confronto orizzontale con giornalisti e militanti e si è arroccato in Rete: una Rete, in questo caso, unidirezionale, quasi televisiva nel suo essere dall'alto verso il basso, nella quale i due comunicano a molti, e gli altri non possono che ascoltare senza mai dire la loro. Tutto ciò non è casuale. È infine lo stesso Gianroberto Casaleggio ad ammetterlo nel libro scritto insieme a Grillo. «Verità e menzogna in Rete durano entrambe per sempre, ma mentre la prima nel tempo si rafforza, la seconda si indebolisce e diventa ininfluente. L'unica possibilità per creare una verità artificiale in Internet è la replica del mondo orwelliano, chiuso in se stesso e senza relazioni con il mondo esterno». In questo passaggio Casaleggio parla dei regimi che censurano la Rete. Ma questa definizione si adatta perfettamente alla sua creatura: anche il Movimento 5 Stelle, nella sua gestione nazionale, è proprio un «mondo orwelliano, chiuso in sé stesso e senza relazioni con il mondo esterno». Un mondo in cui i militanti subiscono ogni decisione e, come vedremo tra poco, non hanno mai la possibilità di esprimere il proprio parere. Un mondo in cui, nonostante la retorica dell'uno vale uno, Grillo e Casaleggio spadroneggiano come vogliono rispetto ai singoli militanti: decidono loro cosa dire, con chi parlare, chi blandire e a chi dare ascolto. Questo mondo, che non riconosce niente se non se stesso e nega la legittimità a tutto ciò che è fuori, è proprio la realizzazione dell'incubo di Orwell. Per centrare questo obiettivo era necessario un mezzo nuovo e molto potente: la Rete. Ma non quella fasulla e ideologica raccontata nelle pagine di *Siamo in guerra*. Piuttosto quella del marketing, delle guerre sporche, delle indicizzazioni, dei fake, dei troll. Insomma, quella della Casaleggio & Associati.

Su Gaia vacci tu

Per capire "di cosa parliamo" quando trattiamo di Beppe Grillo e del suo Movimento 5 Stelle, dobbiamo per forza di cose attraversare la galassia Casaleggio. Di una vera e propria galassia si tratta, costellata di riferimenti alti e propaganda spiccia, organizzazione aziendale secondo la migliore tradizione "milanese" e retorica orizzontale pronta per essere venduta "un tanto al chilo".

Badate bene però: quando parliamo di questo guru del marketing, con esperienze di rilievo in aziende importanti niente è come appare. Così come abbiamo fatto nelle pagine precedenti con il "rating" di Tripadvisor, o sulle visualizzazioni di YouTube, approcciandoci a questa azienda diventata motore di un fenomeno politico nazionale, dobbiamo assicurarci di poter sempre grattare sotto la superficie, andare a fondo, ragionando seguendo il punto di vista di affari e di bilanci, di auto esaltazione e smanie egemoniche, piuttosto che quello delle "belle parole" e dell'attivismo spontaneo.

Nel famoso fuori onda andato in onda a settembre 2012, Giovanni Favia, già pupillo di Grillo ed esponente a 5 Stelle con rilevante consenso personale, si lascia andare a uno sfogo con il giornalista Gaetano Pecoraro. Per la prima volta – e in modo clamoroso visto il rumore che farà questo scoop – viene illuminato con uno squarcio di luce l'oscuro mondo del genio del marketing digitale. Dice Favia:

> Casaleggio prende per il culo tutti, perché da noi la democrazia non esiste. Grillo è un istintivo, io lo conosco bene: non sarebbe mai stato in grado di pianificare una cosa del genere. I politici, Bersani, non lo capiscono. Non hanno capito che c'è una mente freddissima, molto acculturata, molto intelligente dietro, che di organizzazione, di dinamiche umane e di politica se ne intende.

Ecco, questa descrizione, «una mente freddissima, molto acculturata, molto intelligente che di organizzazione, di dinamiche umane e di politica se ne intende», è la chiave con cui entrare dalla porta principale nella galassia Casaleggio, il codice da inserire per rompere l'enorme *firewall* di riservatezza, oscurità, silenzi, ambiguità che negli anni il manager ha eretto intorno a sé.

La domanda che ora dobbiamo cominciare a porci, allora, è proprio questa. Dietro le mirabolanti affermazioni tratte da *Siamo in guerra,* dietro gli annunci apodittici, i post sul blog, le affermazioni millenaristiche, cosa c'è? Una reale volontà politica? Una base di valori a cui fare riferimento? O si tratta di un contenuto costruito a tavolino per aumentarne al massimo la viralità?

La risposta la troveremo tra poco. Eppure tutto, nella galassia Casaleggio, può essere letto spostandoci sugli assi buona / cattiva fede. Prendiamo per esempio un video prodotto dalla Casaleggio & Associati, pubblicato online nel 2008 e che ha fatto molto discutere, al punto da essere ripreso da numerose emittenti televisive. Si tratta di *Gaia, il futuro della politica*. Una voce metallica fuori campo (che nei titoli di coda verrà attribuita niente di meno che all'"avatar" di Marshall McLuan, il massimo teorico della comunicazione del '900) afferma di parlare dal futuro, precisamente dal 14 agosto 2054, da Nuuk, capitale della Groenlandia. Il montaggio, l'audio e le immagini che accompagnano il video rendono l'atmosfera esoterica. I campi nei quali si spazia, le date e gli avvenimenti storici citati, sono a trecentosessanta gradi. Ne riportiamo il testo di seguito, per poi analizzarlo subito dopo.

> Gaia: un Nuovo Ordine Mondiale è nato oggi: il 14 agosto 2054. I conflitti razziali, ideologici, religiosi, territoriali, appartengono al passato. Ogni uomo è un cittadino del mondo soggetto alla stessa legge: Internet ha guidato il cambiamento diffondendo la comunicazione, il sapere e l'organizzazione a livello planetario.
> Le Piramidi in Egitto, il Colosseo di Roma, la Basilica della Santa Sapienza, sono dimostrazioni di potere.
> L'Impero Romano dura secoli grazie alla rete di strade, il cursus publicus.
> Genghis Khan crea una rete di cavalieri per portare la comunicazione in tempo reale ovunque nel suo impero, il più grande di tutti i tempi. E per concentrare in pochi giorni tutte le sue forze militari su un solo obiettivo.
> Savonarola, un monaco di Ferrara, che anticipò Martin Lutero e Giovanni Calvino, inventa le "lettere aperte" stampate in centinaia di copie e distribuite ai cittadini di Firenze.
> La Rivoluzione francese cammina sulle gambe delle idee dell'enciclopedia di Diderot e D'Alambert e sul dizionario Filosofico di Voltaire.
> Benito Mussolini usa la radio per comunicare con le per-

sone che si radunavano in tutte le piazze d'Italia.
I film di Leni Riefensthal danno grande popolarità ad Adolf Hitler.
La prima trasmissione live della sessione della Camera dei Comuni nel Regno Unito viene diffusa dalla BBC nel 1975.
All'inizio del XXI secolo le sorti del mondo sono ancora determinate da gruppi massonici, religiosi e finanziari. Centotrenta tra le persone più influenti del mondo, il gruppo Bilderberg, tengono riunioni private ogni anno per discutere del futuro dell'economia mondiale.
Prima della Rete, comunicazione, conoscenza e organizzazione appartengono al potere. Con la Rete appartengono al popolo.
Nel 1998, Move On, un sito politico, lancia una campagna a sostegno di Bill Clinton con milioni di email inviate al Congresso degli Stati Uniti.
1999: a Seattle migliaia di attivisti protestano contro il WTO grazie a Internet.
2002: un colpo di stato fallisce in Venezuela, Chavez torna presidente grazie all'informazione diffusa via Internet e sms.
2004: Howard Dean, uno sconosciuto governatore del Vermont entra in corsa per la Casa Bianca. Crea una rete mondiale di sostenitori, con la piattaforma Internet MeetUP, e comunica con milioni di persone tramite il suo blog blogforamerica.com
In molti stati come Cina, Iran, Malesia e Singapore, la Rete è sotto controllo.
2007: in Italia V-Day è il più grande evento politico mai realizzato usando Internet. E coordinato dal blog del famoso comico italiano Beppe Grillo. Due milioni di persone scendono nelle strade per manifestare in favore di una "ripulita" del Parlamento.
2008: Obama vince le elezioni primarie contro Hillary Clinton. Raccoglie più finanziamenti di ogni altro candidato direttamente dai cittadini usando la Rete. Obama vince le elezioni presidenziali degli Stati Uniti.

Al Summit del Web 2.0 a San Francisco, Al Gore dichiara che i problemi del mondo come il surriscaldamento globale possono essere risolti solo dall'intelligenza collettiva delle persone in Internet.
2018: il mondo è diviso in due principali aree. L'Occidente della democrazia diretta e del libero accesso a Internet: Cina, Russia e Medio Oriente con dittature orwelliane e l'accesso a Internet sotto controllo.
2020: Inizio della terza guerra mondiale che dura vent'anni. Distruzione dei simboli dell'Occidente, piazza San Pietro, Notre Dame de Reims, Sagrada Famlia. Uso di armi batteriologiche, accelerazione dei cambiamenti climatici e innalzamento degli oceani di dodici metri. Fame, fine dell'era dei combustibili fossili, riduzione della popolazione mondiale a un miliardo di persone.
2040: l'Occidente vince. La democrazia della Rete trionfa.
2043: Movimenti dal basso nascono in tutto il mondo per gestire i problemi locali che riguardano l'energia, il cibo, l'ambiente, la salute. Il pianeta è diviso in centinaia di comunità collegate dalla Rete.
2047: Ciascuno ha la sua identità in un social network mondiale creato da Google chiamato Earthlink. Per esistere devi stare in Earthlink o non esisti. Non è più necessario alcun passaporto.
2050: Brain Trust, un'intelligenza sociale collettiva, permette alle persone di risolvere problemi complessi nel giro di pochi giorni condividendo ogni tipo di informazione e dati online.
2051: Un referendum mondiale viene indetto in Rete per abolire la pena di morte.
2054: Le prime elezioni mondiali in Rete. Un governo mondiale chiamato Gaia viene eletto. Le organizzazioni segrete vengono abolite. Ogni essere umano può diventare presidente e controllare le azioni del governo tramite la Rete. In Gaia, partiti, politica, ideologie, religioni,

spariscono. L'uomo è l'unico fautore del proprio destino. Il sapere collettivo è la nuova politica.

Cosa dobbiamo pensare guardando un video del genere? La prima reazione dello spettatore medio è quella di incredulità mista a un sottile filo di ironia. Il comico Maurizio Crozza, ispirandosi a queste profezie, è riuscito a realizzare una riuscitissima parodia del guru di Grillo: «Nel 2150» recita Crozza con indosso una parrucca di folti ricci brizzolati

> le lavatrici restituiranno tutti i calzini smarriti, ci sarà una grande siccità quindi moriranno un miliardo di possessori di autolavaggi; il sesso sarà virtuale infatti le porte usb diventeranno un po' più grandi, nel 2072 sparirà quel fastidioso senso di gonfiore e nell'organismo delle sogliole si formerà una ghiandola per la produzione di maionese.

La parodia di Crozza è molto divertente, ed è giusto – come detto – che la satira si esprima così, secondo i canali del paradosso (in questo caso portando a un livello surreale le "profezie" di Casaleggio). Ma a mio avviso sbaglieremmo se prendessimo Gaia sul serio, perché l'obiettivo di questo video non è politico, non intende fornire una rappresentazione grafica della "visione" di Casaleggio. È un video, in realtà, di marketing digitale. Tanto per cominciare non esprime alcun valore: non uno legato, per esempio, alla fratellanza, alla democrazia, alla trasparenza, al bene comune. Anche la prospettiva di una terza guerra mondiale che ridurrà la popolazione mondiale a un miliardo di individui, è raccontata con distacco, quasi come un "male minore" necessario per approdare al nuovo mondo connesso (tra l'altro, in *Siamo in guerra* Casaleggio aveva spiegato che con i «referendum propositivi senza quorum» si sarebbe risolto ogni problema, forse sottintendeva che i cittadini "informati" avrebbero potuto votare anche a favore di una guerra nucleare). L'unico riferimento "valoriale", seppur vago e indiretto, è quello relativo alla «abolizione delle pena di morte». Per il resto si tratta di una carrellata di movimenti, personaggi e accadimenti storici, caratterizzati dall'essere portatori di innovazioni nel campo della comunicazione, "date simbolo" in grado di incidere sulla Storia. Nel video, anche quando si citano velocemente il fascismo e il nazismo, non si assiste a una presa di distanza o a una rilettura critica da un punto di vista storico. Al contrario: sembra che si arrivi quasi a una celebrazione dell'efficienza propagandistica dei regimi che hanno funestato il 900 (lo storico Mark Mazower ha spiegato che sia il fascismo che il nazismo prosperarono capendo per primi l'importanza dei nuovi mezzi tecnologici e di comunicazione, dal cinema alla radio passando dall'amplificazione elettronica che permise le prime "adunate oceaniche").

Ma in realtà siamo davvero alle chiacchiere: non è questo il punto né tanto meno l'obiettivo del video. *Gaia* è stato invece realizzato per centrare due risultati precipui: innanzitutto intende fornire rilevanza storica al V-Day di Grillo, il Vaffanculo Day, con il quale venne lanciato il referendum anti-casta di cui parleremo più avanti. L'appuntamento del 2008 a Bologna, nel mondo nuovo dipinto da Casaleggio, si pone alla stregua della Rivoluzione francese, delle proteste del Wto, dell'elezione di Barack Obama. È una sorta di mitopoiesi, la creazione di un mito a tavolino.

L'altro obiettivo fondamentale è quello di riproporre l'ideologia totalitaria che abbiamo già raccontato: quella della Rete, qua chiamato «Brain Trust», ovvero «un'intelligenza sociale collettiva» che «permette alle persone di risolvere problemi complessi nel giro di pochi giorni condividendo ogni tipo di informazione e dato online». È chiaro che, in conseguenza di questa predizione, in *Gaia* «partiti, politica, ideologie, religioni, spariscono». La Rete ci dovrebbe rendere così uguali da annullare i singoli, le tradizioni, perfino l'afflato verso l'infinito che da sempre, a ogni latitudine, gli uomini hanno tradotto in culti e religioni.

Ma, verrebbe da chiedersi: la sparizione di partiti, politica, ideologie, religioni, secondo Casaleggio, avverrà naturalmente perché la Rete ne annienterà il bisogno, o verrà imposta da un simil beppegrillo vincitore delle famose «prime elezioni mondiali in Rete»? La domanda è sbagliata. Perché questo video non intende proporre un'idea coerente, una futurologia possibile. Questo video vuole solo veicolare due contenuti specifici (il V-day ha fatto la storia, Internet mangerà tutto il resto). Molto semplicemente, invece di affidarsi alla retorica poco trascinante di Gianroberto Casaleggio, fare affidamento sue noiose slide e presentazioni in power point che forniscono dati e giustificano previsioni, si affida a uno stile di comunicazione a metà tra il complottistico e l'escatologico: proprio le due tipologie di messaggio che funzionano di più nella comunicazione in Rete.

Su Internet, per esempio, esiste una lunghissima tradizione di video e teorie complottistiche: dall'11 settembre "per mano degli americani", alla nota teoria del signoraggio bancario, pagine e pagine sono ancora dedicate ai dubbi sulla "verità" dello sbarco sulla Luna per non parlare di accadimenti più attuali come l'uccisione di Osama Bin Laden. In Italia, per esempio, dopo il terremoto dell'Aquila accesissimi dibattiti si sono svolti online rispetto ad alcune teorie che affermavano di poter "anticipare" forti scosse di terremoto. Giampaolo Giuliani, un tecnico di laboratorio abruzzese che si fece conoscere in quanto affermava di aver previsto il sisma del 6 aprile 2009 e di non aver ricevuto ascolto, ha avuto naturalmente il suo spazio e la sua intervista sul blog di Grillo che così lo presentava in un video del maggio 2012: «Giampaolo Giuliani è in grado di anticipare di 6-24 ore il manifestarsi di un terremoto». Peccato che nel 2009 Giuliani avesse previsto un «terremoto devastante» – che fortunatamente non si verificò – a Sulmona, il 29 marzo; e peccato che, successivamente, non sia stato in grado di predire altri terremoti in arrivo sul nostro territorio (un esperto intervistato dalla rivista «Science» spiegò: «È difficile trovare qualcosa di buono nel suo lavoro»).

Non vogliamo entrare nel merito di questioni controverse e delle quali si continuerà di certo a discutere nei prossimi anni. Ciò che vogliamo evidenziare, piuttosto, è che nel caso del video *Gaia*, in quello dei terremoti, così come per l'attentato alla scuola di Brindisi e in innumerevoli altri – compresa la famosa lotta alla Casta nella quale non ci sono differenze tra politici, tra partiti, tra idee, sono "tutti uguali", "tutti morti" – quello che offre Grillo è una semplificazione della realtà. Di fronte alla complessità del mondo contemporaneo, di fronte alla ansie e alle paure che questo genera, Beppe Grillo e Gianroberto Casaleggio ci consegnano chiavi di lettura belle e impacchettate che possano avere su di noi un effetto balsamico, salvifico, consolatorio. Il problema sono "la casta", i "politici", mai noi stessi. Se il terremoto è l'incubo con il quale ci dobbiamo confrontare, quello che i due offrono è una via d'uscita pratica e alla portata di tutti: credere che i terremoti si possano prevedere. Se la nostra economia va a capofitto, la soluzione che loro propongono è semplice: la cancellazione del debito pubblico, non importa quale potrebbe essere il reale impatto di una simile misura sulla vita di tutti. Offrono sogni, zuccherini. Quello su cui fanno leva, in realtà, è proprio il contrario di quanto teorizzano a parole. Se nella loro cosmogonia i "cittadini informati" sono capaci di tutto, nello snocciolare le loro proposte confezionano dei messaggi che possano essere fruiti da coloro che non hanno tempo o voglia di informarsi e approfondire; coloro che si guardano bene dal delegare ai professionisti: in questo modo diventiamo tutti giornalisti, gli esperti di terremoti ci mentono e chiunque, basta che sia onesto, potrebbe governare il Paese se solo gliene fosse data possibilità. Non è un caso che Beppe Grillo ha dichiarato più volte che lui dovrebbe essere ringraziato: se non ci fosse il Movimento 5 Stelle molti voti, dice, «li prenderebbe Alba Dorata», la formazione neo nazista che ha fatto il pieno di consensi in Grecia. Così, però, Grillo ammette indirettamente che il tipo di elettorato al quale si rivolge è proprio l'esatto contrario dei "cittadini informati". È l'elettorato più ingenuo, manipolabile, influenzabile da una propaganda elementare.

Fin qui, però, i due dioscuri a 5 Stelle non rappresentano niente di nuovo: tutti i populismi, dai Mussolini a Berlusconi, utilizzano questo meccanismo. Quello che però Gianroberto Casaleggio ha capito prima di tutti gli altri, ed è riuscito a mettere in pratica grazie al potentissimo ed efficacissimo megafono di Beppe Grillo, è stata una riproposizione digitale di questo orizzonte. Ha capito che Internet è un terreno fertile per veicolare in maniera professionale, scientifica, questo tipo di contenuti. Se il media è il messaggio, anche i dibattiti online seguono delle direttive precise. In primo luogo sono di per sé portatori di messaggi negativi e distruttivi, e riescono perciò benissimo a darsi un nemico comune ma fanno enorme difficoltà a "costruire" una piattaforma nella quale riconoscersi. In secondo luogo, sul web, tutto è ammantato da un'aura di popolarità e spontaneità, come se i dibattiti digitali risultassero specchio fedele del sentire comune. Basta conoscere queste caratteristiche della Rete, dare disposizioni adeguate a un team di professionisti di alto livello, e il gioco è fatto. Andiamo a vedere nel dettaglio queste caratteristiche della Rete, e come queste possano poi essere utilizzate e manipolate.

Chi commenta è perduto

In queste pagine si è parlato molto di dibattiti in Rete e, al giorno d'oggi, sono ormai numerosi giornali e tv che riferiscono di una non meglio precisata opinione pubblica online. È, a mio avviso, una definizione abusata, comoda per la stampa ma, come vedremo in seguito, non rappresentativa di alcunché: che una pagina Facebook sia presa di mira e ricoperta di insulti non esprime un pensiero comune come si sarebbe portati a credere. Abbiamo visto finora, inoltre, che Grillo e Casaleggio teorizzano che tali "dibattiti" possano persino assurgere a una forma alta di politica, addirittura migliore, più onesta ed efficace della democrazia rappresentativa. Ho espresso a riguardo i miei dubbi.

Credo sia arrivato ora il momento di entrare nel merito "sociale" e "tecnologico" delle proposte grillo-casaleggesche analizzate finora. Occorre spiegare che tipo di "discussioni" possono avvenire online, come si generano e si alimentano, partendo da quali strutture sociali e psicologiche e, *last but not least*, a cosa di buono (o meno) possono portare.

Su Internet, va precisato, esistono vari livelli e tipologie di dibattiti. Ci sono i forum, le pagine wiki che possono essere editate da più persone contemporaneamente, sistemi complessi come il *liquid feedback* proposto dal partito dei pirati informatici tedeschi: una piattaforma di discussione che permette, tramite un complicato sistema di deleghe e votazioni, la redazione di un documento discusso fin nei suoi più piccoli emendamenti. Per dibattere, ad esempio su Facebook, ci sono le bacheche, ovvero le pagine del nostro diario personale, ma anche quelle che hanno un unico amministratore e vari "fan" che possono lasciare commenti o condividere contenuti. Volendo, ci sono i dibattiti su Twitter tramite *retweet* e *reply*, così come le interazioni previste pressoché da ogni social network. E ci sono, infine, i commenti che è possibile lasciare in calce al post di un blog o sotto un articolo su alcuni quotidiani di news (ricordiamo che secondo Grillo e Casaleggio «il contenuto generato dall'utente sotto forma di commenti, foto o video, rappresenta una forma di comunicazione nuova e più potente rispetto al passato»). Queste forme di comunicazione si srotolano seguendo canali diversi, ma seguono la stessa regola che potremmo definire di prossimità, o di vicinanza. Sembra difficile ma non lo è: proviamo a spiegare per bene.

Le interazioni sociali che abbiamo online non sono troppo diverse da quelle che abbiamo nella vita reale. Nella vita di ogni giorno ci capita di avere varie interazioni e tutte di carattere diverso: abbiamo un certo tipo di rapporto e di comunicazioni con la famiglia, un altro con gli amici, un altro ancora con i colleghi, con i conoscenti e un altro ancora con gli estranei. E così, nello stesso modo, succede su Internet dove possiamo chattare con un amico, leggere l'articolo di uno sconosciuto, seguire un blog di una persona che stimiamo – anche se non la conosciamo direttamente

– essere iscritti alla pagina Facebook di un politico o di un cantante. A volte, possiamo entrare in contatto con contenuti – testi, video e canzoni – che troviamo odiosi e assolutamente lontani da noi. Eppure c'è una differenza sostanziale tra i due modi di comunicare. Spesso non ce ne accorgiamo perché la nostra comunicazione "fisica" è spontanea, innata: non passiamo il tempo a riflettere su come ci stiamo comportando rispetto a uno stimolo o a una persona. Ma c'è una regola che istintivamente tutti seguiamo: la presenza fisica di qualcuno cambia sempre il nostro modo di relazionarci e di comunicare, non ci comportiamo allo stesso modo se siamo soli o in compagnia.

Uno studio illuminante a riguardo (*The role of emotion in computer-mediated communication: a review*, facoltà di psicologia dell'Università di Amsterdam) spiega come, nella comunicazione F2F, faccia a faccia, «la presenza fisica di qualcuno influenza la quantità di emozioni che esprimiamo». Per esempio è stato dimostrato che quando siamo in compagnia di qualcuno (perfino quando anche solo immaginiamo di esserlo) siamo portati a sorridere di più rispetto a quando siamo soli. Questa reazione trova una spiegazione nel fatto che i contesti sociali che abbiamo intorno suscitano in noi diverse regole di comportamento, e ci indicano di volta in volta quali emozioni è appropriato esprimere (non facciamo una bella figura, per esempio, se il computer al lavoro smette di funzionare e noi veniamo travolti da una crisi di pianto). Ciò che differenzia, in ogni singola situazione, il nostro comportamento e il nostro modo di esprimere le emozioni, è la presenza o meno di altre persone: se piangiamo, tendiamo a farlo in solitudine o al massimo circondati dall'affetto di pochi intimi. Non solo: è stato registrato come utilizziamo un numero più elevato di espressioni facciali con gli amici rispetto a quanto facciamo con gli estranei, questo perché è ritenuto inappropriato esprimere troppo feeling con chi conosciamo appena. Il contesto nel quale operiamo, insomma, influenza l'espressione delle nostre emozioni attraverso l'attivazione, o meno di alcune regole sociali.

Cosa succede allora quando spostiamo il campo di questi nostri comportamenti innati, quando cambiamo "media", passando dalla fisicità alla comunicazione attraverso il computer? La risposta è molto semplice. Agiamo nello stesso identico modo: più una comunità, un forum, un wiki, è popolato da persone che sentiamo vicine, o alle quali vogliamo avvicinarci, più il nostro comportamento sarà attento alle regole sociali di quel gruppo. Su Internet però, in particolare su alcune piattaforme (le pagine Facebook molto popolate per esempio, o lo stesso blog di Grillo) se facciamo parte di coloro che interagiscono con altri – scrivendo per esempio dei commenti a un post – ci capita molto più di frequente che nella vita reale di entrare in contatto con estranei. Non solo. Essendo protetti dall'anonimato, quindi non riconoscibili, risultiamo praticamente liberi da "sanzioni sociali" relative al nostro comportamento. Lo studio *Group process and computer-mediated communications* rende conto di un esperimento interessante. Un gruppo di volontari, estranei l'uno all'altro, venivano invitati a partecipare a una discussione che aveva come obiettivo la soluzione di un problema con risposta aperta. L'esperimento prevedeva che tutti i partecipanti dei singoli gruppi avrebbero dovuto mettersi d'accordo su una risposta condivisa entro venti minuti. Nel primo gruppo, i partecipanti venivano fatti sedere tutti a un tavolo e si potevano confrontare faccia a faccia. Gli appartenenti a un secondo gruppo, invece, venivano divisi fisicamente ma avevano la possibilità di mantenersi in contatto attraverso il computer: appena qualcuno lasciava un messaggio, questo diventava visibile a tutti gli altri. I risultati furono abbastanza indicativi: epiteti, insulti, ingiurie, espressioni aggressive e perfino l'uso di soprannomi denigratori, risultavano molto più frequenti nel gruppo che comunicava via computer. In Rete, insomma, la discussione si scaldava e si inaspriva molto velocemente. E le evidenze non finiscono qua: se a quelli "connessi" tra loro non veniva comunicato nome e cognome degli altri membri del gruppo – ovvero nel caso in cui tutti potevano godere di una situazione di anonimato –, gli insulti e le espressioni oltraggiose comparivano in misura quattro volte maggiore rispetto all'altro gruppo: con l'anonimato, i dibattiti si incattivivano ancora di più.

E cosa succedeva invece nel gruppo di volontari seduti insieme intorno a un tavolo? Tutto un altro andazzo: di fatto non veniva registrato nessun "attacco", né tanto meno insulti o improperi, tra i vari partecipanti: la comunicazione era mediata dalla presenza fisica e questo portava i partecipanti a mostrare maggiore ragionevolezza e disponibilità. E c'è un altro risultato interessante: quando ai partecipanti veniva chiesto di prendere parte all'esperimento via mail, anche in caso di anonimato, il grado di espressioni ingiuriose diminuiva: la possibilità di riflettere su ciò che si andava a scrivere, diminuiva il grado di aggressività dei singoli messaggi.

Cosa ci fa capire questo esperimento? Qualcosa di molto importante. Ovvero che la discussione online tra sconosciuti non funziona. O meglio, maggiore è la "scala" della discussione, il numero di partecipanti e la lontananza fisica (e umana) dei vari attori delle conversazioni online, più queste diventano rabbiose e inutili.

C'è una vecchia regola nota agli "smanettoni" di vecchia data. Si chiama legge di Godwin. È una regola empirica che, nata ai tempi dei newsgroup – una sorta di forum con discussioni via mail molto in voga negli anni Ottanta – recita: «Mano a mano che una discussione si allunga, la probabilità di un paragone riguardante i nazisti o Hitler si avvicina a uno» (a formularla fu Mike Godwin, ai tempi assiduo frequentatore dei newsgroup e ora membro della Wikimedia Foundation). Tradotto significa che più si dilunga una discussione online, più è probabile che qualcuno tiri fuori il nazismo, o Hitler. Quando questo succede la discussione è da buttare, non si riuscirà più a riprendere il filo del discorso.

Quella di Godwin era una legge di trent'anni fa, adesso, al tempo dei social network, con la popolazione connessa enormemente superiore a quella degli anni Ottanta, le cose si sono estremizzate: non c'è più bisogno che qualcuno chiami in causa il nazismo, basta pochissimo perché una discussione si infiammi e i vari commentatori si esibiscano in un profluvio di insulti, accuse, se non addirittura minacce reciproche. A raccontarlo sulle colonne del «New York Times» è stata anche Julie Zhuo, *product design manager* di Facebook, quindi una che di dibattiti online se ne intende parecchio. *Quando l'anonimato genera disprezzo* il suo intervento. Zhuo spiega un'esperienza che probabilmente sarà capitato a molti frequentatori del web. «Sei lì tranquilla a leggere un articolo su Internet o a guardare un video. Finisci, e cercando di capire quali riflessioni ti ha suscitato, guardi i commenti in calce per confrontare le impressioni degli altri lettori con le tue». Queste reazioni ricadono in un *range* piuttosto simile: «Quanto altro ancora i media continueranno ad annoiarci con queste storie?» un classico commento. Oppure: «Questo tipo ci sta prendendo per il culo». O anche: «La tua idiozia è davvero disturbante». Si tratta di reazioni tipo, molte altre simili possono essere incontrate nella vita (connessa) di ogni giorno. La manager definisce coloro che lasciano questo tipo di commenti, «troll», un'espressione ormai piuttosto diffusa che identifica gli autori di messaggi provocatori o denigratori sui forum pubblici. La Zhuo collega questi comportamenti all'anonimato:

> Persino nel quarto secondo avanti Cristo, Platone si occupò della questione dell'anonimato e di come questo influisse sulla moralità dei nostri comportamenti, lo fece con la parabola nota come *L'anello di Gige*. Questo mitico anello dava al suo possessore la capacità di rendersi invisibile. Platone osservava che qualsiasi uomo che ne sarebbe entrato in possesso si sarebbe potuto trasformare in un ladro sapendo di non poter essere scoperto. La nostra moralità, faceva notare Platone, deriva dalla manifestazione delle nostre azioni: senza una sanzione per i nostri comportamenti tutti potremmo diventare disonesti.

Questa realtà, che certifica la difficoltà di svolgere dibattiti online è un dato di fatto ormai assodato tra chi ha una certa esperienza di Internet. Lo stesso Tim Berners Lee, l'inventore del World Wide Web, in un suo intervento alla Royal Society di Londra ha spiegato che, anche dal suo punto di vista, un media come Twitter «incoraggia letture dei fatti e messaggi estremi piuttosto che facilitare la ricerca di un punto di incontro comune».

Uno studio condotto sullo sterminato forum del sito della Bbc, (*Negative emotions boost user activity at BBC forum*) illustra invece quanto sia predominante il ruolo delle emozioni negative nell'influenzare i dibattiti online. Viene spiegato che «Nelle singole discussioni, gli utenti che sono maggiormente attivi, sono coloro che tendono a esprimere emozioni negative: sono proprio questi utenti gli *agenti chiave* che continuano ad alimentare le varie discussioni». Quindi, «più lunghe risultano le discussioni, maggiore sarà la probabilità del manifestarsi di sentimenti negativi». Lo studio continua:

> Le nostre statistiche mostrano che gli utenti più attivi – e come detto perciò più "negativi" – danno vita a vere e proprie *flame wars* [nel gergo di Internet un *flame* è un messaggio deliberatamente ostile e provocatorio, ndr], nelle quali molti utenti ricorrono a un linguaggio scurrile. Questo scambio di post rabbiosi alza il livello emozionale del dibattito, e può incoraggiare altri commentatori a fare altrettanto. Alla fine si viene a creare un livello di negatività intorno al post. Va aggiunto che molte inclinazioni negative scaturiscono da messaggi di risposta ad altri pubblicati, che generano così lunghe liti tra "pari" con punti di vista opposti.

Lo studio illustra anche come questi commentatori non si scusino mai per le loro offese e per i loro messaggi incivili e come questo tipo di comportamenti tendano ad aumentare notevolmente nelle discussioni di natura politica, in questo caso «oltre il 70 per cento dei messaggi postati risultano nella fattispecie delle accuse, delle invettive e delle provocazioni». Anche questo studio non ha dubbi: l'anonimato, o la non riconoscibilità degli utenti, peggiora sempre la situazione.

Ma c'è un ultimo studio del quale si vuole dare conto. L'argomento è simile (*Dynamics of hate based network*), e anche questo conferma che «l'avvento delle moderne tecnologie di comunicazione ha permesso un "campo di contatto" nel quale è possibile esprimere le proprie posizioni contrarie e le proprie reazioni basate su odio e attacchi aggressivi, senza il rischio di ricevere in cambio dei danni fisici o senza mettere in pericolo la propria incolumità». Ma fa anche un ulteriore passo in avanti. Ci dice che il numero di commenti in calce agli articoli dipende molto dal genere di contenuto trattato. I ricercatori hanno scoperto per esempio che in Rete gli articoli di carattere sportivo generano meno commenti, e comunque meno aggressivi, rispetto a quelli di carattere politico: «le discussioni sullo sport» spiega lo studio «rappresentano esattamente il contrario di ciò che succede per i temi politici. Di qualsiasi sport si parli, i dibattiti non sono portati avanti da due fazioni, e spesso i commentatori hanno punti di vista simili». Questo tipo di reazioni si registra anche per i temi scientifici: «Quello scientifico è un lavoro collaborativo e, anche se gli autori hanno un punto di vista diametralmente opposto, gli argomenti di solito riflettono la ricerca di un obiettivo comune che possa portare vicino alla realtà dei fatti». Nella dimensione politica tutto cambia: «Nelle dispute politiche ciò che conta è l'appartenenza alla propria comunità, ovvero la capacità di manifestare la propria forza e di offendere l'avversario». E perciò le contrapposizioni – e i commenti – proliferano. Con che obiettivo? Nessuno: «Le discussioni online tendono a rafforzare ognuno nelle proprie convinzioni. Le interazioni non sembrano portare a una mediazione o a un cambio di punto di vista» conclude lo studio.

Davvero pochi ritengono che da discussioni online tra persone sconosciute e che si nascondono dietro l'anonimato, possa scaturire qualcosa di utile. Citiamo un'ultima testimonianza, specifica ma autorevole. Nick Denton è il proprietario e il fondatore di alcuni tra i siti più importanti della websfera statunitense – tra questi Gizmodo, una vera e propria bibbia dei consumi tecnologici. Nel suo intervento del marzo del 2012 alla South by Southwest Interactive, un festival sulla cultura digitale che si svolge ogni anno in Texas, Denton dice la sua sui commenti online. Ci abbiamo provato, spiega, «nei primi giorni della Rete, a credere di avere per le mani un incredibile strumento in grado di portare la discussione globale a livelli ricchi di senso. Ma non è successo». È una promessa, aggiunge, «che finora non si è trasformata in realtà, e alla quale ormai la gente non crede più. Non è possibile catturare l'intelligenza dei lettori, è una bufala». Denton conferma quanto detto prima – in effetti, se ci pensiamo, anche l'esperienza di tutti noi farà altrettanto: «Quello che succede in siti di piccoli dimensioni, non è quello che succede in siti come quelli che gestiamo noi: quello meno cliccato conta due milioni di visitatori, unici ogni mese: così è difficile avere una qualche forma di confronto». Quando gli chiedono se il tono degli articoli postati possa influenzare il tono dei commenti, risponde senza dubbi: «È sicuramente vero che contenuti "educati" incoraggiano comportamenti appropriati» ma, aggiunge, «non sempre quanto scritto influenza il tono dei commenti, può succedere esattamente l'opposto: il tono dei commenti può influenzare quanto viene scritto ogni giorno».

Forse questa affermazione per alcuni lettori risulterà una sorpresa. Come possono i commenti online influenzare ciò che viene pubblicato su Internet? Sembra assurdo. Eppure basta chiedere un po' in giro a redattori, direttori, caporedattori di qualsiasi testata online per farsi spiegare come effettivamente, per un sito web, avere un numero elevato di "commenti" ai propri articoli, risulti spesso un fiore all'occhiello, una reazione che si cerca e, in certi casi – anche se in questo la qualità dell'informazione diminuisce – si cerca anche di provocare.

E quali interessi ha una testata – magari anche il blog di Grillo – a mostrare un numero molto alto di commenti? Per capirlo dobbiamo imparare una nuova parola, praticamente sconosciuta in Italia. Astroturfing. E subito dopo, andiamo a fare un giro dentro la Casaleggio & Associati.

Come ti manipolo la Rete

Perché alcune grosse major discografiche manipolano le visualizzazioni dei video del cantanti in scuderia? Perché a un ristorante conviene avere un "rating" alto su TripAdvisor e a uno scrittore in erba vantare ottime recensioni su Amazon?

La risposta è chiara: perché così ci si presenta pubblicamente come "più popolari" degli altri. Queste manipolazioni imperversano su Internet e ormai sono gestite a un livello più professionale che amatoriale. Un caso per tutti è quello di Twitter.

Nell'agosto del 2012, dopo che il numero di follower di Mitt Romney era cresciuto di 100 mila iscritti in un week end, il «New York Times» ha raccontato cosa si cela dietro il "mercato nero" della finta popolarità digitale: «Ecco come comprarsi il successo su Internet» il titolo dell'articolo. Il «Times» racconta di Dan Nainan, un comico americano molto conosciuto su YouTube che non riusciva a guadagnarsi altrettanto seguito su Twitter. «Il numero di quelli che mi followano su Twitter era del tutto inadeguato al numero di coloro che mi conoscono in tutto il mondo» spiega. E aggiunge: «Quando le persone vedono che hai molto follower, pensano: "Oh mio Dio, questo ragazzo è super-popolare. Voglio seguirlo anch'io"». Sono molti quelli che ricorrono a tali sotterfugi: «Non riguarda solo blogger egocentrici» chiarisce il Nyt. «Molti personaggi famosi, politici, start-up, aspiranti rock-star, possibili partecipanti ai reality show» insomma tutti quelli che possono beneficiare di un robusto seguito sui social media «sono stati scoperti a comprare fan su Twitter». Scrive il quotidiano statunitense che, secondo alcune ricerche della società StatusPeople, addirittura il 71 per cento (dei quasi 29 milioni) di follower della popstar Lady Gaga sarebbero falsi, così anche il 70 per cento dei quasi 19 milioni di follower di Barack Obama.

Un'inchiesta dell'«Huffington Post» Italia, invece, ha mostrato quanto sia facile ed economico comprare follower Twitter. Andrea Stoppa e Carlo De Micheli parlano di numeri enormi: «Abbiamo stimato il numero di account fake disponibili intorno ai 20 milioni con un business potenziale dai 40 ai 360 milioni di dollari». Volendo si possono comprare anche i *retweet*: «I prezzi vanno dai 5 retweet al giorno per 9 dollari mensili ai 125 retweet per 150 dollari mensili». Sul mercato, invece, i prezzi per comprare follower sono alla portata di molte tasche: un servizio offre 250 mila follower per 2500 dollari, molti altri mille follower per soli 5 dollari – un investimento di nulla, praticamente, per qualsiasi azienda.

Un ricercatore italiano, Marco Camisani Calzolari, docente allo Iulm, ha condotto invece un'indagine sui follower dei politici italiani e afferma che Beppe Grillo avrebbe il 43,19 per cento di follower falsi (su un totale di 800 mila); Antonio Di Pietro il 33 per cento (su 150 mila), Nichi Vendola il 31,61 (su 280 mila), Pierluigi Bersani, il 31 per cento (su un totale di 220 mila) – anche se, chiarisce il ricercatore, «un 10-20 per cento di follower falsi è fisiologico».

Ma torniamo alla domanda iniziale. Che interesse ci può essere ad apparire sul web più popolari di quanto realmente si è? Ebbene, in tempi in cui la propaganda prolifera attraverso i media e trova sempre nuove strade e nuovi percorsi per prosperare, negli Stati Uniti è stato coniato il termine che fa per noi. In inglese, per descrivere quelli che noi chiamiamo generalmente "dal basso" (riferito a movimenti politici, campagne di opinione, ecc.), si usa il termine *grassroots* che, tradotto alla lettera significa qualcosa come "radici di erba". Col tempo, però, si è imposto anche il termine contrario, che fa leva proprio su un gioco di parole. A usarlo è stata anche la speaker della Camera Usa, Nancy Pelosi che in risposta alla forte opposizione contro la riforma sanitaria di Obama dichiarò: «Si tratta di *Astroturof*, non è un vero movimento dal basso (grassroots)». *Astro Turf* è proprio un particolare tipo di erba sintetica prodotta – con marchio registrato – dalla Monsanto. Nel 1966 venne utilizzata per coprire un terreno di gioco a Houston, in Texas, e da allora è diventato sinonimo di "erba sintetica" appunto.

L'astroturf, quindi è l'esatto contrario del grassroots. Spiega Wikipedia che:

> Astroturfing è un termine coniato negli Stati Uniti intorno alla metà degli anni ottanta: nell'ambito del marketing, definisce la creazione a tavolino del consenso proveniente dal basso [...] di un'idea, un prodotto, o comunque di qualsiasi bene oggetto di propaganda (bene di consumo, candidato alle elezioni, eccetera).

Il «New York Times» chiarisce (*Keep off the Astroturf*) che, in senso politico, il termine venne coniato nel 1985 dal senatore Lloyd Bentsen, che lo utilizzò per descrivere «la montagna di lettere» ricevute e che, denunciò, non venivano dai cittadini ma erano state spedite per promuovere gli interessi delle compagnie di assicurazioni. Il quotidiano Usa cita anche il caso di un'azienda di lobbyng con base a Washington scoperta a inviare lettere ai membri del congresso facendole risultare opera di organizzazioni locali, per sponsorizzare l'utilizzo del petrolio e di altri materiali fossili.

Anche Microsoft è stata scoperta a utilizzare questa pratica: e contro il dipartimento di Giustizia Usa che stava decidendo su dirimenti questioni antitrust, e per promuovere il sistema operativo Windows Xp. Come spiega ancora perfettamente Wikipedia – citando un articolo del «Pacific News» – in pratica:

> L'astroturfing nasce come tecnica di alterazione della percezione sulla qualità di un prodotto commerciale. Si basa in particolare sull'idea che molti giudizi positivi o lusinghieri verso un certo prodotto influenzino le scelte dei consumatori/utenti spingendoli all'acquisto o comunque a formarsi un'opinione positiva del prodotto stesso. In chiave duale, la tecnica dell'astroturfing può essere usata per bilanciare giudizi negativi in modo da rendere neutra una percezione che arriva al pubblico. Gli stessi concetti trovano applicazione nel campo della comunicazione politica.

Potete immaginare, visto quanto detto finora, quante possibilità ci siano sul web per mettere in atto l'astroturfing. Qualsiasi azienda, o marchio, o agenzia di comunicazione, con un costo ridotto può dare al proprio prodotto, al proprio brand, o al proprio candidato, un'aurea di consenso e di popolarità ben maggiore di quelli reali. Ma non c'è niente di spontaneo o improvvisato: ci sono vere e proprie tecniche per raggiungere risultati di un certo livello. In molte aziende di medie dimensioni è ormai comune contare tra i collaboratori un "social manager", un esperto di social network che gestisce la diffusione online del marchio dell'azienda, e monitora i dibattiti in corso, questo ha sempre due strade davanti a sé. Può essere un *black hat social manager*, o un *white hat social manager*. Tale distinzione deriva dal mondo degli hacker che da sempre si sono divisi, appunto, in "cappelli bianchi" e "cappelli neri", *black and white hat:* con i bianchi a sposare le forze "del bene" (trovare falle nella sicurezza informatica di aziende e istituzioni per dimostrare le proprie capacità informatiche avvertendo gli obiettivi di questi buchi) e i neri con le forze "del male" (a utilizzare le stesse tecniche dei "bianchi" per conseguirne un vantaggio personale: arricchirsi tramite la clonazione del credito, furti informatici per conto terzi, ricatti belli e buoni sfruttando proprio le falle dei vari software).

Lo stesso discorso per i social manager. C'è chi utilizza tecniche regolari (white hat) e chi invece non disdegna anche un po' di guerra sporca (black hat) che, naturalmente, porta a risultati ben maggiori in termini di efficacia e penetrazione dell'opera di marketing. E non solo: c'è ormai una vera e propria letteratura a riguardo, basta farsi un giro su Google per trovare società che offrono servizi da "black hat" senza nascondersi minimamente. Provate a digitare su un motore di ricerca «servizi di online reputation» per esempio. Troverete aziende – serie, con clienti importanti – che promettono:

> In rete quasi tutto è pubblico e la libertà di espressione è massima, quindi monitorare il nostro "*sentiment*" può diventare impegnativo. Esistono tuttavia strumenti che ci aiutano a capire "cosa si dice di noi" su Internet, tenendo traccia di commenti e feedback e intervenendo dove necessario con informazioni aggiuntive o comunicazioni correttive.

Altri ancora spiegano:

> Riuscire a interagire con milioni di potenziali clienti in una dimensione nuova (marketing one to one), rappresenta un'opportunità di autopromozione senza precedenti che può contribuire a diffondere, in modo virale e incontrollabile, la notorietà di una persona, di un'azienda, di un brand o di un prodotto. Con l'obiettivo di sfruttare, in un'ottica di business, le enormi potenzialità dei social network e delle community, molte aziende stanno testando nuove strategie di Social Media Marketing; tecniche complesse, strettamente legate alla psicologia dei navigatori, alla loro personalità, ai rapporti con la tribù di riferimento.

Un'agenzia di comunicazione italiana molto nota ha realizzato anche un apposito master che insegna le "tecniche non convenzionali" di social media marketing. Tra gli argomenti del corso ci sono: Sociologia del Consumo 2.0; Comprendere la società aumentata e il nuovo consumatore; Marketing Non-Convenzionale: Viral, Guerrilla, Tribal e i 10 princìpi del marketing non convenzionale; Social Media Marketing: come sfruttare il potenziale dei social network come strumento di marketing" e via comunicando. Altre agenzie offrono preventivi per «Social Media & buzz marketing, web infiltration e campagne wom (word of mouth)» e quella della *web infiltration* – forse il punto più alto di una strategia da "Black Hat" – appare ormai una pratica consolidata. Un'altra azienda mette il servizio a disposizione sulla sua vetrina digitale senza alcun problema: «Seguiamo campagne di infiltration per migliorare il rendimento delle visite sul proprio profilo Facebook e intensificare l'attività degli utenti all'interno». Su Studenti.it, il portale più utilizzato dagli studenti italiani, nella sezione "offerte di lavoro", non mancano annunci nei quali si cercano profili "Web infiltration marketing – junior", queste le mansioni da svolgere: «1) Commentare articoli pubblicati sul web a tema carpooling, mobilità sostenibile, ambiente etc...; 2) Scrivere su blog e forum a tema; 3) inviare email a redazione; 4) post sulla bacheca di pagine FB a tema». Si offre, naturalmente, «Contratto di prestazione occasionale con lettera d'incarico, lavoro comodamente da casa».

Ora, in cosa si traduce materialmente questa attività nella gestione del marketing di ogni giorno? Be', se una certa azienda "monitora" le discussioni online su un certo prodotto, e vede per esempio che questo mostra delle criticità di cui si lamentano gli utenti, può utilizzare l'astroturfing e, tramite una serie di account Facebook falsi (ma che appaiono come veri), pubblicare commenti positivi su quel prodotto e, successivamente, attivare un'altra seria di account falsi per cliccare «mi piace» sui commenti positivi. Il tutto sembrerà veritiero e, alla lunga, pochi professionisti ben formati e con molto tempo a disposizione per mettere in pratica questa attività, riusciranno a imporre la loro "versione dei fatti". Se invece, per esempio, un particolare blogger, esperto o giornalista, critica un certo prodotto o servizio – magari perché utilizzandolo ne è rimasto deluso – una strategia aggressiva di marketing può mettere in atto tecniche di *web infiltration* tramite commenti su quel blog, su altri blog collegati, pagine Facebook o Twitter, che sminuiscano il lavoro del blogger o che lo delegittimino rispetto al suo pubblico (ricordate come abbiamo parlato dei regimi che accusano i blogger di essere pagati dalla Cia? Il meccanismo è lo stesso).

Diciamo anche le cose come stanno. Se questo tipo di attività ha portato anche a un fiorente mercato di aziende specializzate, corsi di formazione, esperti e persino master universitari, ci troviamo davanti a una pratica scorretta ma non vietata – anche se in molti casi trattasi di pubblicità ingannevole.

Certo, se questa guerra sporca, dal piano commerciale si sposta al piano politico, i dubbi crescono. E ancora di più, se questo tipo di misure è messo in atto proprio dalla forza politica che vede la Rete come panacea di tutti i mali e nel suo Non-Statuto afferma di voler riconoscere «alla totalità degli utenti della Rete il ruolo di governo e indirizzo normalmente attribuito a pochi» i dubbi aumentano.

Giuliano Santoro, già citato in precedenza, nel suo libro spiega per esempio quale tipo di reazioni deve affrontare un giornalista, o un blogger che prova a raccontare anche in maniera critica, ciò che avviene nel Movimento 5 Stelle. Abbiamo già visto come di per sé i commenti online si caratterizzano per il grande spazio occupato dai "sentimenti negativi", insulti, ingiurie, accuse. Ma se queste reazioni fossero anche influenzate e ampliate grazie a tecniche di *web infiltration*? Potrebbero raggiungere due obiettivi: portare avanti campagne mirate a difesa di una certa idea/un certo uomo politico e, esaltando l'astroturfing, sarebbero in grado di far risultare alcuni contenuti molto più popolari di quello che sono realmente (chiunque sa che gli articoli in cui si parla di Grillo sul web sono sempre commentati in maniera sproporzionata rispetto a tutti gli altri: questo li ammanta di un'aura di popolarità). Ma torniamo al lavoro di Giuliano Santoro. Il giornalista spiega che, in seguito ad alcuni articoli critici su Grillo, la massa dei commenti che si materializzano risultano sempre «tutt'altro che interlocutori, il che già pare strano se si considera che dovrebbero provenire da un movimento che propugna l'utilizzo della Rete come spazio di discussione e strumento per costruire la "democrazia diretta"». Ciò detto, nella stragrande maggioranza dei casi «sono messaggi che invece di entrare nel merito del testo in questione prendono di mira il suo autore seguendo schemi che si ripetono con precisione e che tirano in ballo la sfera delle emozioni e non quella dei ragionamenti». Queste accuse, di solito afferiscono a tre categorie:

> La prima ha a che fare con la categoria della corruzione e della pulizia morale: l'autore dell'articolo scrive queste cose perché "pagato da qualcuno" per criticare Grillo (a volte un partito, a volte un potere oscuro, a volte entrambi). La seconda categoria di insulti rimanda al fatto che il leader del Movimento 5 Stelle è "famoso": l'autore dell'articolo è "invidioso" del successo di Grillo e del successo che noi attivisti otteniamo secondo la sua figura. La terza categoria del repertorio dei troll grillini è la rielaborazione di un'accusa classica dei movimenti populisti e che ricorda l'odio anti-intellettuale tipico di cultura di destra: l'autore dell'articolo è uno che parla forbito come si fa "nei salotti" e/o cercando questioni di

lana caprina perché non ha contatti con la vita di tutti i giorni».

Come diceva la manager Facebook che abbiamo citato nelle pagine precedenti, in effetti basta "scrollare" sotto gli articoli online che riguardano Grillo per constatare che questa è la realtà di ogni giorno. Carlo Vulpio, giornalista del «Corriere della Sera» con una storia di attivismo politico, scrive sul supplemento del giornale, «La Lettura», del primo luglio 2012: Grillo sul suo blog «come in una teocrazia cassa i commenti sgraditi e scomunica gli eretici. E fa largo ricorso ai *fake* (utenti dalla falsa identità che orientano la discussione), ai *troll* (utenti che intervengono per provocare gli interlocutori o avvelenare il dibattito) e agli *influencer* (utenti che appunto influenzano gli altri)». Vulpio era stato lanciato nel 2009 come candidato indipendente per l'Italia dei Valori al Parlamento europeo ricevendo, insieme a Luigi De Magistris e Sonia Alfano, endorsement poi ritirato da Grillo – alla fine non venne eletto.

Proprio sul tema dei troll c'è un dettagliato report pubblicato online da un assiduo commentatore di siti di news e blog che ha fatto molto discutere. L'autore si chiama Detestor e dopo aver studiato attentamente le dinamiche delle discussioni online, nella primavera del 2012, in particolare sul sito web del «Fatto Quotidiano», presenta una realtà scioccante ai suoi lettori.

Scrive Detestor:

> ilfattoquotidiano.it utilizza per il suo forum la piattaforma Disqus (www.disqus.com). Su questa piattaforma è possibile visualizzare lo storico dei commenti di ogni utente registrato, semplicemente visitando l'url http://

disqus.com/<nome utente>. Bene, esistono i seguenti profili:

http://disqus.com/vespa200/
http://disqus.com/vespa201/
http://disqus.com/vespa202/
http://disqus.com/vespa203/
http://disqus.com/vespa204/
http://disqus.com/vespa205/
http://disqus.com/vespa206/
http://disqus.com/vespa207/
http://disqus.com/vespa208/
http://disqus.com/vespa209/
http://disqus.com/vespa210/
http://disqus.com/vespa211/

Già dai nomi, sembrerebbe palese che siano stati registrati dallo stesso individuo. Basta fare una ricerca all'interno dei messaggi di queste utenze, per accorgersi che dicono spesso le stesse cose, spesso persino utilizzando le stesse parole. Questo nonostante i nickname che compaiono poi sul sito sembrerebbero appartenere a diverse persone, uomini e donne. Ecco l'elenco dei nickname corrispondenti: napo orso capo; antonella (al tempo della pubblicazione, ora anto miraglia); antitroll; Enzo Paolo; mafiosialmuro; clito ride; tonno011; Detestor (in realtà un mio clone, come si può vedere da uno screenshot, scattato nel momento della "trasformazione"); titti74; divergenze parallele; plonk; anti_troll.
Si può anche notare che i messaggi scritti da questi account vengono premiati con dei "like" provenienti dagli account "gemelli", ovviamente questo per dare più credibilità ai messaggi. Inutile dire che i messaggi in questione fanno una pubblicità sfacciata a Beppe Grillo e al Movimento 5 Stelle. Ma c'è di più: la piattaforma Disqus ha una caratteristica, documentata qui, sotto il titolo "Flagged Comment Moderation", che rende possibile,

mediante il tasto "segnala" presente su ogni messaggio, eliminare i messaggi. In pratica, quando diversi account cliccano su quel pulsante, il messaggio viene censurato senza dover passare dalla moderazione. Capite ora com'è semplice, per l'individuo di cui stiamo parlando, eliminare tutti i messaggi scomodi utilizzando i suoi svariati account. Questo mi è successo di notte (quando i moderatori non sono presenti), quando ho visto scomparire in tempi velocissimi i miei messaggi. Tutte le evidenze puntano al fatto che questi individui lavorano soprattutto la notte (ma anche di giorno) per "plasmare" indisturbati le discussioni del forum.

È questo il viral marketing di Casaleggio?

La realtà a cui fa riferimento il blogger è inquietante. In pratica una serie di *fake*, account falsi gestiti dalla stesa mano, manipolano le reazione online agli articoli su Grillo del sito del «Fatto Quotidiano». Destor sbaglia solo nel seguito del suo post quando indica «Il Fatto» come corresponsabile di questa operazione. Il sito diretto da Peter Gomez è invece una vittima: lo dico per esperienza diretta essendo stato a lungo giornalista di quella testata – che tra l'altro, al netto delle opinioni, ha sempre dato spazio a tutto ciò che andava raccontato, anche i "lati oscuri", del Movimento 5 stelle. Non solo: stoppare fenomeni del genere è terribilmente difficile, e al «Fatto» sono stati realizzati ingenti investimenti per cercare di arginare questi abusi che, se portati avanti da professionisti, sono molto, molto difficili da impedire.

Comunque la realtà racconta da Desteror è preoccupante: è la dimostrazione di una manipolazione e questa volta non sul blog di Grillo, bensì su un sito terzo, su una testata giornalistica indipendente. I risultati di questa guerra sporca sono comunque di tutto rispetto per Grillo e Casaleggio: sul sito del «Fatto», così come su quello del quotidiano «Pubblico» (anche qua, nostro malgrado, proliferavano i troll, io che ne ero il responsabile so bene quanto sia difficile contrastarli), così come pressoché ovunque in Rete, ogni volta che si accenna all'argomento Grillo o Movimento 5 Stelle il numero di commenti sale vorticosamente, e quasi tutti esprimono vicinanza a Grillo, lo difendono a spada tratta e attaccano ad alzo zero chi soltanto prova a raccontarne una realtà differente. Casaleggio non ha mai smentito i suoi interventi di questo tipo. E non potrebbe farlo. Una fonte che preferisce rimanere anonima, ma che ha lavorato a lungo per la Casaleggio & Associati ci conferma che negli studi milanesi della società di marketing vengono messe in pratica queste tecniche. È arrivato dunque il momento di guardare cosa c'è dentro la Casaleggio & Associati e che strategie e pratiche ha elaborato in questi anni. Ripercorreremo le principali tappe del Movimento 5 Stelle per vedere come, in tutti gli snodi più importanti, le tecniche di cui Gianroberto Casaleggio è autorità indiscussa, sono state messe in atto per far sì che un movimento che si richiamava all'orizzontalità e alla democrazia diretta, venisse tenuto saldamente in pugno da due persone soltanto, e da una squadra di professionisti ben retribuiti.

Gianroberto, il re Sole

Per spiegare chi è Gianroberto Casaleggio, manager del digitale classe 1954, e quali sono i suoi rapporti con Beppe Grillo, niente può essere più illuminante delle sue stesse parole. In seguito al boom del Movimento 5 Stelle alle amministrative del 2012, sui giornali, tv e siti web si moltiplica l'interesse per la creatura politica fondata dal comico. Il nome di Casaleggio gira vorticosamente tra i militanti e molti "dissidenti" indicano proprio il manager riccioluto come il vero "capo" del movimento. Vista la nota retorica sulla Rete, cosa ci aspetteremmo in questo frangente da un personaggio come lui? Naturalmente una bella lettera o un video, affidati al web per chiarire finalmente il suo ruolo nei 5 Stelle e i suoi obiettivi – un video, magari, da sottoporre anche all'"intelligenza collettiva" in Rete per riceverne feedback e commenti. Gianroberto Casaleggio non fa nulla di tutto ciò. Prende carta e penna, invece, e manda una lettera al «Corriere della Sera», la testata per eccellenza della borghesia italiana: giornali e giornalisti sono morti, evidentemente, ma non quel 30 maggio 2012.

Così scrive Casaleggio a Ferruccio De Bortoli:

> Caro direttore, le scrivo in merito al mio ruolo nel MoVimento 5 Stelle. Nel 2003 ho lasciato la mia posizione di amministratore delegato in Webegg di Telecom Italia, un gruppo multimediale che si occupava di consulenza e di applicazioni Internet, e ho fondato con altri soci la Casaleggio Associati, una società di strategie di Rete. Internet è un tema che mi appassiona e di cui mi occupo dalla metà degli anni Novanta. Ho cercato di comprenderne le implicazioni sia nel contesto sociale, politico che in quello della comunicazione. Io credo sinceramente che la Rete stia cambiando ogni aspetto della società e cerco di prevederne gli effetti. Ho scritto molti articoli e alcuni libri sulla Rete. Nel 2004 Beppe Grillo ne lesse uno: *Il Web è morto, viva il Web*, rintracciò il mio cellulare e mi chiamò. Lo incontrai alla fine di un suo spettacolo a Livorno e condividemmo gran parte delle idee.

Fin qua non c'è nulla di nuovo (la questione del "libro" e della conoscenza tra i due la vedremo poco più avanti). Casaleggio continua:

> In seguito con Grillo progettammo insieme il blog beppegrillo.it, proponemmo la rete dei meetup (gruppi che si incontrano sul territorio grazie alla Rete), organizzammo insieme i V-day di Bologna e di Torino, l'evento Woodstock a 5 Stelle a Cesena e altri incontri nazionali, come a Milano dove, il 4 ottobre 2009, giorno di San Francesco, al teatro Smeraldo prese vita il MoVimento 5 Stelle. A chi si chiede chi c'è dietro Grillo o si riferisce a "un'oscura società di marketing" voglio chiarire che non sono mai stato "dietro" a Beppe Grillo, ma al suo fianco. Sono in sostanza cofondatore di questo movimento insieme a lui. Con Beppe Grillo ho scritto il *Non Statuto*, pietra angolare del MoVimento 5 Stelle prima che questo nascesse, insieme abbiamo definito le regole per la certificazione delle liste e organizzato la raccolta

delle firme per l'iniziativa di legge popolare Parlamento pulito e le proposte referendarie sull'editoria con l'abolizione della legge Gasparri e dei finanziamenti pubblici. Inoltre abbiamo scritto un libro sul MoVimento 5 Stelle dal titolo *Siamo in guerra* firmato da entrambi.

Ecco, a parte l'informazione su *Siamo in guerra* come libro sul Movimento 5 Stelle – in realtà nel volume si accennerà sì e no due volte al Movimento – basterebbe questa lettera per "squarciare" il velo. Alla faccia dell'orizzontalità, dell'"uno vale uno", dell'intelligenza collettiva in Rete, Casaleggio sancisce nero su bianco il suo ruolo: «Non sono mai stato "dietro" Beppe, ma al suo fianco». È un auto-chiamata in correità del tutto limpida e trasparente: basta una lettera a un giornale e migliaia di militanti, quelli dei meetup, dei gruppi organizzati, hanno la conferma da un giorno all'altro che nel movimento che teorizzava la "democrazia diretta" di capi non ne ha uno, ma ben due. Tutte le scelte principali, dalla scrittura del Non Statuto alle singole iniziative, d'altronde, sono passate dalla loro volontà e dalle loro decisioni.

Se gli italiani sapevano bene chi è Beppe Grillo, che con le gag e le sue battute, i suoi spot e i suoi spettacoli, aveva accompagnato le platee televisive fin dagli anni Ottanta, niente, o pochissimo si sapeva fino ad allora di Gianroberto Casaleggio. Le cose non sono cambiate molto: tranne qualche breve intervista a «Vanity Fair», o all'anglosassone «Guardian», il manager milanese mai si è mostrato disponibile a chiarire i tanti punti "oscuri" nella gestione del suo movimento – né tanto meno sulla questione "troll" e "infiltrati" che abbiamo documentato poco fa. Spesso è successo invece di assistere a una sua "fuga" dalle quesitioni più spinose: quando Giulia Innocenzi per *Servizio Pubblico* ha provato a consegnarli alcune domande che giravano in Rete sul suo conto, questi è di fatto fuggito come qualsiasi potente beccato con le mani nella marmellata.

Eppure non è affatto difficile inquadrare Gianroberto Casaleggio nel suo mondo: quello degli affari, del management, del marketing. Con una caratteristica in più: è così convinto della sua visione ideologica dal volerla far calzare a tutti i costi sulla realtà, anche quando le evidenze dicono che è impossibile farlo. Quando però non è in preda alle sue visioni escatologiche, la sua principale attività è discettare di temi relativi alla Rete in un modo diverso: con la calcolatrice alla mano, calcolando costi e benefici, *best practices* e strategie appropriate. In questi casi la retorica dell'orizzontalità viene accantonata pur di raggiungere gli obiettivi desiderati.

Un suo articolo del 2008, ancora una volta non è affidato alla Rete, ma a «Circuits», supplemento tecnologico del quotidiano «Milano Finanza». *Conquistare gli influencer, gli utenti web più ascoltati* il titolo. Se pensavate che la Rete ci rende tutti uguali vi sbagliavate di grosso. Scrive Casaleggio:

> Il 90 per cento dei contenuti online, articoli, commenti, video, fotografie di ogni social media, è creato dal 10 per cento degli utenti. Queste persone hanno la capacità di influenzare le comunità online e di indirizzare la scelta di un pannolino o l'elezione del presidente degli Stati Uniti.

Verrebbe da chiedersi se gli "*influencer*" cambieranno in meglio il mondo, ma non è questo il punto.

Continua l'articolo:

> La relazione con le comunità online è fondamentale per le aziende, per lo sviluppo del marketing, delle vendite, per il miglioramento dei servizi e dei prodotti. Gli influencer sono la chiave per dialogare con la Rete.

Gli influencer, perciò «possono determinare il successo di un prodotto o di un servizio» e «le società devono considerarli un asset strategico su cui investire nei diversi social media o all'interno di una propria comunità online». A tutto ciò va aggiunto che «L'opinione non è una merce in vendita, gli influencer vanno quindi informati correttamente, ascoltati, dotati di strumenti comparativi del proprio prodotto o servizio». Per *influencer* Casaleggio intende gli utenti della Rete che hanno un buon seguito su Internet: migliaia di fan su Facebook e di follower su Twitter, un discreto numero di lettori sul loro blog. Questi utenti sono "asset strategici" da utilizzare per veicolare i propri messaggi. Questa e una "efficace" strategia aziendale su Internet.

Il mondo di Casaleggio, d'altronde, è questo. Sul sito della società vengono offerti servizi commerciali a tutti gli effetti.

«Consulenze di relazione digitale» per esempio, «Identificare una strategia di web marketing significa studiare il target di riferimento, il messaggio da veicolare e i canali da utilizzare. Questo permette di identificare gli obiettivi tattici da raggiungere con l'impiego integrato delle tecniche di webarketing (motori di ricerca, linkpopularity, campagne banner, sponsorizzazioni di aree tematiche, direct emailing, news online). Casaleggio Associati assiste le aziende nella creazione della struttura per gestire campagne di web marketing di lungo termine, identificando le metriche da monitorare e le leve da utilizzare per raggiungere i diversi obiettivi». Chissà quali sono le "leve da utilizzare" per gestire un Movimento che si appresta a prendere cento parlamentari – ci arriviamo tra poco.

Sempre dal sito della Casaleggio Associati, la *mission* dell'azienda in termini di consulenza strategica è quella di «indirizzare le aziende nelle scelte rese necessarie dalla Rete e di consentire la definizione di obiettivi misurabili in termini di ritorno economico, in modo da determinare lo sviluppo del business dell'azienda, sia nel medio, sia nel lungo termine». Tutto ciò è possibile grazie ad alcune competenze molto particolari: «Casaleggio Associati dispone di competenze specifiche sulla Rete, tramite i suoi soci e affiliati; della conoscenza del territorio di applicazione, dovuta ai Rapporti e ai Focus di settore; delle tendenze e delle best practice, grazie al network di partner statunitensi». Se ancora non vi fidate sappiate che la «Casaleggio Associati integra le competenze specifiche sulla Rete con l'applicazione di metodi di valutazione del ROI ed assiste il cliente nel roll out della strategia» – dove per ROI si intende l'acronimo inglese *Return of investment*, ovvero ritorno economici grazie agli investimenti effettuati.

Non deve stupire questo tipo di linguaggio, lontano anni luce dalle previsioni di *Gaia* e *Siamo in guerra*. La Casaleggio Associati nasce infatti nel 2004 da un team di professionisti con grande esperienza nel settore. Il fondatore è uno dell'ambiente, con un brutto carattere

– dicono – ma che sicuramente ci sa fare. Così sull'«Espresso» Roberto Di Caro racconta la storia di Casaleggio: «Classe 1954, radici nel Canavese dove ora ha casa con bosco in quel di Settimo Vittone presso Ivrea. Perito informatico, poi qualche esame alla facoltà di Fisica presto abbandonata. A 21 anni diventa padre (il figlio Davide è oggi uno dei soci della Casaleggio Associati) ed entra in Olivetti». Ha uno stile tutto suo, il giovane Gianroberto: «Il ragazzo ha idee, guarda avanti, conquista le persone con quel suo fare già allora "assertivo", come dicono gli americani: di chi sostiene una tesi con ferma convinzione ma in modo pacato e controllato, senza esagitazioni, insomma l'opposto esatto di Beppe Grillo». Anche negli anni successivi teorizzerà che grazie alla Rete la trasparenza in Borsa la trionferà, anche Gianroberto non si è fatto mancare degli eccessi tipici da finanza: «Fa carriera fino ad amministratore delegato in Webegg, joint venture con Telecom, consulenza per il posizionamento delle aziende in Rete: sotto l'egida di Lorenza Pelliccioli, allora amministratore delegato Seat, acquisita dal gruppo Telecom (era Colaninno), diventa la mente per i nuovi media e la convergenza delle tecnologie (tv compresa), e nei primi anni Duemila siede addirittura in undici cda, da Lottomatica alla scuola di design Domus Academy, dalla Garage di produzioni cinematografiche alla dotcom Netikos insieme a Michele Colaninno figlio di Roberto, fino alla software house della Regione Val d'Aosta». Emiliano Liuzzi sul «Fatto Quotidiano» scrive di lui invece: «Nato con simpatie leghiste» è «appassionato di fantasy, gran divoratore di fumetti, affascinato da Gengis Khan, il suo mito. Mangiatore di libri di storia, ne legge anche due al giorno. Un sognatore realista, un manager per se stesso e per gli altri».

Ma per capire l'uomo prima ancora che il "capo politico", risultano molto interessanti i racconti che ci ha fatto un ingegnere elettronico ex dipendente Weebegg che ha conosciuto Casaleggio da vicino. Ai tempi l'azienda si chiamava Logicasiel. Nel 2000 Olivetti ne compra il 45 per cento dal gruppo britannico Logica Group – per cinquatadue miliardi di lire – mentre Telecom, tramite una sua controllata, ne detiene il restante 55 per cento. Sono i tempi dei "capitani coraggiosi", con proprio Colaninno che tramite la nota Opa del 1999 è riuscito a prendere il controllo dell'azienda italiana di telecomunicazioni. Ai tempi Logicasiel conta 260 dipendenti a Milano, Torino e Bologna e decide di cambiarne il nome in Webegg. Casaleggio, che è cresciuto come manager nella Olivetti, già amministratore delegato di Logicasiel diventa a.d. della Webegg.

«Quando entrai in azienda» ci racconta l'ex dipendente «c'era il mito di Casaleggio. Allora era un azienda molto giovane. Come adesso, Casaleggio non era per niente carismatico, ma in azienda si favoleggiava delle "incredibili doti nell'organizzazione aziendale" di questo personaggio. Si stava bene, pagavano mediamente più degli altri, ti davano numerosi benefit". Sono, ancora per poco, i tempi della bolla di Internet, quella della new economy. Le azioni di aziende digitali e telefoniche sono schizzate alle stelle: tutti si aspettano dalla Rete il nuovo albero della cuccagna. Il 10 marzo 2000 l'indice del Nasdaq, il listino specializzato in titoli tecnologici, chiude a 5.132 punti, il suo picco assoluto: nell'ultimo anno è più che raddoppiato, con un +112 per cento (anche piazza Affari si era rivalutata del 30 per cento i due soli mesi). È un'euforia che non durerà a lungo: l'undici marzo del 2003, solo due anni dopo, il Nasdaq aveva perso il 75 per cento del suo valore.

Casaleggio, già allora, è in preda alle sue visioni rete-centriche. È un antesignano: «Tra i suoi pari fu il primo o uno dei pochissimi a capire che Internet era il futuro. Azzardando, orientò tutta l'azienda verso la rete. Non stralciò i contratti in essere, molti dei quali erano con aziende pubbliche, ma si mosse bene: i soldi non mancavano e l'azienda crebbe molto, arrivando a contare anche mille dipendenti».

Il concetto di Rete che ha tanto a cuore, Casaleggio lo applica anche all'organizzazione aziendale: «Il suo modello era di trasporre il modello tecnologico a livello dell'organizzazione sociale e aziendale. Lui diceva che Webegg era l'unica azienda a Rete, senza gerarchia, senza capi e capetti. In realtà lui era il re Sole, l'attitudine del "pollice verso", in stile imperatore romano, ce l'ha sempre avuta. Detto tra noi, seguendo le notizie che sono uscite poi sul movimento Cinque Stelle, quelle delle espulsioni e delle epurazioni, ho riconosciuto molti di quei suoi atteggiamenti: anche allora se uno gli obiettava qualcosa, era finito: questo è il suo modo di agire. È permalosissimo e non accetta critiche».

Il problema però è che Casaleggio crede troppo nelle sue idee, e anche quando queste si scontrano con la realtà, lui continua ad andare imperterrito sulla sua strada: «Invece di una gestione pragmatica aveva un approccio ideologico. Fece parecchie acquisizioni di aziende decotte, pagandole fior di quattrini: un titolare di una di queste vendette a Casaleggio, diventò dirigente e arrivava a lavoro in Porsche. Inoltre, per assecondare la sua ideologia, assumeva persone che non avevano niente a che fare con la tecnologica: laureati in lettere, in storia dell'arte. Finché il boom di Internet e delle telecomunicazioni durò, tutto andò bene. Appena lo bolla scoppiò, venne tutto giù tutto nel giro di un anno». Il nostro ex Webegg, in realtà, si lascia andare anche a giudizi pesanti: «Casaleggio non è un guru. È un megalomane affetto da deliri di onnipotenza». C'è un episodio molto saporito, ai limiti del fantozzismo, che racconta bene il personaggio: «Casaleggio è sempre stato molto, molto competitivo. Nella sede di Milano c'era una squadra di calcio a undici, e lui naturalmente si era imposto come allenatore. Ogni azienda affiliata a Logica partecipava ogni anno a un torneo con la propria squadra e, quando c'erano queste partite, lui organizzava un charter, una volta a Manchester, una volta a Praga, e portava lì non solo i giocatori ma chiunque fosse interessato – altri dipendenti, familiari – a seguire il torneo a spese dell'azienda. Quando eravamo già diventati Webegg, quelli di Logica ci invitarono comunque e lui voleva a tutti i costi vincere. Fu così che fece fare il badge ad alcuni ragazzi che giocavano nelle giovanili del Torino, li fece partecipare al Torneo come se fossero nostri dipendenti e, naturalmente, vincemmo a mani basse».

Le cose cambiano in fretta, e nell'estate del 2004 Telecom cede a una azienda terza, la Value Partners Spa, il 70 per cento di Webegg a un prezzo di 43 milioni di euro. Di certo il valore di Webegg non è diminuito da quando Olivetti l'aveva fatta sua. Pietro Orsatti ha raccontato su «Micromega» che quando avviene questa cessione «tutto ciò viene riportato dalla stampa specializzata dell'epoca come una delle operazioni di fusione strategica più importanti del settore».

È in questo momento che Gianroberto Casaleggio decide di mettersi in proprio e dare vita alla Casaleggio Associati. Lo fa con alcuni collaboratori incontrati nell'esperienza Webegg: Enrico Sassoon, Luca Eleuteri, il figlio Davide Casaleggio e Mario Bucchic.

Di questi il nome che salta più all'occhio è quello di Enrico Sassoon che, seppur abbia solo il 5 per cento della società, farà molto parlare di sé negli anni seguenti. Se già fino qua, infatti, scopriamo qualcosa di nuovo sapendo che la società che sta "al fianco" di Grillo nella gestione dei 5 Stelle si struttura secondo logiche così strettamente commerciali e manageriali, scoprire che tra i suoi soci ci sia un uomo legato a quelli che Grillo chiamerebbe senza dubbio, "poteri forti", lascia basiti.

Sassoon, giornalista per oltre vent'anni al «Sole 24Ore», è stato responsabile di *L'impresa rivista italiana di management* e del settimanale «Mondo economico» oltre che direttore scientifico del «Sole24Ore». Ha spiegato «Micromega»: «Nel 1998 Sassoon è amministratore delegato dell'American Chamber of commerce in Italy, di fatto una lobby indirizzata a favorire i rapporti commerciali delle corporation americane in Italia [...]». A Sassoon non manca naturalmente un passaggio nel board dell'Aspen Institute Italia, ovvero, il pensatoio creatura di Gianni Letta che illustra così le sue attività sul proprio sito: «La missione di Aspen Institute Italia è l'internazionalizzazione della leadership imprenditoriale, politica e culturale del Paese attraverso un libero confronto tra idee e provenienze diverse per identificare e promuovere valori, conoscenze e interessi comuni». Il metodo di lavoro è invece il "metodo Aspen" che «privilegia il confronto ed il dibattito "a porte chiuse", favorisce le relazioni interpersonali e consente un effettivo aggiornamento dei temi in discussione. Attorno al tavolo Aspen discutono leader del mondo industriale, economico, finanziario, politico, sociale e culturale in condizioni di assoluta riservatezza e di libertà espressiva». L'Aspen Institute, inoltre, viene definito come una emanazione diretta del Gruppo Bilderberg, ovvero un incontro che si svolge ogni anno (solo su invito) e che raccoglie oltre un centinaio di personalità mondiali influenti in campo economico, politico e bancario, nonché numerosi capi di stato e ministri. Il Bilderberg è spesso inquadrato in Rete come "centrale operativa" delle decisioni di carattere nazionale e globale di molti governi e protagonista di numerose teorie complottistiche («130 tra le persone più influenti del mondo nel gruppo Birdemberg tengono riunioni private ogni anno per discutere del futuro dell'economia mondiale» teorizzava *Gaia*).

Ora, non è il caso di guardare a queste realtà, e a Sassoon, con un occhio troppo "grillino". Certo, nel comitato esecutivo dell'Aspen trovano spazio alcuni tra gli uomini più potenti – o ex potenti – d'Italia (Luigi Abete; Fedele Confalonieri; Gianni De Michelis; John Elkann; Franco Frattini; Enrico Letta; Gianni Letta; Emma Marcegaglia; Paolo Mieli; Mario Monti; Romano Prodi; Cesare Romiti; Giulio Tremonti), ma anche economisti come Alberto Quadrio Curzio e Jean-Paul Fitoussi, giornalisti come Lucia Annunziata, e intellettuali come Umberto Eco. Le reali capacità dell'Aspen di influenzare le dinamiche di potere e di governo in Italia sono tutte da dimostrare. Eppure la domanda rimane: cosa ci fa un uomo con rapporti così stretti con il gotha del potere italiano, tra i soci di Casaleggio?

A chiederselo, nel settembre del 2011, è stato anche il direttore di Rai4 Carlo Freccero che dopo un suo articolato intervento a *Piazzapulita*, la trasmissione di La7 condotta da Corrado Formigli, ha riassunto sul quotidiano «Pubblico» le sue domande: «Quel gruppo Bilderberg che Casaleggio cita all'inizio del suo film [Gaia, ndr] è un gruppo di cui fanno parte soci e componenti della Casaleggio & associati. Come appunto Enrico Sassoon, esponente di primo piano. Ho sempre pensato a queste cose [ai complotti che vedono alcuni piccoli gruppi di potenti in grado di decidere le sorti del mondo, ndr] come ad una bufala pazzesca. Ma il fatto che la critica arrivi da persone molto contigue all'ambiente che viene demonizzato può suggerire parecchie ipotesi. Primo: il complotto è vero e va combattuto. Ma se va combattuto, perché i suoi stessi critici vi partecipano? Secondo: il potere ha imparato a gestire l'opposizione. La protesta non deve più essere un fatto spontaneo, anarchico, incontrollabile. È il potere stesso che la organizza e la disciplina nelle forme a lui più congeniali. Terzo: Casaleggio è un esperto di penetrazione virale sul net e Internet ha bisogno del complotto. Tanto la televisione è acritica, tanto Internet trova la propria giustificazione nella necessità di controinformazione, nel mantenere viva la critica, sviscerare il complotto, contrapporre la realtà, una realtà parallela, oscura ed inquietante». Ribaltando insomma, «l'uso strumentale del complottismo che fa Casaleggio», Freccero mette il dito nella ferita di una contraddizione che si fa fatica a capire – e che Casaleggio non ha mai spiegato.

Tra l'altro, mentre si moltiplicano le voci sul suo conto, è proprio Enrico Sassoon (anche lui) non ad affidarsi alla Rete per dare la sua versione dei fatti, ma a scrivere ancora una volta al «Corriere della Sera». La lettera viene pubblicata il 23 settembre del 2012 quando, dopo il famoso fuorionda di Giovanni Favia a *Piazzapulita*, la curiosità nei confronti della figura di Gianroberto Casaleggio e delle sue "connection" è arrivata a livelli stellari. Innanzitutto Sassoon annuncia: «poiché da oggi lascio la società, ritengo utile chiarirne i motivi, per evitare ulteriori distorsioni dei fatti». I motivi sono due: «Il primo riguarda la mia presenza, come socio di minoranza, nella Casaleggio Associati. I media hanno speculato in merito interpretando il mio ruolo come rappresentante di più o meno precisati "poteri forti" intenzionati a infiltrare, tramite la Casaleggio Associati, il blog di Beppe Grillo e, tramite Gianroberto Casaleggio, il movimento politico. In breve, non rappresento alcun potere forte, né in generale né nello specifico, né ritengo che alcun potere forte si senta rappresentato da me. La prova del contrario la lascio ai maliziosi interpreti che si sono finora beati nel richiamare fantasiose teorie complottistiche degne di romanzi d'appendice più che di una stampa seria e informata». L'ex socio di Casaleggio afferma di non conoscere Beppe Grillo, «non ci siamo mai incontrati né scambiati telefonate, mail o sms» e di non aver partecipato «alla gestione del suo blog in seno alla Casaleggio Associati, dove non ho mai ricoperto cariche operative» tanto da non aver mai «avuto a che fare con il Movimento 5 Stelle, con il quale intrattiene relazioni il solo Casaleggio nelle forme e nei modi da lui stesso ripetutamente chiariti anche su questo giornale». Ma ancora più interessante è la seconda ragione che spinge Sassoon a compiere questo passo: «Il secondo motivo è ben più grave e si sostanzia in una valanga apparentemente inarrestabile di diffamazioni e calunnie di violenta intensità, basate su ancor più farneticanti teorie del complotto, che sono apparse e continuano ad apparire in blog e siti di diversa connotazione: da quelli di ispirazione esplicitamente nazi-fascista a quelli di tendenza diametralmente opposta (come i meetup di supporto a Grillo) passando per una varietà di blog e siti di varia natura che vanno dai circoli vegetariani a club politici o territoriali delle più diverse tendenze. In questi luoghi la teoria assume i toni foschi del complotto pluto-giudaico-massonico di memoria zarista e hitleriana. L'attribuzione di rappresentante dei poteri forti origina da qui, per assumere contorni decisamente deliranti e razzisti. Dal mio cognome ebraico si è risaliti a una famiglia con lo stesso nome che operava 250 anni fa nella Compagnia delle Indie che commerciava in droghe e spezie con Cina e India: tanto basta per vedermi associato, un quarto di millennio dopo, a una "potente dinastia di narcotrafficanti". E non si parla di un pazzo isolato: sono decine i siti che riportano queste piacevolezze, associandomi volta a volta a Bilderberg, Massoneria, Mossad, Illuminati, Lobby delle multinazionali, circoli esoterici e altre amenità di questo tipo da far impallidire Dan Brown o l'Umberto Eco del "Cimitero di Praga"». Altro che "intelligenza collettiva", «La cosa è seria e va avanti da anni senza che alcuno di questi luoghi di indecenza ne sia mai stato chiamato a rispondere, sotto il profilo della controinformazione e della legge». Veniamo a scoprire che «La questione che va qui sollevata, al di là di quella strettamente personale, è quella della Rete.

Luogo democratico per eccellenza, al quale chiunque può accedere per dare voce alle proprie opinioni, può diventare arena di violenza incontenibile, diffamazione incontrastabile, vera e propria delinquenza mediatica». Dopo essersela presa anche con «Micromega» per l'articolo qua citato («un articolo di una ventina di pagine che riprendeva le elucubrazioni reperibili in Rete, rielaborandole in modo apparentemente neutrale e dando loro un crisma di credibilità») e lo stesso Freccero («Di recente, ad esempio, ho avuto il dubbio privilegio di sentirmi associato su La7 dal direttore di Rai4 Carlo Freccero ai poteri forti e al Bilderberg, per la felicità degli ospiti presenti») conclude dicendo che quello che lo ha travolto in Rete e frutto «di un'informazione distorta e malata, che impone una seria riflessione».

Ecco, dopo questa intemerata come reagirà Grillo a quello che lui stesso potrebbe definire un vero e proprio "attacco alla Rete"? Come non ti aspetteresti: la lettera di Sassoon viene replicata pari pari sul beppegrillo.it in un post dal titolo *La macchina trasversale (e impunita) del fango* accompagnato solo dalla seguente frase: «In Italia la libertà di informazione si è trasformata in libertà di diffamazione»; e da un video da Parma in cui Grillo dice ai giornalisti: «Siete voi il cancro della società».

Eppure, alla faccia della trasparenza, dei "bilanci certificati" e chiacchiere varie, proprio ai giornalisti dobbiamo affidarci per sapere quali sono i "conti in tasca" dell'azienda di Casaleggio. A mettere i numeri nero su bianco è sempre Di Caro: che Gianroberto Casaleggio come imprenditore ci sappia fare, scrive, «sta nei bilanci della Casaleggio e Associati. Fatturato 2,7 milioni di euro già nel 2006, utili per 660 mila euro l'anno appresso, business anche nell'editoria con la produzione e la distribuzione dei dvd degli show di Grillo e del Passaparola di Marco Travaglio: anche se più la sua notorietà straborda nella politica più l'utile si assottiglia, 87mila euro nel 2010, in rosso per 57mila nel 2011». Insomma, un'azienda seria, che fa businnes e sta sul mercato. Grazie al suo fondatore. E al suo fantomatico "staff".

Dentro la Casaleggio

C'è una parola che aleggia spesso nei discorsi dei militanti del movimento di Beppe Grillo. È una parola pronunciata raramente, il più delle volte detta a mezzo bocca, quasi sempre evocata, mai chiarita nei dettagli. Come succede per *Tu sai chi* in Harry Potter – il cattivo Lord Voldemort il cui nome mette paura solo a pronunciarlo – tra i militanti del Movimento 5 Stelle, off e online, è lo "staff" a suscitare timori, vere e proprie paure, domande senza risposta.

In realtà lo "staff di Casaleggio" altro non sono che i dipendenti della Casaleggio Associati delegati, volta per volta, a dirimere questioni, aggiustare regolamenti, svolgere pratiche burocratiche del Movimento: in un partito, sarebbe lo "staff" della segreteria, scelta dal segretario tra giovani di belle speranze. Vista la peculiare natura del Movimento, però, in questi casi lo staff ha una responsabilità in più, un compito informatico e comunicativo che, nella sua espletazione giorno per giorno, rappresenta l'essenza stessa dei 5 Stelle. Lo staff gestisce il blog di Grillo, il portale del Movimento, monitora le discussioni online – direbbero gli esperti di marketing – e, quando necessario, interviene per dire la sua. Lo staff, inoltre, proprio come "il proprietario" del marchio 5 Stelle Beppe Grillo, non può essere sfiduciato, non è "contendibile" tramite regole di democrazia interna. Lo staff c'è e ci sarà, è una sorta di creatura immanente che, per i militanti del movimento, va accettato e basta.

Non dobbiamo però farci prendere dal complottismo, non si tratta degli agenti di *Matrix*: sono per stragrande maggioranza professionisti di alto livello che svolgono il lavoro per il quale sono stati assunti da Casaleggio al fine di raggiungere i migliori risultati possibili. Stupisce, però, che nella percezione generale lo staff venga visto con ben altri occhi, come un gruppo di ragazzi volenterosi che vogliono cambiare il mondo e danno una mano a Grillo nella sua sfida ai limiti dell'eroico. Ma non è così: i profili con cui abbiamo a che fare sono di tutt'altra natura, l'organizzazione aziendale anche in questo caso è strutturata secondo obiettivi molto concreti di bilanci, obiettivi ed efficienza.

Va spiegato allora che la Casaleggio Associati è organizzata per progetti. Oltre ad alcune collaborazioni minori – con l'azienda di agende Moleskine, per esempio – e dopo la cessazione dei rapporti con Antonio Di Pietro – come vedremo dopo – negli uffici di via Morone a Milano, nel pieno del "quadrilatero della moda", mani amorevoli si prendono cura del blog di Grillo, del portale del Movimento 5 Stelle, del sito cadoinpiedi.it – una sorta di portale-aggregatore della casa editrice Chiarelettere – e del portale Mosca Tze-Tze. Questo è l'ultimo progetto della Casaleggio, perfettamente integrato nel blog di Grillo, che gli garantisce perciò grande visibilità. Viene descritto così in home page:

TzeTze pubblica in tempo reale le notizie scelte dagli utenti. È un palinsesto dinamico originato dagli utenti, aggiornato ogni mezz'ora, che seleziona da siti rigorosamente solo online, che non hanno quindi una derivazione cartacea o televisiva, le informazioni in base alla loro popolarità e attualità. L'inserimento del simbolo della mosca () a margine della notizia pubblicata nel proprio sito o blog consente di farla votare ed essere visibile nel portale tzetze. L'obiettivo di TzeTze è di promuovere l'informazione indipendente in Rete svincolandosi dai mainstream media e di pubblicare le notizie in funzione dell'importanza attribuita loro dagli utenti.

Si tratta insomma di un aggregatore di news online che utilizza il meccanismo del rating, il voto degli utenti, per segnalare o meno delle notizie. Bisogna sottolineare che molti blogger denunciano che tra queste non trovino mai spazio notizie critiche nei confronti di Grillo.

Cadoinpiedi, invece, è una sorta di portale di news che dà – naturalmente – grande spazio agli autori Chiarelettere. Ambedue i siti, inoltre – così come Grillo e il Movimento – sui social network hanno una strategia molto aggressiva: gli aggiornamenti che vengono pubblicati e che rimandano agli articoli puntano sempre sul sensazionalismo, scatenando reazioni automatiche da parte dei lettori (è un tripudio di «Clamoroso», «Incredibile», «Sconvolgente», «Questo non è possibile» a cui seguono link ad articoli sull'attualità). Tutti questi siti, insieme, hanno una potenza di fuoco notevole, sia in termini di lettorisia in termini di "fan" sui social network: grazie a una sapiente gestione coordinata, dalla Casaleggio riescono così sia a raggiungere alcuni milioni di internauti sia a rilanciare notizie e personaggi a cui si vuole dare risalto, o far diventare "caldi" temi legati alle battaglie simil-grilline.

Per tornare alle modalità operative della Casaleggio Associati, la nostra fonte già citata, l'ex dipendente, ci spiega come mentre sui portali dell'azienda (blog di Grillo compreso) i contenuti risultano in *creative commons* – ovvero possono essere riutilizzati da tutti – il software per la gestione del sito (il cms, in gergo, *content managment system*), è stato invece sviluppato internamente e risulta tutelato da copyright (solo il sito Cadoinpiedi è sviluppato con software Wordpress). «Questa "interfaccia proprietaria"» continua il nostro informatore, risulta «molto potente, molto stabile e con una capacità di indicizzazione mostruosa» (l'indicizzazione, fondamentale per il web marketing, è quella che permette di finire "in alto" nei risultati quando su Google si fanno delle ricerche).

Gli sviluppatori delegati a mantenere e far crescere questo software sono naturalmente giovanissimi e «pagati anche bene: è difficile prendere meno di 1600-1800 euro al mese», anche se, naturalmente, non c'è alcuna filantropia: «Gianroberto non fa mai passi più lunghi della gamba, se non ti può prendere non ti prende, se poi pensa che il progetto al quale sei assegnato non ha vita lunga non ti rinnova dopo un anno».

In tutto, tolti i 5-6 associati, l'azienda si muove sul filo dei 15 dipendenti a tempo indeterminato più altri a tempo determinato e Co.co.pro. Non sono quindi divisi per competenze, ma per "gruppi di progetto". Uno per l'ecommerce, uno per Cadoinpiedi, uno per il Movimento, uno per l'Italia dei valori – poi riassorbito – e uno naturalmente per Beppe. Quest'ultimo è composto da almeno sei persone coordinate da Filippo Pittarello. Pittarello viene definito così dalla nostra fonte: «È una persona formidabile, un lavoratore indefesso, parla tre lingue fluentemente ed è lui a sviluppare i post per il blog, sentendosi con Grillo su Skype».

Ma possiamo sapere anche altro sul suo conto. I militanti 5 Stelle si sono sempre interrogati sul profilo dei membri dello staff. Ma i grillini sbagliano l'approccio: pensano che dietro Casaleggio ci sia una squadra di nerd con occhiali in stile fondo di bottiglia, vestiti con abiti consunti e a loro agio solo tra scatoloni di pizze e litri e litri di Coca Cola. Parliamo invece di fior fiore di professionisti che, come tutti coloro che lavorano in contesti aziendali, hanno interesse a far sapere chi sono. Almeno su LinkedIn, il social network su cui chiunque può aprire il suo profilo indicando formazione e competenze.

Quasi tutto lo staff di Casaleggio è su LinkedIn. Filippo Pittarello ci informa di aver studiato economia alla Bocconi e di essersi laureato nel 2002 con una tesi dal titolo *The evolutionary dynamics of Internet. Technological paradigms and advanced networking services*. Ha lavorato quindi come Businnes Analyst presso la Solving Italia e la Commstrategy, ed è stato project manager alla Cbm Italia, una onlus che si occupa di volontariato. Entra alla Casaleggio nel febbraio del 2007 e si occupa di Web design e software application, anche se, come detto, suo compito è «*Working together with Beppe Grillo on live shows and public events*». Le sue competenze, naturalmente, riguardano il digital marketing, la marketing strategy, il Web 2.0 e l'online advertising.

Ma sono tanti i professionisti della comunicazione che lavorano per il guru di Grillo. Sempre LinkedIn ci aiuta a fare una panoramica molto ampia e dettagliata.

Tra i soci troviamo Mario Bucchich, laureato in scienze politiche alla statale di Milano, con Casaleggio fin dai tempi della Webegg e appassionato di yoga, e Luca Eleuteri, laurea in Management Engeenering al Politcnico di Milano, con una breve esperienza alla Clementoni e a Poltrone Frau, e poi anche lui in Webegg: si occupa di Sviluppo Business e di sviluppo e strategie web. Tra i dipendenti (che citeremo solo per nome) c'è Maurizio, laurea in Economia e commercio alla Cattolica, esperienze come web manager e consulente di marketing alla Viacom e alla Value Team, fondatore di un sito di economia e ora «*Internet strategy & digital marketing specialist*» alla Casaleggio. C'è Pietro, laurea in comunicazione a Bologna, con esperienze come web writer, social media assistant, seo copywriter junior, web project manager and strategist junior, search marketing specialist e ora social media manager, ovvero gestore di tutti i profili sui social newtork della Casaleggio. C'è Angela, laureata in Scienze cognitive e psicologia delle comunicazioni che, giornalista pubblicista, dopo alcune esperienze come ufficio stampa, alla Casaleggio è web content manager, ovvero si occupa di produzione di contenuti per il web, gestione di siti Internet, social media management, strategia di comunicazione sul web, stesura di rapporti di progetto e montaggio filmati video. Geraldina, laurea in Cattolica e ora junior consultant con i compiti di «*Brand Positioning, online sentiment analysis (sic!), SocialMedia/Online/Mobile Strategy*» ma anche, specifica, di e-commerce research, digital marketing strategy e project management. C'è Dario: laurea al Dams di Bologna, master in social media management, e adesso web content e social media manager alla Casaleggio. I profili sono tutti simili: Adele, Master al «Sole 24 Ore» e ora junior consultant; Chiara, laurea in Cattolica e anche lei junior consultant; Marcello, laurea a Firenze e social media web content; Marco, information services consultant, Piero e Matteo, web developer.

Visti questi profili, una domanda viene spontanea: ma a cosa serve questo team di tutto rispetto, a cui si aggiunge una cerchia più ampia di collaboratori e figure professionali, se la Rete, secondo Casaleggio e Grillo, è in grado di autorganizzarsi, di distinguere tra verità e menzogna, di far emergere una "intelligenza collettiva" tra milioni di utenti connessi?

È presto detto. Per spiegarlo bene, però, dobbiamo capire la teoria generale che tiene in piedi il Movimento 5 Stelle. È stata elaborata da un protagonista di questa squadra, Davide Casaleggio, il figlio di Gianroberto. È una teoria intelligente e affascinante, che ha dimostrato di saper funzionare perfettamente. Ha solo un problema, come tutto nella galassia del manager milanese: la realtà. Che si può indirizzare, ma fino a un certo punto. Fino a quando compare qualcosa che grafici e tendenze non possono mai prevedere: i sentimenti degli uomini.

Le formiche e il formicaio

Se fosse stato reperibile in libreria, probabilmente, giornalisti, militanti e stampa sarebbero riusciti a mettere a fuoco prima il Movimento 5 Stelle: invece la traccia generale da seguire, la chiave del rebus, era in un ebook, un libro fatto soltanto di bit, una cascata di 0 e 1 che poi un software trasforma in pensieri e parole. Sarà stato questo, la poca dimestichezza che abbiamo con i libri elettronici, il motivo per cui nessuno ha compulsato le teorie e le tattiche esposte in questo volume, sovrapponendole al Movimento messo in piedi da Grillo e Casaleggio? Sarà per questo che nessuno ha spulciato questo linguaggio oscuro per poi tradurlo a un pubblico di non iniziati?

In realtà è tutto nero su bianco – seppur in inchiostro elettronico. È tutto in *Tu sei Rete – La rivoluzione del business, del marketing e della politica attraverso le reti sociali* di Davide Casaleggio, il figlio di Gianroberto. Si tratta di un vero e proprio manuale per la propaganda contemporanea e digitale, un Bignami per l'indirizzamento delle masse a loro insaputa. Il fatto che tale teoria si sia poi trasformata in un simil-partito accreditato per oltre il 10 per cento dei voti nazionali, con gruppi in tutta Italia, consiglieri comunali e regionali, consenso popolare, parlamentari, non fa che confermarne la veridicità e la robustezza.

Tu sei Rete è pensato per aziende e per chiunque intenda scoprire le nuove frontiere della manipolazione digitale. Si occupa di web e social network ma le sue analisi possono essere applicate in qualsiasi campo. È un libro per certi versi profetico e per altri "legnoso": alcuni passaggi – tra variabili, schede e proiezioni – lasciano attoniti. E non manca il solito repertorio "di famiglia": Gengis Khan, la rete di strade dell'impero romano, i viaggiatori inca e i loro sistemi di comunicazione. Nonostante questo, il cuore del ragionamento è perfetto per la nostra indagine.

«Le Reti sono ovunque intorno a noi» scrive Davide Casaleggio. «E fino a qualche anno fa le relazioni tra persone, oggetti ed eventi erano attribuite al caso. L'unico modo per ipotizzare il funzionamento dei sistemi complessi era attribuirne le ragioni ad avvenimenti casuali». Ora non è più così, nel "caos" è stato trovato un ordine: «La vita e l'evoluzione delle reti seguono invece leggi precise e la loro conoscenza permette di utilizzare le reti a nostro vantaggio». Il ragionamento continua: «Tutto è diventato una rete da studiare, modellare, modificare. La capacità elaborativa dei computer, unita alla decodifica di alcuni sistemi complessi come la mappa del dna, di Internet e delle relazioni sociali ha permesso di verificare su vasta scala nuove leggi».

La chiave di questa teoria è che gruppi di persone che si auto-organizzano e si mettono in Rete tra loro risultano estremamente efficaci nel divulgare un messaggio. Il segreto, però, è indirizzare questa auto-organizzazione muovendo una serie di leve. È come una sorta di gioco di ruolo, un esperimento sociale: si scelgono delle regole e chi sceglie di giocare si troverà a prendere le sue decisioni, ma sempre seguendo un percorso tracciato al bisogno. Non è troppo diverso da alcune dinamiche sociali che si vedono nei reality show: il *Grande Fratello*, ovvero gli autori del programma, isolano dal gruppo di concorrenti il palestrato belloccio e la vamp disinibita prevedendo che faranno scintille a favore della telecamera. Naturalmente, nel caso dei Casaleggio parliamo di sistemi molto più ampi e complessi.

Continua Davide Casaleggio: «A livello aziendale, il concetto di auto-organizzazione segue le leggi delle Reti e permette di gestire sistemi complessi attraverso semplici regole di comportamento. In questo modo i formicai riescono a funzionare senza alcuna gerarchia di comando e molte aziende hanno utilizzato i princìpi di auto-organizzazione per snellire i processi decisionali». Attenzione alle parole, questa teoria serve per "la gestione di sistemi complessi". La metafora dei formicai, non a caso, tornerà spesso nella *vision* generale.

Lo scopo ultimo di questo tipo di marketing "a Rete", è quello di riuscire a mettere in piedi affari profittevoli: «Molte società hanno utilizzato questa nuova visione di mondi in Rete per nuove prospettive di business. La rete di relazioni interpersonali è stata utilizzata per stabilire dei contatti, per organizzarsi, condividere risorse, ottimizzandone l'utilizzo e sviluppare progetti, grazie alla creazione di un'intelligenza collettiva, formata da molte menti, con un obiettivo comune».

Facciamo un esempio molto concreto: un'azienda ha un prodotto da veicolare (nel caso della Casaleggio & Associati, Beppe Grillo). Per farlo nel modo più efficiente, secondo le più innovative tecniche di marketing, a veicolarlo devono essere dei gruppi che si auto-organizzano e si mettano in Rete con altri gruppi simili (i fan di Grillo ai quali, come vedremo, verrà chiesto di formare i meetup Amici di Beppe Grillo). Per tenere questa rete di gruppi coesa, va dato un obiettivo comune ("cacciare via i partiti"). Una volta che la Rete è formata, è possibile fare in modo che questa sia al tempo stesso "auto-organizzata" ma "influenzabile" in base agli obiettivi dell'azienda? La risposta di Davide Casaleggio è naturalmente affermativa. Basta seguire alcune regole. E per noi, è sufficiente analizzare le sue visioni, sovrapporle ad alcuni tratti peculiari del Movimento 5 Stelle, e il "disegno generale" si svelerà da solo sotto i nostri occhi.

Innanzitutto Davide Casaleggio delinea una rete organizzata in piccoli sottogruppi nei quali le dinamiche interne fanno sì che i singoli membri siano invogliati ad "agire". È una struttura che ricorda molto da vicino quella dei meetup. Scrive in *Tu sei Rete*:

> Gli attori di una rete tendono a organizzarsi in gruppi. Questo consente di raggiungere obiettivi di sopravvivenza, come cacciare o lavorare, o di piacere, come giocare in una squadra di pallavolo. Gli appartenenti al nostro gruppo, o comunque le persone che consideriamo simili a noi, i nostri pari, sono più di altri in grado di convincerci ad agire in un certo modo. La pressione che i nostri pari esercitano su di noi, il *peer pressure*, è una particolare condizione nella quale le persone che conosciamo ci spingono ad agire. Il concetto di condizionamento è stato studiato dal sociologo Asch che sottopose ad alcuni test i suoi studenti. Asch verificò che le persone erano spesso orientate alla risposta sbagliata, se molti rispondevano, volutamente, in modo errato.

Un altro esempio riguarda i negozi: «Più amici e familiari fanno acquisti in un certo negozio, più siamo propensi a sceglierlo».

Spiega poi la teoria dei "piccoli mondi", e anche in questo caso le "dimensioni" che egli delinea ricordano da vicino i meetup Amici di Beppe Grillo. Continua infatti nel suo libro:

> Il numero di persone che può influenzarci con il *peer pressure* è limitato a coloro ai quali siamo uniti da un legame duraturo. Con l'aumentare delle nostre conoscenze, vi è un punto in cui non si riesce più a gestire i rapporti, un limite al numero di persone con cui si è in grado di relazionarci. L'antropologo Robin Dunbar è riuscito a individuare la dimensione massima di un gruppo per ciascuna specie vivente. Il numero di individui con i quali possiamo relazionarci è legato alla dimensione del nostro cervello. Analizzando i primati si vede che più grande è il cervello, maggiore è la dimensione media del gruppo in cui vivono. Sono gli umani ad avere i gruppi sociali più grandi, perché la loro corteccia cerebrale è la più estesa. Secondo l'equazione messa a punto da Dunbar, l'uomo può relazionarsi in un gruppo con al massimo 147,8 persone (circa 150).

A sostegno di questa tesi, Casaleggio figlio scrive anche che

> Dunbar analizzò il numero medio di abitanti di alcuni villaggi autosufficienti nel mondo e verificò che corrispondeva incredibilmente a 148,4. I militari sanno che il numero di uomini coinvolti in un'operazione congiunta deve essere inferiore a 200, altrimenti le gerarchie e i meccanismi di controllo per garantire l'efficienza del gruppo diventano ingestibili. In un gruppo con meno di 150 soldati, le formalità non sono necessarie e il comportamento può essere controllato su base personale.

Questi gruppi, però, sono più efficienti – rispetto alla capacità di veicolare un messaggio – se sono variegati. Se vediamo sempre lo stesso gruppo di amici alla fine le informazioni che potremo condividere saranno sempre le stesse. Se invece incontriamo uno specifico gruppo di amici solo una volta al mese, e ognuno di noi in quei trenta giorni è entrato in contatto con altri gruppi, quando ci vedremo avremo molte più informazioni da scambiarci.

Una volta individuata questa regola, bisogna spiegare anche che «le reti si strutturano in "piccoli mondi" di 150 individui, ma i nodi non sono tutti uguali: ci sono alcuni che hanno più valore degli altri. Questi però devono essere pari, devono potersi scambiare informazioni tra di loro». Qua Casaleggio figlio sta delineando la figura degli *organizer*, come vedremo a breve i responsabili dei singoli meetup. Sono loro gli *hub* più importanti di questa rete, «i nodi più collegati del sistema». Anche quelli che non hanno ancora questa caratteristica, possono diventarlo col tempo: «Un nodo con poche connessioni può diventare importante, per la sua capacità di crescita all'interno della Rete. [...] Il tasso di crescita può consentire di prevedere i nuovi astri nascenti: stelle del cinema, Nobel, leader politici». Anche qua il riferimento ad alcune caratteristiche intrinseche ai 5 Stelle è evidente: da sempre, nei vari gruppi locali, Grillo e Casaleggio hanno puntato su alcune figure di riferimento, facendole crescere nei confronti degli altri. E come? Con un meccanismo "a cascata": «I nodi centrali sono importanti per la Rete. Chi vuole essere al centro, deve mettersi in relazione con chi lo è già, perpetuando così la centralità del nodo cui si collega. Sulla base di questo concetto, è possibile prevedere chi acquisterà il potere all'interno di una Rete». Sembra una teoria astrusa ma non lo è. Basti pensare a come, sia nei meetup sia nei gruppi locali a 5 Stelle, assurge a una posizione molto in vista chiunque abbia contatti diretti con Beppe Grillo, Casaleggio o il famoso staff. Ognuno di loro è come il portatore di un "sapere" che altri non hanno e ciascuno snodo ha esattamente questa funzione: «Chi vuole essere al centro, deve mettersi in relazione con chi lo è già, perpetuando così la centralità del nodo cui si collega», appunto.

Una volta strutturata la Rete, bisogna fornirle un messaggio da veicolare: «Un messaggio contagioso si può progettare: è necessario poterlo replicare facilmente, le persone devono avere un incentivo a trasmetterlo e deve essere persistente nel tempo».

Ecco allora le battaglie di Grillo, da veicolare come un mantra. «Perché un messaggio si diffonda all'interno di tutta la Rete» sono sempre le parole di Davide Casaleggio, «è importante che non abbia scadenza o che questa sia più lontana possibile. Al raggiungimento di questa data, il messaggio cessa di diffondersi. La scadenza, tuttavia, è anche uno strumento che incentiva un'azione da parte di chi la riceve: si pensi, ad esempio, ai buoni sconto per andare a un ristorante entro una certa data». È importante anche che «il messaggio sia "sticky", appiccicoso, ovvero che possa essere ricordato e, di conseguenza diffuso, per molto tempo». Sempre rimanendo nella nostra metafora, traslando queste indicazioni sul movimento di Grillo, è chiaro che il messaggio "i partiti sono morti" e "se ne devono andare tutti" appare perfetto. Inoltre «se il messaggio ha la finalità di convincere una persona, e non solo di informarla, la sua ripetizione aumenta la probabilità di successo. I soggetti devono essere quindi incentivati a ripetere più volte il messaggio». In questo caso, basta vedere i post pubblicati in questi anni su beppegrillo.it, così come la strategia sui social network dove post e iniziative vengono ripetuti ossessivamente, per capire come la tattica della ripetizione è messa in campo ogni giorno.

Naturalmente, per convincere le persone a sposare una nuova idea, e ad agire di conseguenza, c'è bisogno di un lavoro lungo e certosino: «Per cambiare le convinzioni e i comportamenti delle persone, è necessaria una comunità. Una notizia si diffonde tra persone per le quali essa è rilevante [...]. Un esempio sono le bandiere della pace appese sui balconi, per fermare la guerra in Iraq».

Inoltre, il contesto nel quale si opera può essere generato dalle stesse persone:

> La presenza di molti individui a cui viene richiesta un'identica azione genera una responsabilità ad agire diffusa, che inibisce l'azione stessa. Si pensi alla fine delle conferenze, quando viene chiesto di porre delle domande, o alla differenza che passa tra incontrare una persona bisognosa di aiuto in una via cittadina affollata o in mezzo a un deserto. Se dal contesto capiamo che solo noi possiamo intervenire a modificare una situazione, saremo più propensi a farlo. Viceversa, se riteniamo che altri possano occuparsene, di solito non interverremo.

Se abbiamo l'impressione che "solo noi" grillini possiamo salvare l'Italia dalla corruzione dei partiti, saremo spinti maggiormente ad agire. D'altronde, «il contesto è un potente mezzo di condizionamento delle persone, delle loro azioni e dei messaggi che si scambiano».

Quindi si passa a delle vere e proprie regole che riguardano «impatto: brand e azione». Eccole di seguito:

Ricordare e definire il brand
Ogni azienda vuole che i clienti ne ricordino il nome, per farlo si può generare un forte impatto emozionale o creare un messaggio ripetitivo. La creazione di un messaggio di forte impatto è complessa, in quanto vanno associate attualità e originalità. [...] La seconda modalità consiste nel creare un messaggio ripetitivo, leggermente modificato ogni volta nella sua forma, tipicamente con uno strumento di comunicazione.

Spingere all'azione
Per ottenere un'azione da parte di chi riceve il messaggio, va fornita una forte motivazione. L'invito all'azione deve esplicitare un chiaro vantaggio ad agire e, in ottica di social network, l'azione deve portare un beneficio anche ad altri individui.

Far spingere all'azione
L'azione può essere promossa dalla creazione di meccanismo dove le persone hanno un incentivo comune. Il *peer pressure* è un fenomeno che si genera quando le persone ricevono benefici per azioni svolte insieme.

Se si adempiono con cura tutte queste disposizioni, ecco che si arriva a un punto di svolta, un *turning* (o *tipping*) *point*.

L'azione di un messaggio o di una innovazione all'interno di una Rete può essere valutata dal numero di persone che adottano l'innovazione, o che eseguono ciò che viene richiesto dal messaggio. Lo studioso di comunicazione Everett Rogers ideò un modello utilizzato spesso per spiegare l'evoluzione di un'innovazione. Una curva a campana, che divide le persone in tre categorie: gli innovatori, la massa, i ritardati. Per ciò che riguarda le reti, è interessante studiare un punto in particolare di questa curva: dove l'innovazione inizia a essere adottata dalla massa. Questo punto è nominato "Tipping Point", e rappresenta il momento in cui tutto cambia. La prima volta che fu utilizzato questo termine fu negli anni Settanta quando, analizzando la situazione di coabitazione tra bianchi e neri dei quartieri delle città statunitensi, si notò che se un gruppo superava un dato livello di presenza, avveniva un esodo. Ad esempio, i bianchi abbandonavano i quartieri quando la presenza di afroamericani superava il 15 per cento.

Anche il Movimento 5 Stelle ha avuto un punto di svolta: è stato quando, dopo i primi successi elettorali, il consenso di Grillo è diventato di massa. I giornali, i talk show, i telegiornali hanno cominciato a occuparsi di lui quotidianamente, i sondaggi sono schizzati in alto, nuovi militanti si sono fatti sotto e hanno modificato la struttura dei "gruppi storici". A questo punto, però, si è verificato un problema: il "prodotto" ha avuto un tale successo che la Rete che lo utilizza e lo diffonde può prendere strade incontrollate (vedi i dissidenti). Allora, l'unica cosa da fare è intervenire, mescolando le azioni mirate e quelle di carattere generale. «Un'organizzazione distribuita è indispensabile per coordinare un numero elevato di individui» dice ancora Casaleggio. «Se una persona dovesse ordinare a uno stadio intero di alzarsi e abbassarsi, per formare un effetto onda, gli ordini da impartire sarebbero troppi. Tuttavia gli spettatori riescono a creare un tale effetto, senza che nessuno li guidi. È sufficiente che qualche decina di tifosi dia il via, perché si formi un'onda umana che gira a una velocità di 12 metri al secondo». Non si può "ordinare" ai cittadini di fare "la ola" per Grillo: bisogna dare loro una spinta; anche perché

> questo tipo di organizzazione è indirizzabile, ma non controllabile. È necessario che gli obiettivi da perseguire siano conosciuti e condivisi tra tutti e che i rapporti tra le persone siano facilitati, per creare conoscenza e attivare azioni condivise. La Teoria delle Rete permette di identificare le strutture informali delle organizzazioni e di prevederne l'evoluzione, ma anche di progettarle in funzione di nuovi obiettivi.

E qua, davvero, arriviamo al cuore del Movimento 5 Stelle, alle sue dinamiche di eterodirezione spacciate – come spesso fa Grillo – per inevitabili scelte dovute all'emergenza. «L'auto-organizzazione si basa su princìpi di feedback positivi e negativi, che indirizzano il comportamento. Se una formica segue le tracce lasciate da altre formiche, ha una risposta positiva a un comportamento quando trova il cibo». Quindi, mantenendo il paragone "cittadini-formiche", si dipana la tattica di indirizzamento:

> Seguendo le regole a livello individuale, la colonia di formiche genera dei comportamenti che portano a un'organizzazione complessiva. Ad esempio, se si guarda un formicaio, si può notare che il cimitero si trova nel punto più lontano della colonia, così come il punto di raccolta della spazzatura è situato nel punto più lontano sia dalla colonia, sia dal cimitero. I formicai rappresentano il miglior esempio di auto-organizzazione. Le formiche seguono una serie di regole applicate al singolo, attraverso le quali si determina una struttura molto organizzata, ma non centralizzata.

Data questa realtà, una volta che il *tipping point* è stato superato, ecco che

> a un certo punto cambiano le caratteristiche proprie del gruppo, assenti nei singoli. [...] Facendo vivere nello stesso posto milioni di persone, si formano le metropoli, con caratteristiche molto diverse da paesi e villaggi. In un preciso momento si attraversa una transizione di fase, come l'acqua, a un certo punto diventa ghiaccio, o i fiori di campo che d'improvviso fioriscono. Nelle organizzazioni, l'aumento lineare del numero di componenti può produrre un aumento non lineare del valore e delle caratteristiche di quel sistema.

Quando questo succede, per poter intervenire bisogna tenere presente che

> il sistema inizia ad acquisire la sua identità e a influenzare i suoi componenti. Le singole parti, tuttavia, non rivelano da sole il disegno complessivo. È necessario che i componenti siano in numero elevato, che si incontrino casualmente e non abbiano consapevolezza delle caratteristiche del sistema nel suo complesso. Una formica non deve sapere come funziona il formicaio, altrimenti, tutte le formiche ambirebbero a ricoprire i ruoli migliori e meno faticosi, creando un problema di coordinamento.

Capito? Le formiche non devono sapere di essere tali, non devono conoscere le regole del formicaio: la natura farebbe venir fuori comportamenti non in linea con "l'interesse generale" della Rete e con l'obiettivo deciso a monte. Si sta teorizzando il mito della caverna di Platone, solo che in questo caso la soluzione non consiste nell'uscita all'aria aperta, ma nel mantenimento in uno stato di ignoranza che porta a dipendere dal centro. Se traduciamo tutto ciò in un movimento politico, c'è da rimanerne basiti: è inevitabile che in una struttura di questo tipo non sia dato spazio ad alcun tipo di dissenso.

Non a caso Davide Casaleggio conclude: «I fenomeni di auto-organizzazione e le proprietà emergenti possono essere progettati o indirizzati verso un obiettivo, fornendo loro un contesto e regole di interazione». È tale e quale a «*SimCity*, uno dei videogiochi più di successo degli anni Novanta. Tramite regole di comportamento generali, i singoli attori della città interagivano fra loro e la facevano evolvere. *SimCity* è stato il primo programma di generazione di sistemi auto-controllati». Peccato che le persone non siano avatar digitali di un videogioco geniale, non limitino – almeno nei Paesi dove non vige una dittatura – la loro vita a strade anguste che qualcuno ha stabilito debbano per forza essere imboccate. Per fortuna: Spartaco, lo schiavo che guidò la rivolta degli schiavi contro Roma, abita nel cuore di tutti noi.

Forse alcuni passaggi del manuale di tattica di Casaleggio il giovane vi sono rimasti oscuri. Ma vedremo nelle prossime pagine come si sono tradotti in realtà in ogni snodo che ha cambiato natura e obiettivi del Movimento 5 Stelle. Alla luce di quanto visto finora, però, forse si capiscono meglio tante denunce portate avanti dai militanti che Grillo negli anni ha allontanato dal Movimento. Non stupisce, per esempio, la dichiarazione che rilasciò Federica Salsi, l'ex consigliera 5 Stelle al Comune di Bologna – poi espulsa –, all'indomani della sua partecipazione a una trasmissione televisiva. La sua scelta causò una durissima reprimenda di Grillo che l'accusò di andare in tv per "stimolare il suo punto G".

Dice la Salsi:

> Un movimento non è un movimento sano se gli individui che la pensano diversamente dal capo o vengono buttati fuori o vengono ridicolizzati e devono ricevere della violenza verbale. La politica fa schifo, certo. Ma non possiamo sostituirci a essa con questi metodi, con questi modi di fare. Siamo un movimento, ma sembra che a volte ci comportiamo come una setta. Grillo vuole che in tv ci vada solo lui e non noi, che siamo persone normali, perché è sicuro di risultare più convincente facendo arrivare un suo messaggio. Ma poi nelle istituzioni, nei comuni, nelle regioni, e in futuro in Parlamento, si ritroveranno persone normali come me con un bagaglio culturale diverso dal suo. (...) Io non sono una star, non faccio la show-man o la show-girl, sono solo una persona e vorrei essere rispettata in quanto tale per le mie idee, sia da Grillo che dagli attivisti del Movimento. Non si può procedere alla lapidazione pubblica se non la pensi come Grillo. Io ho aderito a questo Movimento perché ne condividevo lo spirito e le idee. Ma non voglio che questo Movimento si trasformi in Scientology e non voglio che si trasformi in un mostro. E se queste mie parole serviranno alla maturazione di una consapevolezza che si sta imboccando una strada sbagliata moralmente e politicamente allora sarà utile a qualcosa. Il Movimento è molto giovane, fatto da persone per bene ma inesperte. Non vorrei che questo Movimento si sia trasformato in qualcosa di innocuo o, peggio ancora, di pericoloso.

Questo, Davide Casaleggio non l'aveva previsto. Eppure poteva aspettarselo: le persone hanno dei sentimenti molto più articolati di quelli delle formiche. E soprattutto, possono essere inglobate in qualsiasi tipo di esperimento sociale, ma alla fine, a differenza delle formiche, vorranno sempre sapere come funziona il formicaio.

Seconda parte

Il movimento cinque stelle è un esperimento molto interessante. È il tentativo di coinvolgere una base di fan per rilanciare un prodotto (Beppe Grillo) e i contenuti della sua satira e delle sue battaglie.

Sono convinto che se il movimento fosse rimasto questo, e non avesse tentato l'assalto al cielo della politica, sarebbe rimasto un attore interessante nel panorama sociale e culturale italiano. Invece, la scelta di scendere in politica deliberata senza coinvolgere la base, senza predisporre meccanismi e regole in grado di tutelare le minoranze, senza permettere la libertà di espressione, è stata disastrosa. Perché a un certo punto alcune formiche hanno capito "come funzionava il formicaio" e hanno cominciato a chiedere di decidere visto che erano loro a "trovare cibo" per la collettività – ovvero consenso e voti. È successa una cosa nuova: come se un programmatore folle avesse permesso ai cittadini di The Sims di potersi ribellarsi alle regole imposte dal software, chiedendo di votare tutti insieme in base ai loro desideri come passare i giorni digitali.

Quello che non era stato previsto nella costruzione messa in piedi sulle indicazioni di Davide Casaleggio, è un elemento centrale di ogni storia, di ogni mito, di ogni leggenda. Il libero arbitrio. Era normale inizialmente che fosse così: i "sorcini", i fan di Renato Zero, possono decidere qual è il disco più bello del loro idolo, ma non possono stabilire a che tematiche il loro cantante dedicherà la prossima canzone. Per Grillo è successa la stessa identica cosa. Finché il suo movimento era una base organizzata per discutere le sue battaglie e i suoi post, tutto è filato liscio. Quando invece si sono illusi i "cittadini" dicendo che erano loro, autorganizzandosi, a prendere il controllo della situazione, tutto è franato.

Aggiungo un'altra osservazione. Ritengo che la presenza di alcuni esponenti grillini nelle amministrazioni comunali d'Italia, così come in quelle regionali, sia un fattore che corrobora la democrazia, dà spazio ad un pezzo di società finora non rappresentato. E bisogna aggiungere che gli esponenti del movimento, a volte troppo concentrati su questioni iper-locali, sono stati però una vera spina nel fianco per alcune amministrazioni pubbliche, oltre che una manna per i giornalisti ai quali hanno passato notizie e con i quali, checché ne diceva il capocomico, sono riusciti a sollevare numerosi scandali. L'autorganizzazione elaborata da Davide Casaleggio, insomma, sui territori ha funzionato eccome. Il problema è rimasto la testa, il vertice. E non a caso le contraddizioni a 5Stelle sono esplose insieme all'aumento vertiginoso dei voti. Perché se localmente Grillo e Casaleggio potevano condizionare le decisioni – premiando i fedeli e allontanando quelli con pensiero critico –, raramente sono intervenuti sui programmi. Ma quando la prospettiva di un ingresso in Parlamento si è fatta concreta, e la base di fan si è vista proiettata nella gestione della cosa pubblica, tutto è precipitato a terra come un castello di sabbia. Sono partite espulsioni, reprimende, votazioni interne scevre da qualsiasi trasparenza e autorevolezza. La "proposta" di Grillo, fino ad allora snocciolata in una cascata di post in grado di dire tutto e il contrario di tutto, è risultata troppo stretta per essere indossata da tutti i militanti. I nodi, insomma, sono venuti al pettine: cosa fare sull'articolo 18, sui matrimoni gay, sulle missioni di pace, sulla cittadinanza ai figli degli immigrati? Chi ha stabilito – come detto da Grillo con grande clamore – che anche un "fascista del terzo millennio" di Casa Pound poteva iscriversi al Movimento? Chi ha deliberato, come detto da Grillo in un comizio, che non solo i partiti ma anche i sindacati sono "morti" e non servono più? Ma soprattutto, chi decide su queste questioni? Il vertice o la base? Secondo quali modalità? Dov'è la "democrazia diretta", come entra "la Rete" in Parlamento? Grillo e Casaleggio, a costo di brutte figure, hanno preferito tenere le briglie corte, e fare in modo che il Movimento, evolutosi seguendo le sue esigenze, restasse saldamente sotto il loro comando. È durato, ha funzionato. Ma le criticità erano sotto la cenere, e hanno preso fuoco presto.

Di qui in avanti, perciò, andremo a vedere gli snodi fondamentali che hanno contrassegnato la giovane vita del movimento 5Stelle. Vedremo che colui che si definiva "un megafono" ha scelto in realtà tutto in solitudine. Che la base non è mai stata interpellata. Che persino il programma è stato scritto a tavolino, così come lo statuto – poi infranto, comunque, in molti casi. E vedremo, infine, come tutto è stato costruito affinché anche i parlamentari grillini possano essere controllati direttamente dai due burattinai: a tutti è stato fatto firmare un apposito accordo, ora Casaleggio avrà milioni di euro da gestire per portare avanti la sua propaganda digitale. Non ci occuperemo della battaglie di Grillo, alcune condivisibili altre meno ma comunque tutte coraggiose. Ne ci occuperemo della sua carriera di comico e di Savonarola nei teatri, precedente alla "discesa in rete": ci sono numerosi libri che hanno fatto questi racconti e che risultano un punto di riferimento per chiunque voglia conoscere questi aspetti del Beppe Grillo pensiero.

Qui si racconta la degenerazione del movimento, ma si parla anche dell' "uomo" in senso lato, del suo lasciarsi prendere la mano e farsi piegare dalle dinamiche che ha sempre detto di voler combattere. Il colonnello Kurtz insegna. Ma qua non parliamo di fiction: si tratta di uomini e donne. E della loro volontà, incancellabile, di essere liberi. .

I mettup e il cacciatore di troll

Beppe Grillo e Gianroberto Casaleggio si conoscono a uno spettacolo del comico. Casaleggio ha appena fondato la sua società e, come racconterà più avanti al «Corriere della Sera», ha «scritto molti articoli e alcuni libri sulla Rete. Nel 2004 Beppe Grillo ne lesse uno: *Il Web è morto, viva il Web,* rintracciò il mio cellulare e mi chiamò. Lo incontrai alla fine di un suo spettacolo a Livorno e condividemmo gran parte delle idee». In realtà *Il Web è morto, viva il Web* è un volume ormai introvabile; è una raccolta di articoli che Gianroberto Casaleggio aveva scritto per il *Web Marketing Tools,* un portale specialistico rivolto agli esperti di marketing digitale. Nell'unica recensione che si trova online ai tempi viene descritto come «un libro che è difficile procurarsi (perché in libreria non si trova, e quando si chiede all'editore, bisogna aspettare due mesi per riceverlo), che non cambia la vita di nessuno, e non racconta "tutti i segreti per...", ma che si legge con piacere». Come avrà fatto Grillo a procurarselo? Non è dato saperlo. Anche perché nella sua versione dell'incontro che gli avrebbe cambiato la vita, il comico non cita l'episodio del libro. La dinamica dei fatti la racconta lui stesso nell'introduzione di un altro libro di Casaleggio, *Web ergo sum*. Scrive Grillo:

> Lo incontrai per la prima volta a Livorno una sera di aprile, durante il mio spettacolo *Black Out*. Venne in camerino e cominciò a parlarmi di Rete. Di come potesse cambiare il mondo. Non conoscendolo lo assecondai. Gli sorrisi. Cercai di non contrariarlo. Temevo di ritrovarmi una chiocciola o un puntocom in qualche posto sensibile. Era molto convinto di quello che diceva. Pensai che fosse un genio del male o una sorta di san Francesco che invece che ai lupi e agli uccellini parlasse a Internet. Mi descrisse webcasting, democrazia diretta, chatterbot, wiki, downshifting, usability, oggetti di interazione digitale, social network, legge di Reed, intranet e copyleft. Chiese se capivo. Disse che era importante. Ebbi, lo confesso, un attimo di esitazione. Strinsi gli occhi. Casaleggio ne approfittò. Mi parlò allora, per spiegarsi meglio, di Calimero il pulcino nero, Gurdjieff, Giorgio Gaber, Galileo Galilei, Anna di York, Kipling, Jacques Carelman e degli adoratori del banano. Tutto fu chiaro. Era un pazzo. Pazzo di una pazzia nuova, in cui ogni cosa cambia in meglio grazie alla Rete.

Ai tempi, Grillo era di nuovo tornato sulla scena grazie a una formidabile campagna con cui aveva dimostrato che la Parmalat era una scatola vuota gonfia di debiti e dai bilanci falsi: una battaglia meritoria che anticipa l'intervento della magistratura, la quale mostrerà l'enorme buco nero creato da Callisto Tanzi alle spalle dei piccoli azionisti.

Dopo il primo incontro, Grillo e Casaleggio si accordano per lanciare il blog. Gianroberto Casaleggio sa benissimo che il successo è (quasi) assicurato. In una intervista su Play.me del 2010 a margine di una manifestazione grillina, spiegherà: «Chiunque abbia come Beppe una grande credibilità e una grande capacità di comunicazione a priori, prima della Rete, con la Rete può esplodere. Però questi due fattori, la credibilità e la popolarità, non sono comuni, pochissime persone ce l'hanno». Alla faccia dell'uno vale uno. Lo spazio online è anche uno strumento per pubblicizzare il nuovo spettacolo del comico, intitolato non a caso *BeppeGrillo.it*. Grillo ha già annunciato i suoi piani nella postfazione al volume *Regime* di Marco Travaglio e Peter Gomez, uscito nel 2004: «Nel prossimo spettacolo – dice l'allora comico –, ho deciso di fare politica anch'io. Senza candidarmi. Senza dare nell'occhio. Di nascosto. L'ho fatto per tanti anni nei teatri. Ora voglio abbinare i teatri e la rete, cioè Internet. Per fare politica senza intermediari, senza politici: quelli non servono più, sono obsoleti, superflui, cadaveri ambulanti. Non rappresentano più nessuno, nemmeno se stessi. Lancio un movimento politico che, tanto per cominciare, punta a smuovere un milione di persone. A tirar fuori il furore che c'è il loro. Lo chiameremo "A furor di popolo". Voglio un po' vedere come potranno ignorarlo. E, soprattutto, come faranno a censurarlo». Il primo post su beppegrillo.it, il 16 gennaio del 2005, è un sasso nello stagno che non genera una grande mole di reazioni. Si intitola "Il muro del pianto", e consta appena di una foto di Grillo sul palco e poche parole: «Questo è un post "aperto" per argomento che non riguardano le città della tournèe». Una frase che rimane nel vuoto: i primi commenti arriveranno solo molti giorni dopo. Il secondo post arriva il 28 gennaio. Si intitola "È scoppiata la terza guerra mondiale" e recita: «Sono un partigiano della terza guerra mondiale, quella dell'informazione. Non siamo privati dell'informazione, oggi c'è la sommersione dell'informazione. L'unico modo per assicurare la sopravvivenza della democrazia è avere la garanzia che il governo non controlli la possibilità dei cittadini di condividere informazioni e di comunicare».

All'inizio, sul blog, prevalgono contenuti di questo tipo, brevi pensieri e flash dello spettacolo da lasciare ai commenti dei fan (solo due anni dopo, in seguito al primo V-day, verrà predisposta una forma di pre-registrazione per lasciare la propria opinione). Eppure, i lettori accorrono subito numerosi: l'altissimo numero dei commenti impone fin dall'inizio il blog come uno dei più popolari della websfera italiana. Giorno dopo giorno, le riflessioni e i post, le proposte e le iniziative si vanno strutturando, ampliando, approfondendo. Nel 2006 nel volume *Un anno di blog*, che accompagna il dvd dello spettacolo *Incantesimi* (edito dalla Casaleggio & Associati), sarà lo stesso Grillo a spiegare il suo amore per la Rete scoppiato improvvisamente (un precedente spettacolo di Grillo finiva con il comico che sfasciava un computer sul palco). Il successo di beppegrillo.it, dice, «è la conferma della volontà degli italiani, tutti con nome e cognome, di voler partecipare, di voler cambiare le cose, di trasformare una democrazia imperfetta, basata su delega, censo e lobby del potere, in una democrazia partecipata». E continua: la Rete «è lo strumento a nostra disposizione per realizzare una vera democrazia. Una nuova forma di democrazia che è stata definita "democrazia diretta" negli Stati Uniti. Nasce dalla possibilità di informarsi sempre, da diverse fonti sui temi che ci riguardano, sull'energia, sull'acqua, sulla salute, sul Governo e poter dire la propria opinione, direttamente, senza i filtri dei mandarini di partito e delle redazioni dei giornali. È il passaggio dalla delega in bianco al politico, alla partecipazione del cittadino». Mentre il blog comincia a lievitare, facendosi spazio anche nelle classifiche dei blog più letti al mondo, Grillo continua ad articolare il suo messaggio, basato sui temi che da sempre caratterizzano i suoi spettacoli – ambiente, energia, consumismo – e aggiungendoci una forte dose di contrapposizione alla politica e ai partiti. Ai tempi, non va dimenticato, Berlusconi è al governo, con tutto il discredito che già si porta dietro. L'informazione italiana è plasmata da anni di conflitti di interesse e gode di una pessima reputazione: Michele Santoro non è in onda ma è a Strasburgo, al Parlamento europeo, in attesa che una sentenza della magistratura lo reintegri al suo posto in Rai, dal quale è stato cacciato con l'editto bulgaro.

Passano solo pochi mesi e il blog di Grillo già si trasforma in qualcos'altro. Il 16 luglio 2005 compare un post: *Incontriamoci: Meetup* è il titolo. Il testo è il seguente:

> Ho pensato come fare per dare a tutti coloro che seguono il mio blog l'opportunità di incontrarsi tra loro, discutere, prendere iniziative, vedersi di persona. Di trasformare una discussione virtuale in un momento di cambiamento. Ho discusso con i miei collaboratori e ho deciso di utilizzare MeetUp. MeetUp è un sito che consente di organizzare in modo semplice incontri tra persone interessate a un argomento in ogni parte del mondo e anche in ogni città italiana. MeetUp ha 1.600.000 associati, i gruppi sono creati da chiunque lo voglia, in modo autonomo, sotto una qualunque categoria. MeetUp offre una serie di servizi come la gestione degli associati di un gruppo, le mailing list, l'organizzazione degli incontri, i forum e altro. Non è gratuito, costa 19 dollari al mese per

gruppo da pagare direttamente online a MeetUp (dei quali io non prendo una lira) e ha il problema di essere solo in lingua inglese. Se sul primo problema non posso esservi di aiuto, sul secondo ho attivato la traduzione delle parti più importanti del sito Meetup.com in italiano sotto forma di Faq. Ho creato una categoria, l'ho chiamata Beppe Grillo ed è stato attivato un primo gruppo a Milano che ha come nome: "Gli amici di Beppe Grillo". Io cercherò di incontrare i gruppi sul territorio durante il mio tour e ogni volta che partecipo a un evento. Non vi prometto nulla, ma farò il possibile. Proviamoci.

La strategia di costruire gruppi sul territorio che auto-organizzandosi possano diffondere il messaggio di Grillo è manifesto e viene messo subito in atto. Nascono così i primi quaranta meetup con il nome "Amici di Beppe Grillo" – diventeranno in seguito alcune centinaia – e gruppi anche all'estero (Zurigo, Nizza, Parigi e Città del Messico), pensati per incontrarsi, discutere, fare banchetti su singoli temi.

Il meetup, come dice lo stesso Grillo, non è un portale gratuito e in più, ha dei limiti organizzativi. È vero: chiunque arriva su BeppeGrillo.it trova la lista dei meetup città per città, e questa pubblicità genera un meccanismo efficacissimo per far sì che chiunque possa partecipare ai dibattiti digitali e agli incontri locali. Il meetup offre innanzitutto un'applicazione che serve a organizzare appuntamenti ("incontriamoci" è la traduzione italiana) e ha un problema di fondo: gli iscritti non sono tutti uguali. Chi apre per primo un meetup (per esempio, un fan di Grillo ne apre uno dopo aver verificato che nella sua città non esiste ancora) ne diventa immediatamente *organizer*: ha un ruolo fondamentale in qualsiasi discussione online. Può decidere chi accettare come membro, chi "bannare" – ovvero fare in modo che non possa più prendere parte alle discussioni –, può cancellare anche singoli interventi; l'*organizer* è l'unico che può scrivere a tutti gli altri mandando degli aggiornamenti via mail. Aiutato da figure chiamate *assistant*, che lui stesso nomina, diventa il responsabile di quel gruppo: dalla sua buona fede, dalle sue capacità nel saper dirimere i conflitti che facilmente emergono dalle discussioni online, dipende la riuscita di quel gruppo locale; gli *organizer* diventeranno con il tempo la colonna vertebrale del Movimento 5 Stelle; Roberto Fico, per esempio, esponente in grande ascesa del Movimento nonostante una sfilza di candidature finite nel nulla, ha cominciato come *organizer* del meetup di Napoli. L'*organizer*, infine, l'*hub* della rete di grillini, non ha obblighi rispetto alla sua auto-nomina: può decidere di mettere al voto il suo ruolo e quello degli assistenti, ma può anche non farlo. Ognuno agisce come preferisce; se non si vota, chi prima arriva meglio alloggia.

I meetup vengono identificati per numero progressivo: il numero uno è quello di Milano, lanciato contestualmente al primo post di Grillo sull'argomento. Sui territori, ogni gruppo si organizza in modo autonomo e, almeno inizialmente, la caratura "ecologica" del proto-grillismo è molto spiccata. I gruppi locali, perciò, lavorano con gli ambientalisti della zona, spesso stringono rapporti con gruppi che si battono contro centrali a carbone, grandi opere, inceneritori; e con attivisti organizzati in modo informale, come quelli della "critical mass", che realizzano passeggiate in bicicletta con lo scopo di bloccare settimanalmente il traffico: una battaglia sociale a favore di mezzi di trasporto più sostenibili. Di fatto, però, quella dei meetup non è un'attività politica in senso stretto. Ogni gruppo, nei banchetti così come nelle singole iniziative, si impegna per pubblicizzare misure e notizie che possano portare a un cambiamento dello stile di vita e su particolari vertenze locali, informare su sprechi o su progetti specifici delle amministrazioni locali. Non c'è ancora una *vision* politica. Vengono anche organizzati degli incontri nazionali di tutti i meetup di Beppe Grillo. Il 17 dicembre 2005 a Torino, e nei mesi seguenti a Piacenza (dove viene affittato da Beppe Grillo un intero Palasport) e Sorrento. Alcuni chiamano questi incontri "la sfilata", perché si riducono appunto a una sorta di sfilata durante la quale i gruppi locali si alternano sul palco raccontando il loro lavoro sul territorio: non si discute mai di nulla né tanto meno dell'organizzazione interna dei 5 Stelle.

Eppure le discussioni impazzano online. Secondo la teoria dei "piccoli mondi", grosso modo ogni meetup conta da alcune decine ad alcune centinaia di iscritti: il numero perfetto per stare nella regola massima dei 150 – quella di cui parlava Davide Casaleggio. Online si dibatte tra persone che si conoscono, che si sono viste ai banchetti, che sanno chi sono, e spesso le discussioni – *organizer* permettendo – hanno un tono lineare e operativo. Il sistema dei meetup inoltre ha un'ulteriore peculiarità. A tutti gli utenti – paganti – è permesso non solo di vedere le attività del proprio gruppo, ma anche di accedere a una sezione particolare nella quale compaiono tutte le discussioni italiane. Non è proprio un meetup nazionale, ma inizialmente è la cosa – per quanto anarchica e automatica – che gli si avvicina di più.

Ben presto, in questa sezione si fa conoscere un giovane militante di Parma che pone delle questioni piuttosto spinose. Michele Morini ha un profilo abbastanza *nerd*: pignolo e molto attento, conosce benissimo il polso della Rete ed è molto interessato ad approfondire, anche teoricamente, i dibattiti sulla democrazia diretta. Michele è esattamente una delle primissime "formiche" che vogliono conoscere il funzionamento del formicaio e, se ritengono che qualcosa non quadra, vogliono farsi sentire.

Così la sua storia viene raccontata dalla «Gazzetta di Parma» nel maggio 2012, subito dopo l'elezione di Federico Pizzarotti a sindaco della città:

> Luglio 2005: nasce il primo gruppo dei grillini a Parma. Il suo fondatore è Michele Morini, 35 anni, che allora ne aveva 28. Persone normali, senza un passato in politica. "Questa è una giornata storica, è il primo Comune di un territorio complesso che verrà amministrato dal Movimento 5 Stelle" dice, mentre festeggia sotto i portici del Grano. Dopo avere fondato il meetup "Amici di Beppe Grillo", che oggi sotto il nome "Parma in movimento" riunisce oltre 400 iscritti, ed averlo guidato nelle sue prime battaglie, Morini si è allontanato dal movimento».

Nel 2005 Michele aveva fondato il meetup di Parma, il numero 69. Ma non è questo il suo interesse più pressante: presto passerà la mano a un altro militante del posto. Quello che gli sta a cuore è la questione nazionale. Il suo racconto è davvero "l'altra storia" del Movimento 5 Stelle. Egli spiega:

> Alla democrazia diretta che proponevano Grillo e Casaleggio non ci ho mai creduto. Quella che proponevano loro era una versione distorta rispetto a quello che intendevamo molti di noi. È un tema che ho studiato

seriamente: sul web eravamo in tanti a discuterne cercando il bandolo della matassa. Avevamo capito presto, infatti, che di "democrazia diretta" si può parlare sia in senso passivo che in senso attivo: è attiva quando si può discutere di qualsiasi cosa tra persone che si conoscono e possono valutare quanto affermano gli altri. È passiva quando invece tu puoi dire la tua solo su proposte fatte da terzi. Per fare un esempio è come se fosse una sorta di sondaggio: un conto è poter rispondere ad alcune domande, un altro poter redigere quelle domande in modo condiviso e poi metterle ai voti.

Grillo e Casaleggio, aggiunge, non hanno mai fatto nulla di tutto ciò:

«Ci siamo trovati sempre, anche in seguito, scelte già confezionate. Dai temi del V-Day a quelli del referendum, dalla corsa alle elezioni nazionali a disposizioni cogenti – come quelle di non andare ai talk-show – si è trattato sempre di scelte imposte dall'alto. Anche sul tema dei rimborsi pubblici ai partiti, dei quali Grillo ha sempre chiesto la cancellazione, c'è stata al nostro interno una discussione intensa. Io penso per esempio, e con me molti altri, che quella di non accettare i rimborsi sia una condizione utile a tenere sotto scacco il movimento. In politica la comunicazione è il capitolo di spesa più salato. A noi l'ha sempre fornita Grillo. Ma così invece di un finanziamento pubblico abbiamo un finanziamento privato. E secondo me, a un finanziamento privato corrisponde un movimento privato».

Michele comincia a proporre la sua visione della democrazia diretta nella sezione nazionale dei meetup. Ben presto succede qualcosa di incredibile. «Quando ho provato a porre la questione della democrazia diretta, in un attimo si sono materializzati degli utenti fino ad allora sconosciuti che hanno cominciato ad attaccarmi frontalmente». Questi attacchi vengono in parte dai "talebani di Grillo", ma, visto anche quanto abbiamo visto nelle scorse pagine, sono talmente seriali da apparire tutto fuorché frutto di opinioni "sincere".

> Sui meetup ci conoscevano tutti: a ogni avatar corrispondeva una faccia, un nome. Questi non li conosceva nessuno ed erano in realtà tre-quattro account che esprimevano concetti molti simili e che, volendo, potevano anche essere tutti gestiti da un persona sola. Erano in grado di contestare punto su punto tutte le istanze più pericolose per il sistema-Casaleggio. La loro tattica era quella di mostrarsi più "forti" di te.

Morini, un po' come Rick Deckard, il protagonista del romanzo di Philip Dick da cui è stato tratto *Blade Runner,* riesce a distinguere un umano da un androide, impara a fare i conti con troll riconoscendoli a prima vista.

> Avevano uno stile di scrittura molto asciutto, pulito e professionistico. Erano senza dubbio esperti di retorica e di dialettica. Come degli esperti di arti marziali, dei ninja, conoscevano perfettamente le tecniche dell'*argumentum ad hominem* ovvero "contro l'uomo" una strategia della retorica che consiste nello screditare un'affermazione o un'argomentazione attaccando la persona che la sostiene invece di confutare i suoi argomenti. Sapevano benissimo come metterti in difficoltà.

Naturalmente, ancora di più su Internet, queste tecniche risultano terribilmente efficaci: «Nelle nostre discussioni c'erano anche tanti "utili idioti", gente in buona fede che non si rendeva conto di aiutare questi personaggi. Anche perché la finezza degli attacchi era tale che i "ninja" capivano immediatamente chi in una discussione poteva essere il tuo "nemico" ed erano in grado di fornirgli tutti gli spunti e le argomentazioni più basse da buttarti addosso». Da questa esperienza Michele, il cacciatore di troll, col tempo ha appreso addirittura delle contro-tecniche per difendersi: «Ho imparato a fare gli screen-shot di commenti che poi successivamente potevano essere cancellati – ne ha una collezione infatti – e ora so bene che bisogna mantenere sempre un'assoluta freddezza e altrettanta pazienza che non ti faccia cadere nelle trappole». Per capire tutto ciò ci sono voluti degli anni. Al tempo, era facile soccombere: «Era chiaro che quella fosse gente prezzolata o comunque non molto trasparente. Prima che riuscissi a gestire le mie reazioni, sono riusciti a farmi andare in bambola, a far rispondere rabbiosamente anche me. Così, in quel forum, ho finito per perdere l'autorevolezza che tutti mi riconoscevano». Michele, di lì a poco, si troverà addirittura espulso dal meta-forum dei meetup italiani. «È stata un'operazione da veri e propri hacker. Meetup è una piattaforma proprietaria con sede negli Usa. Per la quale io, come tutti, pagavo per avere un account. Eppure a un certo punto non è stato più possibile pubblicare nulla su quella "bacheca nazionale": ero ancora iscritto alla piattaforma ma erano riusciti a farmi fuori – anche se quello non era un vero e proprio meetup e non aveva moderatore. Allora ho capito che si trattava di qualcosa di grosso».

Facendo tesoro di questa esperienza l'attivista parmigiano avvia un altro progetto. Siamo alla fine del 2006 ed è sempre quella dei meetup l'arma con la quale continua la sua battaglia. La nuova avventura si chiama Meetup numero 280, che viene aperto il 15 novembre, e già dal titolo è tutto un programma: Rete di liste civiche in democrazia diretta. «Ci poteva entrare chiunque da tutta Italia: bastava avere una foto vera e un nome vero, così i troll non potevano entrare. Si votava tutto: i moderatori, gli assistenti, gli organizer». L'obiettivo è quello di «realizzare la vera democrazia diretta, poter organizzare incontri nazionali autogestiti, applicare anche su Internet regole davvero democratiche. Nel meetup 280 i troll non riuscivano a entrare e finalmente riuscimmo a discutere. Il risultato? Il meetup 280 è stato la più grande produzione culturale e politica che il Movimento abbia mai prodotto. Lì è nata l'idea delle liste civiche, di uno statuto comune che tutelasse la democrazia diretta e contrastasse ogni deriva verticistica, di un meccanismo per "certificare" le liste che volevano federarsi in Rete». In questo caso, come direbbe Casaleggio, Rete Canta, è tutto nero su bianco nell'archivio dei meetup. Le discussioni online nate nel meetup 280, nel settembre 2007 sono pronte per essere portate come base di proposta in un'assemblea nazionale e pubblicizzate tra tutti i siti e i forum interessati. Solo che, anche in questo caso, succede qualcosa, qualcosa di enorme per il Movimento. L'8 settembre si svolge il primo V-Day, quello di Bologna, che ottiene un grandissimo successo in termini di partecipazione. Passano solo alcuni giorni e Beppe Grillo dal suo blog lancia... le "sue" liste civiche che potranno richiedere, come vedremo a breve, «la certificazione di trasparenza beppegrillo.it».

Quale la differenza tra una proposta (quella elaborata in Rete) e l'altra (quella lanciata da Grillo)? Ancora una volta a risponderci è Michele.

«Il nostro era un meccanismo meno accentratorio, più federale. Ogni lista civica anche preesistente poteva aderire a questa rete nazionale se avesse avuto nel suo statuto delle disposizioni che garantissero una gestione orizzontale. Con Grillo si doveva aderire al suo simbolo e anche i requisiti stabiliti da lui, per quanto condivisibili, non vertevano sulla partecipazione ma sulla fedina penale: poteva richiedere il suo bollino chi era incensurato e non era iscritto ad altri partiti. Si è attribuito il nostro lavoro snaturandolo a suo vantaggio. Eravamo pronti. Se non fosse intervenuto Grillo, le liste civiche le avremmo fatte noi: stavano decollando alla grande, avremmo catalizzato le energie dei meetup e avremmo fatto molto strada».

Purtroppo non è andata così. Perché, come direbbe Davide Casaleggio, con il V-Day la Rete dei supporter di Grillo ha avuto un "cambio di fase". E adesso le "formiche" vanno indirizzate su nuove strade.

Liste civiche, serrate le fila

Nel settembre del 2007 il blog di Grillo ha poco più di due anni. Ma è già tantissima la "carne" messa sul fuoco, i temi proposti alla sua Rete, le battaglie in campo. Il pallino di lanciare vere e proprie campagne di opinione e di mobilitazione contraddistinguerà l'attività di Grillo e Casaleggio fin da subito e si rivelerà uno strumento formidabile per galvanizzare e "spingere all'azione" la base autoorganizzata dei fan.

Le battaglie celebri di Grillo – a cui è stato dedicato anche un volume – andranno dalla Parmalat ai Tango Bond (i titoli argentini rifilati da alcune banche a investitori inconsapevoli dei rischi che avrebbero corso); da una campagna per acquistare un microscopio elettronico che possa aiutare la ricerca sugli inceneritori (iniziativa che finì tra mille polemiche), a quella contro gli inceneritori stessi, spesso definiti da Grillo «tumorifici». Per non dimenticare la campagna contro l'ex governatore della Banca d'Italia Antonio Fazio («Fazio vattene»), implicato nello scandalo Antonveneta o quella contro la Tav, grande opera di cui Grillo è da sempre un forte oppositore (il suo Movimento è molto presente in Val di Susa e alcuni militanti No

Tav sono diventati esponenti di spicco a 5 Stelle). Ma da beppegrillo.it è partita anche una campagna per il ritiro delle truppe dall'Iraq e l'iniziativa Riprendiamoci Telecom (azienda che Gianroberto Casaleggio conosce bene): Grillo lancia una opa "alla genovese" offrendosi di rappresentare i piccoli azionisti in un'assemblea dei soci per chiedere il licenziamento del cda dell'azienda. E poi la campagna a favore del WiMax, una tecnologia per la diffusione di collegamenti Internet senza cavi da grandi distanze, la campagna Fiato sul collo per rendere pubbliche in streaming le sedute dei consigli comunali, ma anche Forza Clementina a difesa del magistrato milanese Clementina Forleo querelata dall'allora ministro della giustizia Clemente Mastella.

Eppure la battaglia più nota di Grillo, quella che gli ha dato più popolarità e consensi, è stata fin da subito quella per il Parlamento pulito. Il blog se ne occupa per la prima volta il 7 giugno 2005, pochi mesi dopo lo sbarco in Rete. In un post intitolato proprio *Parlamento pulito*, Grillo scrive:

> Chi è stato condannato in via definitiva non deve più sedere in Parlamento. Un parlamentare non può rappresentare i cittadini se è stato condannato dalla giustizia italiana in via definitiva. E se la legge lo consente, va cambiata la legge. È possibile essere ancora rappresentati da questa gente che è stata condannata (tralascio i prescritti e quelli sotto giudizio, non mi basterebbe il blog...)? [segue la lista dei condannati, ben ventiquattro parlamentari, *ndr*]. Questa lista dovrebbe apparire tutti i giorni su tutti i mezzi di informazione. È profondamente immorale che sia loro consentito di rappresentarci. Chiedo per questo il vostro aiuto, per inviare una mail al presidente della comunità europea, José Manuel Barroso

per far cessare questo scandalo. La mail da inviare è riportata sul blog. Cominciamo a farci sentire, diffondete questa iniziativa con "Invia a un amico!"

La campagna – che ha in realtà ottime ragioni – è perfetta per diventare virale. Quell'invito Invia a un amico verrà accolto da così tanti che Parlamento pulito diventerà un vero e proprio tormentone. Il blog riesce anche a organizzare una raccolta di fondi per pubblicare la lista dei condannati su un quotidiano cartaceo. L'annuncio della pubblicazione sull'«International Herald Tribune» non manca però di contraddizioni. Dal post di Grillo:

> L'«International Herald Tribune» ha accettato di pubblicare la pagina senza i nomi dei 23 parlamentari italiani condannati in via definitiva, ma con il link alla pagina del blog che li contiene con la descrizione dei loro reati. La verità ormai non passa più attraverso i media convenzionali, ma attraverso la Rete e questo nostro blog ne è un esempio. Oggi questa pagina sarà letta in tutto il mondo grazie a voi».

La «verità» non «passa più attraverso i media convenzionali, ma attraverso la Rete», eppure grazie a un giornale cartaceo «sarà letta in tutto il mondo grazie a voi». Grillo aggiunge che «nessuna testata internazionale da me contattata ha voluto pubblicare l'elenco dei nomi e in qualche caso non ne hanno neppure voluto parlare», ma anche l'«Herald Tribune» ha diffuso soltanto un annuncio e un link alla pagina del blog con la famosa "lista".

Comunque, Parlamento pulito continua a raccogliere consensi e a tenere informati gli internauti sui condannati presenti in Parlamento. Passa poco perché si trasformi anche in un appuntamento "fisico". Nel 2006, infatti, il governo è guidato da un traballante Romano Prodi e il 14 giugno, sempre tramite blog, arriva l'annuncio di Grillo. Signori e signore, ecco a voi il "Vaffanculo Day" programmato per l'8 settembre – data del tutto evocativa per la storia patria.

> C'è un'atmosfera da 8 settembre. La politica sente l'odore del tornado che sta arrivando. Si sta preparando. L'Italia ha avuto la sua occasione per cambiare nel 1992. L'ha fallita. Hanno vinto le lobby, le cosche, le mafie. La seconda Repubblica è morta in culla. Dopo le stragi mafiose in tutta Italia e la morte di Falcone e Borsellino è finito tutto. Il 61 a 0 dei seggi di Forza Italia in Sicilia è ineguagliabile, neppure Ceaucescu in Romania c'era riuscito. Pax mafiosa, pax da inciucio, pax piduista, pax confindustriale, pax sindacale. Craxi latitante e il suo protetto presidente del Consiglio. La sinistra che lo applaude durante il suo congresso. La svendita dei beni dello Stato, dalla telefonia, alle autostrade, all'acqua. L'annullamento dei diritti dei lavoratori. Pregiudicati al vertice delle grandi aziende. Pregiudicati in Parlamento. Il tornado gira, gira. Il suo odore è quello del legno marcio, della corda, di grandine e di pioggia densa. L'Italia è una pentola a pressione, se salta questa volta si porta dietro tutti. Forse anche lo Stato nazionale. E i nostri dipendenti? Giocano a nascondino. Cercano sempre di non farsi beccare. Una legge via l'altra, come le ciliege, per non farsi condannare, per non farsi intercettare, per non farsi pubblicare le intercettazioni, per farsi prescrivere, per indultarsi. Più che politica sembra guardie e ladri. Un venticello, diciamo una premonizione, mi dice che altre intercettazioni sono alla porta. L'estate sarà molto calda. Poi verrà settembre e il Vaffanculo Day, o V-Day. Una via di mezzo tra il D-Day dello sbarco in Normandia e V come Vendetta. Si terrà sabato 8 settem-

bre nelle piazze d'Italia, per ricordare che dal 1943 non è cambiato niente. Ieri il re in fuga e la Nazione allo sbando, oggi politici blindati nei palazzi immersi in problemi "culturali". Il V-Day sarà un giorno di informazione e di partecipazione popolare. Per esserci rimanete sintonizzati sul blog.

Se dall'8 settembre 1943 in Italia «non è cambiato niente», l'idea di Grillo è quella di lanciare una giornata per urlare la sua rabbia contro la politica e per raccogliere firme per una legge di iniziativa popolare che preveda, nell'Italia del Porcellum e dei parlamentari scelti da pochi leader di partito, l'incandidabilità dei condannati, il limite massimo dei due mandati per onorevoli e senatori e l'inserimento delle preferenze nella legge elettorale. In realtà la proposta non convince tutti, per quanto si faccia portatrice di temi generali molto forti e largamente condivisi (l'onestà in politica, il ricambio della classe dirigente, il contrasto a una legge elettorale definita "una porcata" dal suo stesso estensore). Oltre i facili demagogismi, alcuni dubitano che la soluzione grillesca possa risolvere le cose. Meglio di tutti si fa interprete di questi dubbi il comico Daniele Luttazzi che su «MicroMega» scrive:

In soldoni, la proposta di legge per cui Grillo ha raccolto 300 mila firme mi sembra che faccia acqua da tutte le parti. Primo, perché un parlamentare con più di due legislature è una persona la cui esperienza può fare del bene al Paese. Pensiamo a gente del calibro di Berlinguer o di Pertini (talenti che non ci sono più, ma questo è un problema che non risolvi con una legge, ci vorrebbe il voodoo). Grillo li manderebbe a casa dopo due legislature, in automatico. Perché «i politici sono nostri dipendenti». Le accuse di populismo che gli vengono rivolte sono qui fondatissime, specie quando lui le rigetta usando non argomenti che entrino nel merito, ma lo sfottò, che è sempre reazionario. («Gli intellettuali con il cuore a sinistra e il portafoglio a destra hanno evocato il qualunquismo, il populismo, la demagogia, uno con la barba ha anche citato, lui può farlo, Aristofane, per spiegare il V-Day». Non è «uno con la barba»: è il sindaco di Venezia Massimo Cacciari, filosofo, che ha espresso civilmente il suo parere contrario, argomentando.) Due, perché chi è condannato in primo e secondo grado non lo è ancora in modo definitivo. In Italia i gradi di giudizio sono tre. Il problema da risolvere è la lentezza della giustizia. I magistrati devono avere più mezzi, tutto qui. ("Tutto qui" è ovviamente l'understatement del secolo). C, perché poter esprimere la preferenza per il candidato ha dei pro e dei contro che si bilanciano (come il modo attuale). È un metodo che in passato, ad esempio, non ha impedito ai partiti di far eleggere chi volevano (collegi preferenziali eccetera). Né ha impedito alla gente di scegliere, col voto di preferenza, degli autentici filibustieri. L'illusione alimentata da Grillo è che una legge possa risolvere la pochezza umana. Questa è demagogia.

Non c'è dubbio, comunque, che l'8 settembre 2007, nel cuore dell'Emilia rossa, in piazza Maggiore a Bologna, Grillo centra il suo più grande successo. Vengono raccolte 350 mila firme, sette volte il numero necessario (alla fine, facendo così un grande regalo a Grillo e venendo meno al suo mandato, per ben due legislature il Parlamento non metterà neanche in discussione la proposta di legge del Vaffanculo Day che, quindi, decadrà). Per la prima volta, inoltre, in questa occasione si palesano davanti alla stampa – ma ancora di più davanti ai cittadini italiani – i "grillini", militanti sparsi in tutta Italia che organizzano centinaia di banchetti: nessuno avrebbe immaginato che la Rete del comico fosse già così strutturata e radicata capillarmente sul territorio. Quello di Grillo non è un movimento politico. È una creatura strana, a metà strada tra un fan club e una rete di attivismo spontaneo, ancora non si parla di elezioni: è un movimento di opinione, culturale. Pochi immaginano che si possa trasformare in una lista pronta a conquistare le istituzioni. Questa rimarrà a lungo un'ambiguità fondamentale del Movimento, e anche in seguito Grillo cercherà sempre di imporre in ogni modo una sua supposta differenza («noi non siamo politici, siamo dei cittadini») più letterale che sostanziale. A mio avviso, è proprio per questa ambiguità che numerossissimi tastimonial prestano il loro nome e la loro faccia alle iniziative grilline: c'è da chiedersi se lo avrebbero fatto ugualmente, se avessero saputo che l'attivismo dei meetup si sarebbe trasformato in un partito politico verticistico ed eterodiretto.

Al Vaffanculo Day di piazza Maggiore, tra gli altri, intervengono giornalisti come Milena Gabanelli e Massimo Fini, cantanti pop molto noti come Fiorella Mannoia, Luciano Ligabue, Biagio Antonacci; uomini di spettacolo come Alessandro Bergonzoni e Andrea Pellizzari. E altri nomi di peso saranno presenti al secondo V-Day, (come vedremo). Grillo e Casaleggio sono sempre stati attentissimi nel coinvolgere personalità di spicco in grado di "fare opinione" e dare robustezza alla loro proposta politica. Ciò è avvenuto anche tramite "l'ammiraglia" di famiglia, il blog super-cliccato che garantisce non poca visibilità. Negli anni su beppegrillo.it, spesso utilizzando il mezzo dell'intervista, si è trovato spazio per testimonial di ogni tipo. Sono passati, tra gli altri, i giornalisti Gian

Antonio Stella, Sergio Rizzo, Gianni Dragoni, Riccardo Iacona, Pino Aprile, Gianluigi Nuzzi, Oliviero Beha, Massimo Fini, Ferruccio Sansa, Gianni Barbacetto; uomini di cultura e artisti come Erri De Luca, Enrico Ghezzi, Ascanio Celestini, Alessandro Bergonzoni, Moni Ovadia, Dario Fo e la cantante Mina; magistrati ed ex magistrati come Antonio Ingroia e Gherardo Colombo; intellettuali come Marco Revelli e Tito Boeri, il meteorologo Luca Mercalli, don Andrea Gallo; ma anche, per dire, la figlia primogenita di Aldo Moro, Maria Fida, politici ed ex politici: dall'ex segretario dei verdi Alfonso Pecoraro Scanio, a Fausto Bertinotti, a Marco Cappato, all'ex senatore della Margherita Willer Bordon fino – quando faceva comodo per la legge elettorale – al senatore Carlo Vizzini, già segretario del Psdi e numerose volte ministro del Pentapartito nella prima Repubblica, (poi in Parlamento con Forza Italia e Pdl e nel 2009 dimessosi dalla Commissione parlamentare antimafia per un'inchiesta su alcuni rapporti con le organizzazioni mafiose vicine a Massimo Ciancimino). Deve esserci una certa simpatia tra Grillo e Vizzini, nel 2009 il blogger scriveva in un post: «Vizzini, capo della Commissione del Senato che deve discutere la proposta di legge Parlamento pulito, ha ricevuto un pacco con una testa di vitello con dentro una pallottola. Pochi ne hanno parlato, strano. Era una notizia da prima pagina. A Vizzini do la mia sincera solidarietà». Solidarietà sacrosanta, ma piuttosto atipica visto il solito atteggiamento di Grillo nei confronti dei "vecchi politici".

Quell'8 settembre, al V-Day di Bologna, una vera e propria ovazione accoglie anche Marco Travaglio. Il giornalista è da sempre attento a cosa si muove nella galassia grillina e racconta la sua conoscenza con

Grillo nella prefazione al volume *Ve lo do io Beppe Grillo* di Andrea Scanzi. In seguito alla campagna su Parmalat del 2004

> Beppe ha cominciato a tempestarmi di telefonate per avere informazioni sempre più precise sugli scandali della classe dirigente italiana, prima per parlarne nei suoi show sempre meno da "comico" nel senso classico del termine e sempre più da "difensore civico", poi per riversarle sul suo blog. Ricordo quando nel 2005 tutto eccitato mi chiese la lista completa dei pregiudicati in Parlamento con a fianco i vari reati (un tema al quale, allora, ci dedicavamo soltanto Peter Gomez e io nei nostri libri, in esclusiva assoluta) per pubblicarla in una pagina che aveva acquistato sull'«Herald Tribune» per 58 mila euro, visto che nessun quotidiano aveva accettato di vendergliela.

Questa collaborazione continuerà e si rafforzerà negli anni, tanto che dal maggio 2008 fino al settembre 2011 Travaglio terrà sul blog di Grillo una videorubrica settimanale chiamata *Passaparola*, nella quale denuncerà inchieste e scandali in corso. Il giornalista, già molto conosciuto grazie ai suoi articoli e alle sue apparizioni in tv, diventerà sul web, dove fino ad allora era pressoché assente, uno dei principali *influencer* della websfera italiana (lo conferma anche Gianroberto Casaleggio in *Siamo in guerra*: «[In rete] Un giornalista popolare e credibile come Marco Travaglio ha un valore economico superiore alla maggior parte dei quotidiani»). Con i video della rubrica di Travaglio, la Casaleggio & Associati realizzerà anche sette dvd e per due stagioni venderà i diritti dei *Passaparola* (non in esclusiva) alla televisione satellitare Current Tv per oltre 100 mila euro l'anno. Nell'ottobre 2011

Travaglio interromperà *Passaparola* spiegando che il ruolo di vicedirettore al «Fatto Quotidiano» non gli lascia sufficiente tempo e che non è opportuno continuare visto il carattere più spiccatamente politico che sta assumendo il movimento.

Al V-Day di Bologna, con una delle solite interviste al blog, aderisce anche Antonio Di Pietro, ministro delle Infrastrutture nel secondo governo Prodi. Da sempre vicinissimo a Grillo, l'"ex magistrato è stato spesso difeso dal comico* (che lo chiamava *Kriptonite* e nel settembre 2012, dopo una nota puntata di *Report,* con la popolarità dell'ex pm ai minimi storici, arriverà a candidarlo al Quirinale) e risulta molto vicino anche a Gianroberto Casaleggio, con il quale ha collaborato a lungo. L'Italia dei Valori, infatti, nel 2006 affida i suoi servizi di comunicazione online alla Casaleggio & Associati. L'avvocato Domenico Morace, segretario dell'Italia dei Valori a Bologna tra il 2009 e il 2010, in una video-intervista rilasciata nel dicembre del 2012 al giornalista di «Affari Italiani» Antonio Amorosi, svela quanto fossero "salati" i servizi offerti da Gianroberto Casaleggio. Dice l'avvocato:

> Se dobbiamo guardare i dati che emergono dai bilanci dell'Italia dei Valori, che pur non sono molto chiari nel merito, il capitolo Casaleggio ha delle cifre importanti. Cominciamo dal 2006. Il bilancio parla di una somma aggregata ad altre voci di un milione e 305 mila euro. Nel 2007 però nel bilancio dell'Italia dei Valori abbiamo una cifra più precisa: per la gestione dei siti Internet vengono erogati alla Casaleggio & Associati 469 mila euro, somma che lievita nel 2008 fino a 539 mila euro mentre nel 2009 e nel 2010 la voce scompare dentro altre voci e non siamo riusciti a disaggregare. Il dato nel 2011 torna a 426

mila euro anche se, allora, la nostra collaborazione con l'azienda era stata interrotta: per quanto mi risulti Casaleggio non era più in affari per Di Pietro. È una cifra alta perché il sito Internet dell'Italia dei Valori era gestito prima da un piccolo imprenditore della lodigiana che ci aveva messo 1500 euro di tasca sua e poi negli anni successivi era costato qualche migliaio di euro. La lievitazione arriva nel 2006 con Casaleggio.

«Che senso ha un investimento così importante?» chiede il giornalista. L'avvocato risponde: «La Casaleggio si occupa di trasformare i siti Internet delle aziende per ottimizzare il rapporto tra datori di lavoro e dipendenti. In modo che si possano motivare, si possano controllare. Secondo me Casaleggio fa anche marketing politico».

Il lavoro della società milanese dà i suoi frutti: Antonio Di Pietro si trova tra le mani un blog personale seguitissimo, diventando di fatto il primo segretario di partito "social" in Italia. La sinergia tra i due blog, quello di Grillo e quello di Di Pietro, è serratissima. Non solo i due portali girano sulla stessa piattaforma informatica (quella sviluppata in proprio dalla Casaleggio) e non solo spesso si rimandano l'un l'altro i medesimi post e le medesime iniziative (anche il blog di Di Pietro manda in onda i Passaparola di Travaglio), ma anche i video-blogger assunti dalla Casaleggio & Associati (i due più in vista, diventati con il tempo degli importanti *influencer* nella websfera italiana, sono Claudio Messora, alias Byoblu, e Davide Martinelli) svolgono le loro mansioni indistintamente per il blog di Grillo e per quello di Di Pietro. Nel 2009 è il blogger indipendente Franz Baraggino – in seguito uno dei più seguiti videoreporter di ilFattoQuotidiano.it – a interpellare lo stesso Grillo sulla questione. Lo fa in marzo a Firenze, a margine di una iniziativa pubblica. «L'altro giorno» dice Baraggino a Grillo, «in metropolitana a Milano ho incontrato Daniele Martinelli che, candidamente, mi ha detto: "Io faccio i video, faccio un primo montaggio, poi li consegno alla Casaleggio e la Casaleggio decide di volta in volta di usarli per il blog di Grillo o il blog di Di Pietro". Tu come vivi questa eminenza grigia di Casaleggio che sta un po' di qua e un po' di là?» Grillo, visibilmente imbarazzato come raramente capita, risponde: «L'organizzazione manageriale del sito è della Casaleggio, che sviluppa sia il mio sito che quello di Di Pietro, Di Pietro non sapeva neppure cosa fosse un blog. Ma è solo un'organizzazione tecnica». Sarà anche così. Ma risulta molto costoso come servizio "tecnico".

Riprendiamo però il filo del nostro racconto. Passano solo alcuni giorni dal V-Day di Bologna e sul blog di Grillo compare un nuovo post. Ricalca la discussione avvenuta nel meetup 280 e sancisce definitivamente la trasformazione della Rete di Grillo in un movimento politico pronto a correre per le elezioni amministrative. È il 16 dicembre 2007. Questo è quanto scrive sul blog:

> E adesso? Dopo il V-Day? La parola è ai cittadini. Ogni meetup, ogni gruppo può, se vuole, trasformarsi in lista civica per le amministrazioni comunali. I cittadini devono entrare in politica direttamente. Per la loro tutela e per quella dei loro figli. I Comuni decidono della vita quotidiana di ognuno di noi. Possono avvelenarci con un inceneritore o avviare la raccolta differenziata. Fare parchi per i bambini o porti per gli speculatori. Costruire parcheggi o asili. Privatizzare l'acqua o mantenerla sotto il loro controllo. Dai Comuni si deve ripartire a

fare politica con le liste civiche. Le liste che aderiranno ai requisiti che pubblicherò sul blog tra qualche giorno avranno la certificazione di trasparenza "beppegrillo. it". Tra i requisiti ci saranno, ad esempio, il non essere iscritti a partiti ed essere incensurati. Le liste potranno comunque chiamarsi come gli pare ed essere autonome nella loro azione. Ci potranno anche essere più liste in una stessa città. Le liste certificate saranno pubblicizzate dal blog e messe in condizione di scambiarsi informazioni ed esperienze attraverso una piattaforma comune on-line che sarà messa a disposizione, sempre attraverso il blog. Io non parteciperò a nessuna manifestazione nei prossimi mesi. Non sto promuovendo la presentazione di nessuna lista civica, né locale, né nazionale. La loro voce i partecipanti del V-Day non la prestano a nessuno. Sono i megafoni di se stessi. I cittadini che si fanno politica. Per le liste civiche rimanete sintonizzati sul blog. *Stay tuned.*

Quello che lancia le liste civiche è un Grillo che sta "facendo" il passo in politica, ma si tiene ancora lontano dalla gestione diretta del Movimento. Le liste, infatti, verranno solo vidimate dal blog e anche liste civiche già esistenti, in totale autonomia, potranno essere riconosciute come legate all'esperienza del V-Day e di Beppe Grillo. La "macchina" organizzativa, comunque, è già in moto e solo due mesi dopo cominciano appositi incontri per raffinare la proposta delle liste civiche coinvolgendo i meetup.

Il 10 e 11 novembre 2007 a Ostia viene organizzato "l'incontro nazionale organizer e assistant organizer" lanciato dal meetup di Roma, «riservato» badate bene, «a tutti gli organizer e assistant d'Italia per organizzare la comunicazione tra tutti i meetup, discutere argomenti e battaglie comuni, iniziare a parlare di liste civiche». Al bisogno «sarà presente un membro dello staff di Beppe, per valutare insieme a voi eventuali richieste da inoltrare a MeetUp.com al fine di ottimizzare la piattaforma». Una settimana dopo, a Bologna, si svolge quindi «l'incontro nazionale dei meetup» nel quale «gli organizer presenteranno e discuteranno insieme a tutti i meetup l'esito della riunione del 10-11 e ogni altra proposta venga portata». Ma la riunione di Ostia non è importante solo in quanto propedeutica al raduno bolognese. Come riferisce il verbale dell'incontro ancora disponibile online, viene deciso anche di creare un super-meetup aperto soltanto agli organizer e ai loro assistenti. Nel verbale si chiarisce:

> Abbiamo avuto Marco Canestrari dello staff di Beppe Grillo, il quale ci ha esposto che Beppe non vuole "mettere il becco" nell'organizzazione dei meetup, e ha ricevuto molto serenamente le critiche che gli sono state rivolte. Ha infatti dissipato alcuni dubbi, per esempio sul numero dei meetup che malgrado aumenti nella piattaforma meetup, non aumenta sulla barra destra del blog di Grillo. Lo staff dopo l'8 settembre prima di accettare il neo meetup lo valuta e monitorizza, se non passa "l'esame" non viene aggiunto.

I ranghi, insomma, dopo il V-Day vengono serrati, e non solo nel "controllo" dei meetup. Continua il verbale: «Marco Canestrari verrà nominato assistant organizer di questo meetup 533, così se avremo necessità di richieste davvero serie e urgenti potremo rivolgerci a lui con questo strumento» e a proposito, aggiunge l'estensore del verbale: «Ritengo che questa sia una delle cose più importanti decise in questo incontro». Questo meetup a porte chiuse e con i singoli referenti locali, insomma, verrà gestito direttamente dalla Casaleggio (Marco Canestrari, fino a un certo punto molto in vista presso la Casaleggio, in seguito aiuterà Travaglio per le riprese dei suoi Passaparola e da lì a breve lascerà la Casaleggio & Associati in polemica con lo stile accentratore del fondatore Gianroberto; andrà al sito del «Fatto Quotidiano» come esperto informatico, dove ho avuto il piacere di conoscerlo).

Intanto dal blog di Grillo viene lanciato un secondo Vaffanculo Day, fissato per il 25 aprile successivo, giorno della Liberazione («il prossimo V-Day si terrà il 25 aprile del 2008. Sarà il giorno della liberazione degli italiani dalla disinformazione») e con il nuovo anno è tutto pronto per cominciare davvero con le liste civiche.

Il 24 gennaio 2008 cade il secondo governo Prodi: l'Udeur "stacca la spina" dopo che Sandra Lonardo, moglie del leader del partito (e ministro della Giustizia) Clemente Mastella, coinvolta in un'inchiesta per tentata corruzione, finisce ai domiciliari. Al Senato, dove può contare solo su una maggioranza traballante, Romano Prodi riceve 161 no e 156 sì alla richiesta di fiducia: l'ormai ex presidente del Consiglio non può che rassegnare le dimissioni. È una giornata convulsa questa, contraddistinta da volgarità becere, compresi i famosi "balletti" in aula di deputati immortalati a mangiare mortadella e stappare bottiglie di spumante. Passa appena un giorno e Beppe Grillo viene allo scoperto:

> Da oggi il blog fa politica attiva con un sito dedicato alle liste civiche, al cittadino che prende in mano il proprio destino, il proprio Comune, la propria Regione. Riporto i requisiti e gli impegni per creare una lista civica certificata e pubblicata sul blog.

Requisiti: 1. All'atto della loro candidatura e nel corso dell'intero mandato elettorale, i candidati non dovranno essere iscritti ad alcun partito o movimento politico
2. Il candidato non dovrà avere riportato sentenze di condanna in sede penale, anche non definitive, né avere procedimenti penali in corso al momento della propria candidatura
3. Il candidato non dovrà avere assolto in precedenza più di un mandato elettorale, a livello centrale o locale, a prescindere dalla circoscrizione nella quale presenta la propria candidatura
4. Ogni candidato dovrà risiedere nella circoscrizione del Comune o della Regione (a seconda che si tratti di elezioni comunali o regionali) per il quale intende avanzare la propria candidatura
Impegni: 1. Ogni candidato si impegna a rimettere il mandato elettorale ricevuto, nel caso in cui, nel corso del suo svolgimento perda o si dimostri non abbia posseduto fin dall'origine uno o più dei requisiti minimi sopra descritti. In mancanza, l'intera lista perderà il diritto di qualificare la propria attività con la certificazione del blog
2. All'atto della propria candidatura, la lista provvederà a pubblicare in Rete, in un apposito e adeguato spazio web, l'elenco dei componenti e il loro curriculum vitae secondo uno standard che andremo a definire, con il proprio programma di governo e istituirà contemporaneamente un blog aperto a tutti i cittadini che consenta il libero scambio di opinioni e critiche con i componenti della lista civica
3. La lista non potrà associarsi ad altri partiti o liste, se non certificate dal blog, per governare il Comune o la Regione (la Provincia non è contemplata perché va abolita)
Per un Nuovo Rinascimento.

Le disposizioni per poter "chiedere la certificazione" di una lista civica sono numerose e cogenti. Non solo, tutto come al solito è stato deciso in totale autonomia da Beppe Grillo e Gianroberto Casaleggio. I "requisiti sono tutti di carattere "giudiziario" e l'unico impegno programmatico prescritto è quello di non stringere accordi con altre forze elettorali. Non c'è nessun punto "valoriale", neanche un accenno: va da sé che per ogni questione bisogna leggere il blog di Grillo e adeguarsi di conseguenza.

Da febbraio, inoltre, il blog comincia a pubblicare i suoi "comunicati politici": si tratta del primo di una lunga serie di post (quello per le politiche del 2013 sarà il numero 53) con i quali Grillo dà la linea al suo Movimento: sono post "pesanti" dai quali non si può prescindere. Capita spesso che i militanti più esperti li citino a memoria così come fanno gli avvocati con gli articoli del codice penale. I comunicati politici – accompagnati da un fotomontaggio in cui Grillo è una volta Gandhi, una volta Superman, una volta Martin Luther King, un'altra addirittura Churchill, Stalin e Roosevelt a Yalta – non sono scevri da contraddizioni, ma non mancano neanche le affermazioni apodittiche: «Una lista civica nazionale ora e con questa legge elettorale anti-costituzionale è un suicidio» scrive nel febbraio del 2008.

Ma le elezioni amministrative si avvicinano. E alcune liste civiche sono attese alla prova del fuoco. Grillo riesce contemporaneamente sia a spingere per l'astensione dalle politiche che contrappongono Silvio Berlusconi (che vincerà) e Walter Veltroni sia a fare proselitismo per le sue liste.

Scrive infatti il 21 marzo, primo giorno di primavera, a poche settimane dalle politiche: «Mandateli a fanculo il 13 aprile con un "non voto utile" alle elezioni politiche». Nell'Italia progressista che sta cercando di evitare un altro "giro" a Berlusconi, quello di Grillo viene visto come un affronto. Il 13 e 14 aprile arrivano i dati delle liste "certificate" da Grillo. Sonia Alfano, candidata alla presidenza della Regione Sicilia, ottiene il 2,44 per cento dei voti e la sua lista (Amici di Beppe Grillo) si ferma all'1,72 per cento. A Treviso, i "Grillitreviso" prendono il 3,64 per cento ed eleggono un consigliere. Ma la città che più ci interessa è Roma. Mentre Alemanno si appresta a vincere contro Francesco Rutelli, gli Amici di Beppe Grillo prendono 45 mila voti, il 2,64 per cento. Non eleggono alcun consigliere, quindi non passa in consiglio neanche la candidata sindaco, Serenetta Monti. Che però, di lì a breve, avrà cose molto interessanti da raccontare.

A che serve un Vaffanculo?

Il 25 aprile 2008 si svolge a Torino il secondo V-Day. Questa volta l'appuntamento è dedicato alla stampa. Alla vigilia un post chiarisce l'obiettivo della giornata:

> Il V2 Day vuole restituire l'informazione ai legittimi proprietari: ai cittadini italiani. I nostri padri e nonni hanno ripulito l'Italia, ma non hanno finito il lavoro. Il nuovo fascismo è il controllo dell'informazione. I nuovi fascisti sono coloro che controllano l'informazione. Firmate i tre referendum: abolizione dell'ordine dei giornalisti, abolizione dei finanziamenti pubblici di un miliardo di euro all'anno all'editoria, abolizione della legge Gasparri e del duopolio Partiti-Mediaset.

La proposta di questo referendum è perfettamente coerente con la vision casaleggesca di un futuro dominato dalla Rete in cui giornali e tv scompariranno. A un occhio più attento non sfuggirà però che l'appuntamento per "liberare l'Italia" rientra perfettamente anche negli interessi generali di Casaleggio e Grillo: gettare discredito sulla stampa, facendo come al solito di tutte l'erbe un fascio, risulta utile per l'obiettivo strumentale di ribadire una maggiore autorevolezza di Internet dove Grillo e Casaleggio sono protagonisti indiscussi.

Anche il V-Day 2 è un successo. Davanti a oltre 40 mila persone in piazza San Carlo, non mancano interventi di esperti, militanti e supporter dalla straordinaria visibilità: da Adriano Celentano a Luigi De Magistris, dal rapper pugliese Caparezza al rapper romano Er Piotta (che scriverà l'inno della giornata). Ma è un successo anche la raccolta di firme, a Torino e in tutta Italia, necessarie per l'approvazione dei tre quesiti referendari. Questo il report della giornata che fa Beppe Grillo:

> Il V2-day è stato un successo perché quasi 500 piazze in Italia e all'estero hanno partecipato, perché sono state raccolte 1.300.000 firme in un giorno, perché 120.000 persone hanno ascoltato per sei ore in piedi sotto un caldo estivo economisti, ambientalisti, operai, matematici e anche Beppe Grillo.

Del milione e passa di firme raccolte, però, molte vengono "bocciate" dalla Cassazione. Sono così tante quelle che non soddisfano i requisiti minimi che, alla fine, le firme valide non saranno sufficienti a superare il tetto delle 500 mila necessarie affinché i referendum si possano svolgere. Eppure, quando è resa nota la decisione della Cassazione, il post che dedica Grillo alla vicenda ha toni molto concilianti. Si tratta di uno dei suoi "Comunicati politici", il numero diciassette. Scrive:

> La campagna di inverno sta per iniziare. Il 25 novembre ho incontrato Carnevale in Cassazione. Mi è stato comunicato che le firme raccolte non sono sufficienti. Una

cosa l'ho capita. Si dovevano raccogliere almeno due/tre volte le firme valide necessarie per essere sicuri del risultato. Come è avvenuto per la proposta di legge popolare "Parlamento pulito". La prossima volta ci sarà un solo referendum. Per l'abolizione della legge Gasparri e della telecrazia.

Soltanto? Viene da chiedersi. Beppe Grillo, l'uomo che si sente sempre accerchiato, ostracizzato, combattuto; il blogger che grida al golpe appena qualche minima decisione istituzionale non gli va bene, ha solo questo da dire? Neanche un accenno a un possibile complotto ordito da chi vuole fermare il suo Movimento? E poi: «Ho capito che dovevamo raccogliere almeno due/tre volte le firme valide». Ma le firme consegnate erano state, a sua detta, 1 milione e 300 mila, a fronte delle 500 mila necessarie. Forse, avrà pensato Grillo, nel singolo caso sì, è meglio stare zitti. E forse sarà meglio, proprio come succede nel comunicato politico numero 17, pensare – e far pensare – subito ad altro, lanciando "le primarie dei cittadini", altra campagna interessante di cui parlerò in seguito.

Dietro alla vicenda referendum, infatti, si nasconde una delle pagine più oscure della gestione Casaleggio. La storia, raccontata da vari giornali – compreso «Il Fatto Quotidiano» – è stata riassunta alla perfezione su La7 nel settembre del 2012 in un servizio dell'inviato di *Piazzapulita*, Gaetano Pecoraro. Il giornalista fa parlare il candidato sindaco al Comune di Roma nel 2008, Serenetta Monti. Quello che la ex attivista ha da raccontare non riguarda la sua avventura per la corsa al Campidoglio, ma una vicenda svoltasi nello stesso periodo. Serenetta Monti è infatti nel comitato promotore dei referendum lanciati con il secondo

V-Day: ai tempi Grillo la definisce «una combattente straordinaria». Una donna "di fiducia" insomma. Che però, a un certo punto, si trova davanti a una richiesta inaspettata. Dalla Casaleggio Associati viene chiesto al comitato promotore di firmare una delega in bianco per i rimborsi referendari. I comitati promotori di qualsiasi referendum, infatti, così come succede per i partiti dopo gli appuntamenti elettorali, ricevono dei rimborsi, che sono in tutto e per tutto dei finanziamenti pubblici. Non è un mistero che Grillo si è sempre scagliato contro ogni forma di finanziamento di Stato, proponendo più volte di abolirli e definendo il denaro «cancro della politica»; molto dell'appeal del suo Movimento deriva dal fatto che gli eletti rinunciano a una parte consistente delle loro indennità per sottolineare lo "spreco" di denaro pubblico utilizzato per sovvenzionare gli "odiati" politici. In questo caso Casaleggio fa diversamente. Parliamo di cifre importanti: se il referendum sull'informazione lanciato da Grillo fosse passato, il "rimborso" sarebbe stato di 2 milioni e 400 mila euro. Mica bruscolini. Ebbene, il documento sottoposto al comitato promotore, di cui nessuno era a conoscenza, recita nero su bianco:

> I sottoscrittori promotori intendono con la presente attribuire formalmente e irrevocabilmente al sig. Giuseppe Grillo, in via esclusiva, ogni diritto al percepimento dei rimborsi e di usufruire di ogni altra agevolazione, rinunciando fin d'ora, al beneficio del sig. Giuseppe Grillo o di persona che questi potrà indicare, a ogni diritto in tal senso.

Viene delegata in toto a Grillo la gestione di questa ingente somma. Chi l'ha deciso? La Rete? I meetup?

Nessuno: «In realtà il giorno in cui ci è stato presentato questo documento, almeno apparentemente, l'impressione di noi tutti è stata che Beppe non fosse a conoscenza della stesura del documento stesso» dice Serenetta Monti.

«L'impressione» chiede il giornalista, «è che la Casaleggio stia facendo qualcosa all'oscuro di Beppe Grillo?»

«L'impressione è stata proprio questa» è la risposta. Non è la prima militante o ex militante a suggerire questa ipotesi: di un Beppe Grillo che "ci mette la faccia" ma di fatto risulta succube delle decisioni e delle strategie del manager milanese (a riguardo Giovanni Favia definì "bipolare" il comico nel famoso fuori onda). Alla fine il comitato decide di non firmare il documento anche se, continua la ex militante, «il problema era nei confronti del comitato promotore tutto. Venimmo tacciati di essere d'accordo con Casaleggio per questa cosa dei rimborsi referendari però in realtà non ne sapevamo niente».

Casaleggio non ha mai voluto chiarire la questione. Ma sembra che l'esperienza non l'abbia turbato più di tanto: tornerà alla carica con i ragazzi da mandare in parlamento.

Non è solo quella di Serenetta Monti la storia che non quadra nella gestione Casaleggio. Verso la fine del 2008 le liste civiche si trasformano ancora e diventano liste civiche a 5 Stelle. Mentre sui territori i militanti, tra mille difficoltà, provano a sperimentare la democrazia diretta dandosi regole per le votazioni interne, la selezione dei candidati, la possibilità di partecipare alla vita politica in base all'impegno dimostrato, ancora una volta per le decisioni che riguardano la strategia nazionale non ci sono consultazioni della base, votazioni online, assemblee pubbliche nelle quali discutere la scelta. Tutto come al solito parte dal blog, con un post che si intitola *Liste civiche a 5 Stelle*. Vista la sua importanza è necessario riportarlo di seguito:

> Molti mi hanno chiesto più volte, anche in questo blog, di fare un partito. Ma il partito siete voi, non qualcun altro. È dai cittadini che deve partire il cambiamento. Non dai partiti. Delegare senza partecipare non è democrazia. È, nel migliore dei casi, menefreghismo civico. Per cambiare l'Italia bisogna cambiare prima gli italiani. Metterli in condizione di essere informati, di scegliere, di verificare. I Comuni sono i mattoni sui quali è costruito il tessuto del Paese. Ricostruiamo il Paese con nuovi mattoni a 5 Stelle. Io metto a disposizione il blog e la mia immagine, voi (se volete) il vostro impegno. Per ogni consigliere comunale eletto nelle liste civiche a 5 Stelle ci sarà un rappresentante dei cittadini che potrà entrare nel merito dei bandi, degli investimenti, delle collusioni e informare con un video, un articolo pubblicato in Rete. L'operazione "Fiato sul collo" ha dimostrato l'arroganza del potere autoreferenziale, chi filma un incontro pubblico viene allontanato dall'aula. Ma non potranno cacciare dall'aula i consiglieri comunali delle liste civiche. Nel 2009 ci saranno le elezioni amministrative, migliaia di Comuni eleggeranno il sindaco e il Consiglio comunale. Chi vorrà potrà costituire una lista civica a 5 Stelle usando il simbolo associato. I requisiti per chi vuole costituire una lista sono: – all'atto della sua candidatura e nel corso dell'intero mandato elettorale, ogni candidato non dovrà essere iscritto ad alcun partito o movimento politico – ogni candidato non dovrà avere riportato sentenze di condanna in sede penale, anche non definitive – ogni candidato non dovrà avere assolto in precedenza più di

> un mandato elettorale, a livello centrale o locale, a prescindere dalla circoscrizione nella quale presenta la propria candidatura – ogni candidato dovrà risiedere nella circoscrizione del Comune per il quale intende avanzare la propria candidatura – per le elezioni comunali dei capoluoghi di provincia, i candidati potranno risiedere in uno dei comuni appartenenti a quella provincia – ci potrà essere una sola lista civica a 5 Stelle per Comune – le liste civiche potranno unirsi per la gestione del Comune ad altre liste o raggruppamenti politici in cui non siano presenti dei condannati. Il Programma delle liste civiche a 5 Stelle sarà fatto insieme a voi su questo blog nei prossimi mesi. Sarà un programma di riferimento al quale le liste potranno ispirarsi. Il Programma sarà presentato il 31 gennaio a Firenze al primo incontro nazionale delle liste. Loro non si arrenderanno mai (ma gli conviene), noi neppure.

Per l'occasione viene fornito anche un logo unico a disposizione di tutti: un cerchio rosso con dentro scritto «Lista civica», 5 Stelle color oro (che rappresentano i temi portanti del Movimento: : acqua pubblica, mobilità sostenibile, sviluppo, connettività, e ambiente) sovrastanti la scritta: «beppegrillo.it». Il simbolo risulta depositato all'Ufficio marchi e brevetti: Grillo ne detiene il copyright.

Il passaggio dalle liste civiche alle liste 5 Stelle non è un passaggio da poco. Prima Grillo "certificava" anche liste già esistenti liste, e ne dava pubblicità sul suo blog. In questo caso concede il simbolo di cui è proprietario ai candidati e agli eletti. Esercita così un potere assoluto: in un Movimento che non ha organi intermedi, spazio e procedure per il confronto e delegati, per il quale anche una sede fisica sarebbe vista di cattivo occhio (sono pochissimi ad averne una, affittarla o comprarla: significherebbe ammettere che servono soldi per fare politica), il simbolo è ciò che fonda e costituisce un gruppo di militanti. E se una lista terza certificata (come è avvenuto, per esempio, nel caso della lista Progetto per Ferrara) ha una sua storia e una sua esistenza a prescindere dal fatto che possa essere "certificata" o meno, una lista nata come "5 Stelle", nel momento in cui viene sottratto dal proprietario l'utilizzo del simbolo, non può più svolgere attività politica, e così gli eventuali eletti.

Grillo, inoltre, in questo post fa una promessa che non manterrà: «Il Programma delle liste civiche a 5 Stelle sarà fatto insieme a voi su questo blog nei prossimi mesi». Ma le cose non andranno così: a pochi giorni dalle elezioni politiche del 2013 i militanti sono ancora in attesa di una piattaforma, promessa infinite volte – "il portale" viene chiamato nel loro gergo –, che possa permettere a tutti di dire la loro sulle decisioni più importanti, e sui punti programmatici. Il portale, infatti, nel successivo incontro a Firenze – che in realtà si svolgerà il 3 marzo successivo – non arriverà.

Ma per capire come funzioni la politica grillina, l'ordine del giorno della "storica" giornata di Firenze pubblicato sul blog è più eloquente di qualsiasi parola:

Gli interventi:
Introduzione - Beppe Grillo
Politica - Marco Travaglio
Ambiente - Maurizio Pallante
Salute - P. Gentilini, G. Miserotti, M. Bolognini
Energia - Marco Boschini
Riciclo - Matteo Incerti

Connettività - Maurizio Gotta (Anti Digital Divide)
Diritti dei cittadini - Sonia Alfano
Acqua - Riccardo Petrella
Interventi delle liste civiche e dei meetup: - lista civica di Treviso - lista civica di Firenze - lista civica di Prato - lista civica di Bologna - lista civica di Fano - lista civica di Roma - lista civica di Torino - lista civica di Pescara - lista civica di Perugia - lista civica di Bergamo - lista civica di Nettuno - lista civica di Spoleto - lista civica di Forlì - lista civica di Pozzuoli in Comune - lista civica di Fiumicino - meetup di Napoli - meetup di Follonica - meetup di Carrara - meetup di Reggio Emilia - meetup di Novi Ligure - meetup di Losanna e Neuchatel - meetup di Siena.

Discussioni, confronti, dibattiti, regole per deliberare? Niente di tutto questo. Ogni cosa è già bella, pronta e impacchettata: parlano alcuni numi tutelari del Movimento e alcuni tecnici, poi si assiste alla consueta "sfilata" dei meetup. Anche la "carta di Firenze", una sorta di carta valoriale fondante per i 5 Stelle, è già stata preparata da Grillo. Si tratta di un foglietto striminzito, che consta di soli 12 punti:

1) Acqua pubblica; 2) Impianti di depurazione obbligatori per ogni abitazione non collegabile a un impianto fognario; 3) contributi/finanziamenti comunali per impianti di depurazione privati; 4) Espansione del verde urbano; 5) Concessioni di licenze edilizie solo per demolizioni e ricostruzioni di edifici civili o per cambi di destinazioni d'uso di aree industriali dismesse; 6) Piano di trasporti pubblici non inquinanti e rete di piste ciclabili cittadine; 7) Piano di mobilità per i disabili; 8) Connettività gratuita per i residenti nel Comune; 8) Creazione di punti pubblici di telelavoro; 9) Rifiuti zero; 10) Sviluppo delle fonti rinnovabili come il fotovoltaico e l'eolico con

contributi/finanziamenti comunali; 11) Efficienza energetica; 14) Favorire le produzioni locali.

Dove sono in tutto ciò il lavoro, il welfare, la sanità, la scuola, la formazione? Neanche una parola.

A Firenze è presente anche Sonia Alfano, figlia del giornalista Beppe Alfano, ucciso dalla mafia all'inizio degli anni Novanta. In quel periodo la Alfano viene da una intensa attività con i ragazzi di Ammazzateci Tutti, è nell'orbita dell'Italia dei Valori e si è fatta conoscere per le sue battaglie antimafia e per numerose iniziative di solidarietà ai magistrati Clementina Forleo e Luigi De Magristris. Dopo la sfortunata corsa da grillina alla Regione Sicilia del 2008, la Alfano è di nuovo in pista per le Europee che si terranno nel giugno del 2009. Alcuni mesi prima, a marzo, Grillo se ne esce con un annuncio che cambia non di poco la prassi politica del Movimento:

> A giugno ci sono le elezioni europee. Io ho deciso di appoggiare due persone che si presenteranno come indipendenti con Antonio Di Pietro: Luigi de Magistris e Sonia Alfano. Due persone che appartengono alla storia di questo movimento. Non c'è nessuna alleanza elettorale, ma la speranza che due persone per bene che rispondono solo alla loro coscienza ci rappresentino a Bruxelles.

L'accordo in realtà prevedeva anche il nome del giornalista del «Corriere della Sera» Carlo Vulpio, che affermerà in seguito di essere stato "fatto fuori" dalla rosa dei candidati sostenuti da Grillo. Ai tempi, comunque, sembra naturale che Grillo faccia un simile *endorsement*. Luigi de Magistris è considerato un eroe dall'elettorato grillino: dopo la richiesta di trasferimento avanzata dal ministro della Giustizia Mastella, e in seguito ad alcune partecipazioni televisive ad *Annozero*, la popolarità del magistrato è alle stelle. Grillo dedica numerosi post sul blog alla coppia di candidati e di certo il suo appoggio per portare i due candidati all'Europarlamento sarà importante: 419 mila sono le preferenze raccolte da De Magistris, 143 mila quelle di Sonia Alfano.

Il comunicato politico n. 22 dell'11 giugno 2009 gronda soddisfazione da ogni sillaba:

> Gli obiettivi politici sono stati raggiunti. Primo obiettivo: Luigi de Magistris e Sonia Alfano sono stati eletti al Parlamento europeo. De Magistris con quasi mezzo milione di preferenze è secondo. Tallona lo psiconano [Berlusconi, *ndr*]. Un magistrato all'inseguimento di un corruttore. Sonia Alfano eletta con 165.000 preferenze. Tutte dalla Rete, tutte da voi. Non ha avuto spazi in televisione o sui giornali. Secondo obiettivo: le liste civiche a 5 Stelle sono entrate in almeno 30 Comuni.

La pace, però, non durerà molto. Il rapporto con De Magistris si logorerà ed entro un anno Grillo emetterà la prima sentenza:

> Luigi de Magistris è stato eletto con i voti dell'Italia dei Valori e del blog. L'obiettivo era di avere un eurodeputato a Bruxelles e non in televisione. Fare luce sui capitali mafiosi in Europa e sui finanziamenti europei in Italia. Attraverso la Rete, ogni giorno. Un lavoro che fatto a tempo pieno non consentirebbe neppure di vedere la famiglia. È stato eletto come indipendente e poi ha preso la tessera IdV. Parla a nome del Movimento 5 Stelle senza averne l'autorità».

In particolare Grillo non ha digerito questa dichiarazione dell'ex magistrato: «Noi dobbiamo essere il ponte di collegamento con il Movimento di Grillo e non solo. Dobbiamo essere il perno di congiunzione con tutti i movimenti. Il popolo viola. Il popolo che era alla meravigliosa manifestazione del 5 dicembre scorso. Chi non è andato a votare. Dobbiamo dialogare con tutti loro. E io ho intenzione di fare passi politici e concreti, tutti in questo senso». «I passi» chiude la faccenda Grillo, «se li faccia da solo». La rottura vera e propria, comunque, arriverà con la candidatura di De Magistris a sindaco di Napoli l'anno seguente. Scrive Grillo in un post:

> Quando sbaglio lo faccio in buona fede, ma subito dopo mi incazzo con me stesso. Di errori ne ho commessi molti e purtroppo ne commetterò altri, uno dei più imbarazzanti è stato Luigi de Magistris, eurodeputato grazie (anche) ai voti del blog come indipendente che subito dopo si è iscritto per coerenza a un partito. Sulla sua attività europarlamentare tantissimi contavano, io per primo, per contrastare i fondi europei destinati alle mafie. In questi mesi è stato forse più presente sui giornali e in televisione che nei banchi di Bruxelles. L'europarlamento è un passaggio per traguardi più importanti e di grande visibilità. Ah, la visibilità. Ah, la coerenza.

La replica del futuro sindaco "arancione" non si fa attendere. Prima dice a muso duro: «Caro Beppe parli come "il Giornale", togliti le pantofole, esci dalle tue abitazioni di lusso e scendi in piazza». Poi affida ad Alessandro Ferrucci del «Fatto Quotidiano» la sua risposta, una risposta non solo di caratura politica, ma che affonda la lama anche nel "sistema" Casaleggio. «A Beppe interessa solo restare in una riserva indiana. Gli conviene economicamente».

«Cosa è successo?» chiede il giornalista. «Guardi» risponde il sindaco, «sono stati due anni intensi, durante i quali abbiamo condiviso tante battaglie e stretto un rapporto di amicizia e affetto. Insomma, un comune sentire. Fino a quando... Il primo attacco è di qualche mese fa, a causa di un'intervista a voi del "Fatto", dove proponevo, sostanzialmente: caro Beppe, caro mondo Viola, cara politica attiva, perché non troviamo delle forme di percorso comune?» Da allora, continua, «ho capito che a Grillo non interessa migliorare la politica, magari attraverso i luoghi istituzionali, perché rischierebbe di perdere il suo profilo, la sua identità politica, economica e finanziaria. Parlo del marchio "Beppe Grillo". Quindi l'unico scopo di Grillo è quello economico... So che lui ci guadagna, molto. Tutti sanno che la sua comunicazione la gestisce un'impresa specializzata. La Casaleggio & Associati: sono loro che gli scrivono e indicano le iniziative da prendere».

De Magistris continuerà a rincarare la dose anche negli anni successivi, questa una sua dichiarazione del settembre 2012, da Pietrasanta, alla festa del «Fatto Quotidiano»:

> Il Movimento 5 Stelle va guardato con rispetto, in tanti territori fa cose importanti. Quanto a Grillo, non apprezzo la logica dell'esisto solo io e tutti gli altri fanno schifo, che serve soltanto ad accrescere un proprio potere personale e non aiuta a favorire l'unità del Paese. È un grande comico, ha grande astuzia, ma pensare davvero che sia diventato da un giorno all'altro un soggetto politico mi fa anche sorridere nel senso che non caricherei Grillo di una funzione salvifica, non mi sembra che possa venire da lui una lotta ai poteri forti, dietro di lui c'è un coagulo opulento di poteri forti. Dietro di lui, lo sanno

un po' tutti chi c'è e chi tira le fila, certo non parliamo di persone che lottano per i diritti dei più deboli».

E non è andata meglio all'altra candidata indipendente di quel 2009, Sonia Alfano. In una intervista a «Vanity Fair» del giugno 2012 l'eurodeputata ha ripercorso la storia della sua candidatura e come ben presto si siano deteriorati i suoi rapporti con i due capi del Movimento.

«Alla vigilia delle elezioni europee del 2009» racconta, «Grillo e Di Pietro vennero da me e mi chiesero di candidarmi a Strasburgo. Io non sapevo neanche di che si occupava l'Europarlamento. Grillo mi disse che dovevamo dimostrare agli attivisti dei meetup che potevamo farcela. Che era arrivata l'ora di dar vita a un progetto propositivo, quello che poi sarebbe diventato il Movimento 5 Stelle».

La Alfano rivendica il suo lavoro in Europa («Ho portato all'attenzione dell'Europa i problemi dell'Italia. Con interrogazioni sul lodo Alfano, sulla libertà di stampa italiana, sul caso dei respingimenti degli immigrati e sull'inquinamento»), ma denuncia anche come il suo lavoro sia stato ostracizzato da Grillo. Fa riferimento a un vero e proprio "potere" del comico: in Rete tutti dovrebbero essere uguali, ma la visibilità assicurata da beppegrillo.it è praticamente impossibile da raggiungere per tutti gli altri.

«Gli chiesi al telefono» continua Sonia Alfano, «perché non informava i lettori del blog, quindi i nostri elettori, su quello che stavamo facendo. Grillo mi diede ragione. Disse: "Devo dire a Casaleggio di creare sul blog una finestra con gli aggiornamenti sulle attività europee"». Invece «niente. A gennaio 2010 sono tornata a lamentarmi. Grillo disse di nuovo che avevo ragione e che presto mi avrebbe telefonato Gianroberto Casaleggio. Diceva: "Dobbiamo organizzarci, così vieni a Milano, giriamo alcuni filmati e li mettiamo sul blog. Poi vediamo anche di spingere il tuo blog". Mi sembrò strano, visto che il mio blog non è paragonabile a quello di Grillo». Poi beppegrillo.it riprende una notizia già pubblicata dal giornalista dell'«Espresso» e blogger Alessandro Gilioli in cui Sonia Alfano e Luigi de Magistris – che smentiranno categoricamente – vengono accusati di usare voli "di lusso" per andare a Strasburgo. «Pensi che il giorno prima che il post di scomunica con l'articolo dell'"Espresso" venisse pubblicato, mi sentii telefonicamente con Grillo. Mi chiese come andava, come stava la mia famiglia. E non citò neanche quell'articolo. Secondo me non ne sapeva nulla». Dopo «gliene ho chiesto conto tramite sms, non mi ha mai risposto. Gli ho inviato una lettera aperta, l'ho invitato a un incontro pubblico, niente. Da allora non ho più parlato con Grillo. Si vede che ha dovuto cedere a una strategia che neanche condivideva...» La stoccata finale viene riservata, ancora una volta, a Gianroberto Casaleggio: «Lui sovrintende a tutta la struttura di comunicazione. Ha una strategia, la condivide con Beppe, ma il grosso lo fa lui. Sono sicura che le nostre scomuniche non siano arrivate da Beppe, ma da lui».

Nel già citato servizio di Piazzapulita, Sonia Alfano entrerà più nei dettagli rispetto al suo rapporto con la Casaleggio e ai possibili motivi della sua scomunica, legando senza tentennamenti gli attacchi che cominciano a partire dal blog di Grillo al rifiuto di concedere la "cura" del suo blog alla Casaleggio & Associati per la cifra stratosferica – talmente alta che si fa fatica a crederlo – di un milione di euro all'anno. «Venivano fatte queste riunioni» racconta la Alfano, «nelle quali Casaleggio spiegava quale doveva essere il programma, come comportarsi, come condurre la campagna elettorale: un vero e proprio marketing per una sorta di vademecum del candidato». Quando Casaleggio le offre di curare il suo blog, la risposta è la seguente: «Con tutto il rispetto, guarda Gianroberto che il mio staff è fatto tutto da grillini, tutti ragazzi dei meetup e continua a essere così. Quindi che bisogno c'è? Al che lui mi rispose: "No, perché, sai dobbiamo aggiustare alcune situazioni..." Io gli dissi no, e aggiunsi: "Non ce l'ho un milione di euro all'anno da darti per il blog"». «Ho avuto la sensazione netta, ferma» conclude l'esponente Idv, «che lui in qualche modo volesse fare quello che fa con il blog di Grillo, cioè definire lui cosa si deve scrivere, chi si deve attaccare oggi e chi si deve attaccare domani. È a quel punto che parte l'attacco nei miei confronti».

Il sistema Casaleggio appare proprio questo. Partendo dalla grande visibilità di Grillo, dà e toglie come vuole in base a interessi spicci e strategie specifiche. E se a farne le spese sono due "pesi massimi" come Luigi de Magistris e Sonia Alfano, cosa può succedere quando i "nemici" diventano semplici ragazzi dei meetup?

Sonia e Luigi amici-nemici

Il Movimento 5 Stelle sta crescendo. Contestualmente alle elezioni europee, nel 2009 si sono svolte in tutta Italia anche le elezioni amministrative e sono numerose le liste presentate dagli attivisti.

Informa lo stesso Grillo: «Le liste civiche a 5 Stelle sono entrate in almeno trenta comuni, tra questi Bologna, Ancona, Ferrara, Forlì, Cesena, Reggio Emilia, Livorno, Rivoli... È solo l'inizio. I consiglieri comunali a 5 Stelle faranno informazione verso i cittadini attraverso questo blog. Sosterremo le loro proposte per tutta la durata del mandato». L'exploit dei grillini si fa notare soprattutto in Emilia Romagna. A Bologna Giovanni Favia, videomaker ventinovenne astro nascente del Movimento, raccoglie 7428 voti (il 3,3 per cento) ed entra in consiglio comunale. Beppe Grillo darà grande risalto alla sua elezione, si tratta d'altronde del primo "grillino" che riesce a entrare nel consiglio comunale di una città importante. Ora il sogno è possibile. *Un marziano nel consiglio comunale a Bologna* si intitola il post che esalta le gesta del suo figlioccio. Scrive Grillo:

> Giovanni Favia è stato eletto consigliere comunale a Bologna. La sua prima apparizione in Consiglio è sembrata

quella di un marziano. Mentre parlava, gli altri consiglieri lo guardavano come l'anticristo. Il fiato sul collo, è entrato in Comune. I bolognesi saranno informati di ogni decisione che li riguarda. Anche un consigliere della Lega è entrato nel consiglio per la prima volta. Ma ci hanno messo venticinque anni per riuscirci. La Lista a 5 Stelle solo tre mesi! Loro non si arrenderanno mai (ma gli conviene?). Noi neppure.

Anche a Ferrara le cose sono andate bene. La lista civica "certificata" da Grillo, Progetto per Ferrara, guidata dall'ex direttore generale del Comune – ed ex militante Pci – Valentino Tavolazzi, è riuscita a strappare un seggio grazie ai 2900 voti raccolti (il 3,14 per cento). I consiglieri grillini in tutta Italia inaugureranno una prassi molto innovativa e apprezzata dai cittadini. Pubblicheranno sempre online i loro stipendi e le risorse pubbliche utilizzate per svolgere la loro attività politica, dimostrando spesso che la politica può – e deve – evitare sprechi, privilegi e spese folli.

Neanche il tempo di riprendersi per la sbornia del successo, che Beppe Grillo decide di candidarsi alle primarie che dovranno eleggere il nuovo segretario Pd. Nonostante, come visto, Grillo sia già lanciato a briglia sciolta con il suo progetto politico, monta una campagna di stampa accusando il Partito democratico – che non vuole accettare la candidatura – di avere paura di un suo possibile successo. La risposta dei democratici è lapalissiana: «Non solamente il Pd, ma ogni partito impedisce di accettare al suo interno soggetti che militano contemporaneamente in più movimenti e forze politiche, in particolare quando tali formazioni siano alternative o in concorrenza politica ed elettorale diretta con lo stesso Pd. Come pure di forze che abbiano nel proprio programma quello di contraddire il concetto stesso di partito o addirittura abbiano di mira la sua destrutturazione». Non mancheranno gli strali partiti dal blog (Travaglio nella sua rubrica parlerà di «autodistruzione del Pd») ma il tutto tornerà utile a Grillo per rinforzare la sua immagine di "vittima del sistema" ostracizzata "dal potere".

Ma il tempo è poco per continuare su questa strada. Subito dopo Grillo e Casaleggio lanciano il nuovo appuntamento. A chiarirne le finalità ci penserà il "comunicato politico numero 25".

> Il 4 ottobre 2009 nascerà il nuovo Movimento Nazionale a 5 Stelle. Nascerà in Rete. Ogni cittadino italiano incensurato e non iscritto a un partito potrà aderire. Sono passati due anni dall'8 settembre 2007, dal primo V-day di Bologna e poco più di un anno dal secondo V-day di Torino. In quelle giornate milioni di persone INFORMATE dalla Rete hanno chiesto due cose: un parlamento espressione dei cittadini senza condannati e con la possibilità di scegliere il candidato e una libera informazione. Queste persone INFORMATE sono state derise dai partiti, dalle televisioni e dai giornali, inclusi «la Repubblica» e «l'Unità». Senza soldi, con il solo volontariato di migliaia di persone abbiamo raccolto centinaia di migliaia di firme per una legge di iniziativa popolare ignorata dal Senato, un milione e mezzo di firme respinte da Carnevale della Corte di Cassazione. Non importa, io vado avanti, noi andremo avanti. Una risata li seppellirà. I partiti sono morti, non voglio fondare un "partito", un apparato, una struttura di intermediazione, ma dare vita a un Movimento con un programma. [...] Il Movimento ha espresso un programma per i Comuni a 5 Stelle l'8 marzo 2009 a Firenze. La Carta di Firenze sarà il riferimento per le Regioni a 5 Stelle. Siamo arrivati alle battute finali di una farsa. [...] Loro non si arrenderanno mai (ma gli conviene?). Noi neppure.

L'incontro si svolgerà a Milano, al Teatro Smeraldo. Beppe Grillo è da solo sul palco. Comunica ai numerosi militanti presenti soprattutto due cose: il Movimento 5 Stelle ha ora 1) un programma, 2) uno statuto – per l'occasione nominato "Non Statuto". Un video del comico girato dallo "staff" e che verrà pubblicato di lì a breve, presenta queste novità e illustra in pochi minuti un perfetto concentrato del grillismo e delle sue contraddizioni.

Vale la pena riproporne il testo:

> «Il Movimento 5 Stelle è un movimento politico nazionale» dice Grillo. Ha il suo programma, il programma a 5 Stelle, la Carta di Firenze. Potremo discutere di tutto, riprendere il programma, vagliarlo, cambiarlo, con il vostro contributo. Abbiamo il programma sull'energia, sulla mobilità, sul wi-fi libero e gratuito, sull'accesso alla rete. Abbiamo queste grandi cose sulla raccolta differenziata porta a porta, abbiamo un sacco di cose da proporre, abbiamo le idee del futuro, ci stanno copiando tutti, potremmo decidere noi se fare le centrali nucleari e non degli *zombies* che sono lì a decidere sulla nostra qualità della vita e su quella dei nostri figli. La massa non è più stupida, la massa diventa intelligente, si autogoverna, ci saranno centinaia, decine di migliaia di ingegneri, decine di migliaia di avvocati che proporranno, discuteremo un programma che già da domani è in wiki, quindi lo potete discutere, potete fare proposte. Per la prima volta nasce un movimento dove ognuno vale uno, un movimento che non ha bisogno di sovvenzioni, di partiti. Abbiamo fatto un Non Statuto, perché è la prima volta che si occupa di una cosa così. Un non-statuto, il quale dice che chiunque può iscriversi se ha la cittadinanza italiana, può iscriversi se non è iscritto a un altro partito politico, poi noi daremo una password e potrà votare su tutte le cose e qualsiasi persona potrà votare sulle cose

della sua regione, del suo comune, e della sua nazione. Non è mai stata fatta una cosa così. Si vota su qualsiasi cosa, non ha sedi questo movimento, non ha partiti, non ha referenti politici né provinciali né regionali, né nazionali: ognuno ripeto, vale uno! Non ci sarà neanche il tesoriere di questo movimento, perché non c'è cassa e quindi ogni operazione che faremo sarà sovvenzionata dall'operazione stessa, come abbiamo fatto con la nostra raccolta fondi per fare il Parlamento pulito, oppure per dare i soldi a Ruda Bianzino [un ragazzo morto in carcere in circostanze sospette: per la sua famiglia il blog di Grillo aveva organizzato una raccolta di fondi, ndr]. L'abbiamo fatta direttamente, è la prima volta in Europa che succede una cosa così, che ognuno vale uno, ci conteremo. Sapremo chi siamo, nome e cognome, e se saremo in molti, potremo votare sulle liste comunali, sulle liste regionali. Si presenta una lista, i referenti del movimento saranno le liste civiche e i nostri meetup, che sono in giro e che sono 100 mila ragazzi in trecento città d'Italia che lavorano sul territorio. Siamo per la prima volta un movimento veramente di liberazione. Noi mandiamo affanculo i partiti. Non ci saranno più le sedi, non ci saranno più né provinciali né regionali, quelle sedi che vedi con quattro vecchi dentro con le seggiole, con il referente di turno che parla. Non ci sarà più niente. Questo è un movimento per il futuro che farà tremare tutti. Italiani!!

Sono numerosi gli annunci presenti in questo messaggio, e sono ancora più importanti vista l'ufficialità del video. Alcuni dei punti elencati si trasformeranno in vacue promesse, altri diventeranno disposizioni cogenti. Vediamo quali, e come. Innanzitutto Grillo annuncia l'esistenza del "Non-statuto". Chi ne ha deciso la redazione, con quali criteri e regole? "Beppe" non lo spiega. Ma come abbiamo visto sarà lo stesso Gianroberto Casaleggio, anni dopo, a riconoscersene la paternità con la famosa lettera al «Corriere della Sera»: «Con Beppe Grillo ho scritto il "Non Statuto", pietra angolare del MoVimento 5 Stelle prima che questo nascesse». Il Non Statuto consta appena di un manciata di paginette. Già l'articolo 1 mette le cose in chiaro:

> Il MoVimento 5 Stelle è una "non Associazione". Rappresenta una piattaforma e un veicolo di confronto e di consultazione che trae origine e trova il suo epicentro nel blog www.beppegrillo.it. La "Sede" del MoVimento 5 Stelle coincide con l'indirizzo web www.beppegrillo.it. I contatti con il MoVimento sono assicurati esclusivamente attraverso posta elettronica all'indirizzo movimento5stelle@beppegrillo.it.

Quindi, il movimento e il blog di Grillo coincidono. Per chi non l'avesse capito c'è anche l'apposito articolo 3: «Il nome del MoVimento 5 Stelle viene abbinato a un contrassegno registrato a nome di Beppe Grillo, unico titolare dei diritti d'uso dello stesso». Poi vengono chiarite le finalità generali, perfettamente coerenti con la retorita casaleggesca: obiettivo dei 5 Stelle è riconoscere «alla totalità degli utenti della Rete il ruolo di governo e indirizzo normalmente attribuito a pochi». Quindi si spiega chi può aderire: «L'adesione al MoVimento non prevede formalità maggiori rispetto alla registrazione a un normale sito Internet. Il MoVimento è aperto ai cittadini italiani maggiorenni che non facciano parte, all'atto della richiesta di adesione, di partiti politici o di associazioni aventi oggetto o finalità in contrasto con quelli sopra descritti». Notare come "solo i cittadini italiani" possano iscriversi, una disposizione inusuale visto che praticamente tutti gli altri partiti permettono l'iscrizione a cittadini di qualsiasi nazionalità. Nel passaggio successivo spiega che per le scelte dei candidati si deciderà volta per volta, quindi, proseguendo con la lettura... non c'è nient'altro. Sì, perché oltre alle regole imposte dal Non Statuto, colpiscono maggiormente le norme che NON ci sono. A differenza, per esempio, della Costituzione Italiana, che dedica numerose norme alla sua revisione – varie volte infatti è stata modificata in Parlamento –, il Non-Statuto risulta del tutto immodificabile. Militanti, eletti, simpatizzanti, elettori, si rassegnino: il marchio 5 Stelle rimarrà per sempre nelle mani del suo fondatore.

C'è un'altra disposizione importante che specifica Grillo nel video. È quella sull'organizzazione interna del Movimento. «Non ha sedi questo movimento, non ha partiti, non ha referenti politici né provinciali, né regionali, né nazionali: ognuno ripeto, vale uno!» Inoltre non ci sarà il tesoriere «perché non c'è cassa», e «non ci saranno più le sedi, non ci saranno più né provinciali né regionali, quelle sedi che vedi con quattro vecchi dentro con le seggiole». Ecco, a parte il giudizio spregiativo nei confronti di chi fa legittimante politica "di base" in partiti "normali" e con regole certe, Grillo va delineando un partito "liquido" e moderno. Ma in realtà quello che ha messo in piedi, è ben altro: una struttura nella quale non c'è alcuno spazio, ruolo o procedura, che permetta di "organizzare" un dissenso o un'opposizione interna. Senza sedi, responsabili, elezioni per individuare i delegati, chi decide? E come? Semplice, nessuno. O meglio, decidono tutto Beppe Grillo e Gianroberto Casaleggio.

Il video è portatore di un ultimo messaggio, mentre scrivo nessuno ne ha mai parlato. Lascia attoniti (e un po' divertiti) e mostra plasticamente come la retorica di partecipazione sia sempre rimasta sulla carta nella grandiosa costruzione a 5 Stelle. Parliamo del "programma". Per un Movimento come questo, liquido, impalpabile, costituito solo dal blog e dagli eletti, il programma ha un ruolo fondante, oltre alla figura di Grillo è l'unico collante generale, il perimetro entro il quale una massa indistinta di simpatizzanti può riconoscersi. Ebbene, Grillo nel video spiega che il programma 5 Stelle – presentato appunto a Milano al Teatro Smeraldo nel settembre 2009 – viene dalla "carta di Firenze" e promette: «Potremo discutere di tutto, riprendere il programma, vagliarlo, cambiarlo, con il vostro contributo». Non solo: «Ci saranno centinaia, decine di migliaia di ingegneri, decine di migliaia di avvocati che proporranno, discuteremo un programma che da domani è in wiki, quindi lo discuterete, potete fare proposte». Grillo promette addirittura un "wiki", un software collaborativo (come quello usato per la redazione delle voci di Wikipedia) da mettere a disposizione dei suoi militanti per discutere i punti programmatici. Sarebbe addirittura già pronto il giorno dopo l'appuntamento milanese. Mentre scriviamo, e siamo nel 2013, di quel "wiki" non si è mai vista traccia. Nonostante ciò quel programma è praticamente identico a quello che nel gennaio 2013 Beppe Grillo ha depositato al Viminale come "programma ufficiale" del Movimento 5 Stelle. Non c'è stato nessun confronto, dunque, nessuna discussione, nessuna possibilità di fare proposte e di condividerle. E c'è di più. Dobbiamo fare un piccolo passo indietro utile però a capire come funziona la "partecipazione" a 5 Stelle.

Nel gennaio 2006 Grillo sul blog lancia quelle che chiama enfaticamente «le primarie dei cittadini». «Da oggi pubblicherò una proposta su temi importanti come l'energia, i trasporti, le regole elettorali, aiutato da esperti riconosciuti, per ricevere i vostri commenti». Si tratta esattamente di questo: Grillo in una decina dei post svilupperà una tematica attraverso il suo blog, articolandola poi con una serie di proposte concrete. Che queste primarie siano "dei cittadini" e non semplici primarie democratiche – come quelle durante le quali iscritti e simpatizzanti di un partito o di una coalizione vanno a votare nei gazebo –, cosa significa per Grillo e Casaleggio? Lo spiegano nel post: «Per ricevere i vostri commenti». Ovvero loro fanno delle proposte, le persone le commentano, e lo staff ne fa una sintesi. Già si potrebbe contestare l'idea che un commento al blog di Grillo (sui quali tra l'altro, interviene direttamente la Casaleggio come denunciato da centinaia di lettori del blog), possa rappresentare una forma di democrazia. Ma non è solo questo il punto. Grillo dal 2006 in poi dedica alle "primarie dei cittadini" vari post, organizzati per argomenti: Trasporti, Economia, Stato e Cittadini, Informazione, Energia, Sanità. In ognuno ci sono numerose proposte, da "commentare" appunto. I commenti ricevuti sono tantissimi: in tutto quasi 25 mila. Eppure, le proposte lanciate da Grillo con le "primarie dei cittadini", sono pressoché le stesse che diventeranno il "programma del Movimento 5 Stelle" presentato nel 2009 a Milano, nonché le stesse contenute nel programma con il quale il MoVimento si presenterà alle elezioni politiche 2013. Il programma, insomma, se lo sono scritto da soli alla Casaleggio Associati. Abbiamo fatto un rapido calcolo. Tutte le 26 proposte riguardanti il tema "sanità" lanciate nelle "primarie" del 2006, sono le stesse che finiranno nel programma del 2013. Stesso discorso per i trasporti: 17 proposte su 17 sono identiche. Su 20 proposte riguardanti il tema "informazione", 15 sono identiche, 2 nuove e 3 leggermente modificate. Sulle 13 proposte al tema "energia", 11 sono identiche nel 2006 e nel 2013. Infine, per quanto riguarda l'istruzione, le 13 proposte coincidono nelle due versioni e stesso discorso per il tema "Stato e cittadini": non c'è differenza tra le 17 proposte lanciate da Grillo nel 2006 e quelle che finiranno nel programma del 2013. Tirando le fila sono 99 le proposte rimaste identiche, 4 si sono aggiunge e 3 sono state modificate. E questo a monte di una mole di 25 mila commenti ricevuti. In Islanda, ci aveva spiegato Grillo, la Wikicostituzione aveva ricevuto 16 mila tra commenti e suggerimenti che avevano portato a venticinque diverse versioni del testo. Grillo tutt'altro. Niente gli impedirà, quando nel 2006 presenterà la prima versione del suo programma a Romano Prodi, di dire come riportò «Repubblica»: «Prodi mi ha cercato sul telefonino, mi ha detto di voler vedere cos'era uscito e di non poter ignorare il pensiero di un milione e mezzo di suoi cittadini. Così andrò da lui, ma con la minaccia di licenziarlo se entro trenta giorni non realizzerà quello che la gente vuole». Bisognerebbe capire come ha contato precisamente questo "un milione e mezzo di cittadini". Forse così come alcune case discografiche contano le visualizzazioni dei video su YouTube. Anche per il programma, probabilmente, quando Grillo parla di "democrazia diretta", utilizza l'accezione che ne hanno lui e Casaleggio: "diretta" non è un aggettivo riferito al sostantivo, ma un participio del verbo "dirigere", ovvero "diretta" da loro due.

Nonostante questi limiti evidenti, con un Non Statuto e un nuovo programma, il Movimento 5 Stelle cresce e prospera. Alle elezioni regionali del 2010, in Emilia Romagna si candida come presidente Giovanni Favia: la giunta Del Bono è caduta dopo una serie di scandali e l'ex consigliere regionale ha le mani libere per tornare in pista: raccoglie il 7 per cento dei voti ed entra in consiglio regionale insieme al collega Andrea Di Franceschi. In Piemonte con il candidato presidente a 5 Stelle Davide Bono, la lista di Grillo prende il 4 per cento, ed elegge due consiglieri – feroci saranno le polemiche per questi voti che avrebbe "fatto perdere" al centrosinistra e a Mercedes Bresso la guida della Regione. In Veneto viene raggiunto il risultato del 3,2 per cento, appena l'1,3 in Campania dove correva Roberto Fico, che si candiderà l'anno dopo contro Luigi De Magistris.

I neoeletti consiglieri regionali a 5 Stelle, non solo si taglieranno l'indennità, spesso decidendo con assemblee locali quale debba essere il loro stipendio (in Emilia Romagna, per esempio, verrà deciso che tratterranno 2500 euro per tredici mensilità, più i rimborsi puntuali per pasti e trasporto nei giorni lavorativi", cifra che poi l'assemblea porterà a 2270 – il restante, rispetto a uno stipendio previsto di oltre 8000 euro, verrà accantonato da un fondo gestito dai militanti locali). Ma restituiranno anche al mittente (non con poche difficoltà vista la burocrazia) il milione di euro che gli spetta per i rimborsi elettorali previsti per le consultazioni regionali. E con modalità simili si organizzeranno tutti gli eletti: uno stile morigerato in politica farà da volano al consenso.

L'anno dopo, nel 2011, le elezioni amministrative mostrano la strana geografia del Movimento. Anche perché il contesto è nuovo, la fase politica è cambiata: grazie alle primarie, il centrosinistra è riuscito a proporre candidature fuori dagli apparati nelle città chiave che vanno al voto. A Milano trionfa Giuliano Pisapia, a Napoli Luigi De Magistris a Cagliari, Massimo Zedda. I risultati di queste elezioni vengono visti come una sconfitta del centrodestra e di Silvio Berlusconi – che già da tempo ha visto precipitare la sua già bassa credibilità per la sua pessima prova di governo e per lo scandalo Rubi. È anche un momento di forte fermento sociale. Se Grillo si concentra molto sulla questione Tav, prendendo parte anche direttamente alle proteste che avvengono nella Valle, in Italia è il referendum contro il nucleare e per l'acqua pubblica a monopolizzare i dibattiti. Da molti anni in Italia un referendum non supera il quorum e vari sono gli ostacoli messi dal governo Berlusconi sulla strada della consultazione (a cominciare dal non accorpamento con le amministrative). Alla fine andranno a votare oltre 25 milioni di italiani. È una fase di ampia partecipazione e gli attacchi di Grillo – che continuano a spopolare in tv, sopratutto ad *Annozero*, la trasmissione di Michele Santoro – sembrano avere meno presa di un tempo. Alle amministrative di maggio, comunque, il 5 Stelle riesce a raggiungere risultati importanti. Prima di tutto in Piemonte, dove forte è il movimento contro l'alta velocità: viene centrato un 5,27 a Torino e un ottimo 7,46 a Novara. Ma è ancora una volta l'Emilia Romagna che si conferma vero e proprio "granaio" dei voti a 5 Stelle. A Bologna i grillini prendono il 9,41 per cento, a Ravenna il 9,31, a Rimini, addirittura, l'11,76. Se la Toscana dà soddisfazioni alterne, (Arezzo 5,79, Grosseto 5,3, Siena 2,74), al sud il Movimento ancora fatica: in molti capoluoghi di provincia non si presenta e a Cosenza raccoglie un modestissimo 0,92.

Ma la vera sorpresa è quella dei capoluoghi più importanti. Con le candidature "arancioni" di peso, i grillini rimangono al palo: a Milano il giovanissimo Matto Calise prende il 3,10 dei voti, a Napoli Fico si ferma all'1,76, a Cagliari all'1,80. E proprio in questo momento (saranno i risultati, sarà l'appropinquarsi delle elezioni politiche previste per il 2013 – ma Berlusconi è ancora in sella, e non è detto che alla sua caduta, data per imminente, non si vada a votare) qualcosa, nel Movimento, comincia a cambiare. Probabilmente, si tratta ancora una volta di un ennesimo "cambio di fase" per il Movimento a Rete, uno di quegli snodi previsti da Davide Casaleggio nel suo libro: è uno di quei momenti in cui «a un certo punto cambiano le caratteristiche proprie del gruppo, assenti nei singoli». Il movimento è cresciuto, si è strutturato, vari militanti sono amministratori di numerose città e regioni. Non si tratta più di un largo popolo di fan che poteva essere controllato con qualche telefonata, qualche mail. Bisogna fare un salto, e stringere le fila per poter "indirizzare" la rete auto-organizzata ormai presente in tutta Italia.

Non è un caso allora che dopo il referendum sull'acqua Grillo e Casaleggio mettano in piedi una riunione riservata con gli eletti freschi di nomina. Le telecamere, anche quelle dei militanti, non sono ammesse: c'è evidentemente da discutere di qualcosa di meno "pubblico" di un qualsiasi consiglio comunale. Come riporta Giuliano Santoro, Vittorio Bertola, appena eletto a Torino, così riferirà quell'incontro al quale è presente anche Davide Casaleggio:

Beppe ha detto due parole facendo i complimenti agli eletti e poco più. Davide Casaleggio ha presentato i numeri del Movimento dopo le elezioni, ora abbiamo oltre 120 eletti in oltre 60 comuni. Gianroberto Casaleggio ci ha messo in guardia sul tentativo attualmente in corso da parte della politica di uccidere il Movimento creando polemiche al suo interno, e in particolare separando Grillo da Movimento («Il Movimento è bello ma deve liberarsi di Grillo che è brutto»), poi ha analizzato nel dettaglio un paio di casi di comunicazione sbagliata da parte di persone molto in vista del Movimento, spiegandogli dove hanno sbagliato nel rapportarsi con media.

La fase come abbiamo detto è cambiata. Anche per ragioni che niente hanno a che vedere con la politica ma che, nel mondo connesso in cui vive il Movimento, risultano fondamentali.

Ai tempi, per esempio, oltre 15 milioni di italiani hanno ormai un account su Facebook. Il boom vero e proprio, in Italia, c'è stato tre anni prima: dopo l'estate del 2008 gli iscritti alla piattaforma di Mark Zuckerberg sono passati – in solo sei mesi – da 300 mila appena, a oltre sei milioni. La corsa non si fermerà più. Nell'ecosistema connesso, l'arrivo di Facebook è equivalente alla comparsa di un predatore carnivoro in un oasi di quieti erbivori. Facebook si mangia tutto. In pochi anni crolla il numero dei blog, dei forum, delle mailing list. Le bacheche, i "mi piace", gli "amici", rubano troppo tempo ad altre attività online. Tutti sono sui social network e anche la capacità dei meetup di discutere, elaborare idee e proposte, si affievolisce. Va svelato un particolare piuttosto "nerd" ma molto importante. Su Internet il sito di Grillo è una sorta di grande incrociatore. Per tutto ciò che riguarda "le opinioni", Grillo e Casaleggio sono riusciti col tempo a costruire una sorta di egemonia, non troppo diversa da quella che per tanti anni – e continua per certi versi ancora oggi – ha avuto Mediaset nel campo delle televisioni. Ma il blog di Grillo è anche molto di più. È come un ghiacciaio in cima a una montagna, con al posto del ghiaccio la mole strepitosa di contatti e visite che riesce a muovere. Nell'esempio specifico però è come se fosse un ghiacciaio che, sciogliendosi, può decidere quale dei rivoli che scendono a valle ingrossare di più. Un link dal blog di Grillo può fare il successo immediato di un qualsiasi sito, video, contenuto, presente in Rete; una persona perfettamente sconosciuta, se individuata da Casaleggio come dotata di buone potenzialità, può diventare un *influencer* online nel giro di qualche post. Ebbene Grillo a lungo ha tenuto sulla sua home page la lista di tutti i Meetup italiani. Sono centinaia, e quella "finestra" sul blog ha un valore fondamentale: è un hub, uno snodo attraverso il quale smistare l'attivismo e gli attivisti. Sul beppegrillo.it questo spazio, però, dal 2008 in poi va riducendosi giorno dopo giorno: basta accedere all'archivio delle home online per verificarlo. I Meetup interessano meno. Ora ci sono gli eletti, i gruppi locali e i loro siti Internet, le pagine Facebook. Tutte queste persone connesse, si potrebbe pensare, possono essere una risorsa per i dibattiti e le conversazioni online, ma non è così. I "nuovi arrivati" sono spesso troppi, e non conoscono le regole base per gestire una discussione digitale. Inoltre i social network, a differenza dei forum, non solo enfatizzano ancora di più slogan, battute, e frasi a effetto rispetto a un qualsiasi ragionamento, ma sono anche praterie dove centinaia di *troll* e di *fake* possono pascolare indisturbati. L'ecosistema digitale è cresciuto terribilmente, insomma, ma è diminuito nella sua profondità. A Grillo e Casaleggio, tutto ciò non può che fare gioco: per loro che hanno sempre puntato alla pancia, non c'è situazione migliore per rendere ancora più efficace il loro marketing politico-digitale. Ma per i militanti non è così. La voglia di vedersi, di discutere, di guardarsi in faccia, cresce. E cresce anche la voglia di liberarsi dal giogo troppo stretto di Casaleggio: Beppe non si discute, ma il collare che Casaleggio tiene intorno al collo del movimento – il suo ruolo è ancora del tutto sconosciuto al grande pubblico – ormai toglie il fiato. È una situazione nuova, le contraddizioni possono esplodere da un momento all'altro. Come succede a Roma, nel settembre 2011, qualche mese dopo la riunione alla Casaleggio Associati.

Gianroberto Casaleggio è convinto che «La Rete non mente mai». C'è però almeno un caso in cui questo sicuramente succede. È quando un articolo viene modificato dopo la sua pubblicazione. È successo, per esempio, proprio a un post di Beppe Grillo. Era quello che il comico aveva pubblicato per il Cozza Day, un appuntamento per la campagna Parlamento pulito: le cozze sono sinonimo dei politici, come i molluschi rimangono attaccati allo scoglio, così, dice Grillo, i politici fanno con le loro poltrone. Quel giorno, però, Grillo sul blog inaugura una novità. È un'innovazione minima, a cui pochi danno peso, ma che darà il via a quella prassi, che volta per volta volta, svelerà la natura oscura del Movimento 5 Stelle. Si tratta dei famosi *ps, post scriptum* messi in calce a un articolo – che si occupa di tutt'altri argomenti – e con i quali vengono date disposizioni cogenti al Movimento sui ruoli e le responsabilità interne. «In occasione della mia presenza a Roma per Parlamento pulito» scrive Grillo «il 10 settembre e nei giorni successivi, non è previsto né concordato alcun incontro nazionale di nessun genere del Movimento 5 Stelle per discutere linee guida e programma» (questo "ps" non è più online. Chissà perché…)

Ma a cosa si riferiva a Grillo, quale incontro? Semplice, lui è atteso a Roma, davanti a Montecitorio, per sabato 10 settembre. Il comico non è mai stato a Roma, non vi ha mai organizzato nessuna iniziativa. E il giorno successivo la sua performance, nella capitale è stato fissato un incontro particolare. È nato – non a caso – da un gruppo Facebook che si rivolge «a tutti gli iscritti, attivisti, eletti e simpatizzanti del progetto 5 Stelle così come da Non Statuto contenuto nel blog beppegrillo.it» e che formula il seguente invito.

> Dopo mesi di discussione in Rete attivisti provenienti da tutta Italia propongono di incontrarsi a Roma domenica 11 Settembre cogliendo l'occasione del presidio a Piazza Montecitorio del giorno precedente, sabato 10. Questo incontro è stato ideato con l'intento di condividere idee, progetti e strumenti che possano migliorarci e offrire validi spunti per coinvolgere maggiormente i cittadini italiani nella vita politica del nostro Paese. Non c'è volontà di prevaricazione su nessuno, né quella di creare un coordinamento. Nel pieno rispetto del principio "uno conta uno" ogni intervento sarà di carattere esclusivamente personale. I temi di dibattito saranno scelti tra quelli maggiormente votati all'interno del gruppo di Facebook negli ultimi mesi ovvero: "Reti territoriali tematiche: facciamole partire e da lì il programma nazionale", "Condivisione delle esperienze", "Democrazia diretta", "Metodi comunicativi efficienti fra meetup", "Piattaforma per il voto (Portale)", "Metodo! Cosa vuol dire partecipazione", "Elezioni politiche", "Corso di Formazione Politica", "E-democracy", "Non-Statuto del Movimento", "Organizzazione", ecc. Un invito particolare si rivolge a Beppe Grillo: la persona che ha ideato il

movimento e che ogni giorno ci sprona a non mollare, a crescere e a portare avanti la riVoluzione a 5 Stelle.

Notare che l'incontro tocca questioni finora mai affrontate seriamente dai 5 Stelle: si chiedono «cosa vuol dire partecipazione» torna il tema del "portale", si vuole parlare addirittura dell'immodificabile Non Statuto. Non è una riunione carbonara: perfino Grillo è stato invitato. Gianroberto Casaleggio, però, saputo dell'incontro, deve aver fatto un altro ragionamento: stanno diventando troppe le "formiche" che iniziano a interrogarsi sul funzionamento del "formicaio" e non basta qualche riunione con gli eletti a mettere a tacere un malumore crescente. L'iniziativa va stroncata sul nascere: questo il senso del *ps*. Gli organizzatori romani dell'incontro – che si terrà ugualmente – sono attoniti per lo stop ricevuto. Ma tengono il punto. Racconta qualche giorno dopo «il Fatto Quotidiano»:

> È sul «IV punto del Non Statuto, che sancisce la democrazia diretta all'interno del MoVimento» che si sono soffermati più a lungo. A piazza dei Quiriti hanno utilizzato "La Parola ai Cittadini", un metodo già proposto in alcune realtà locali per consentire ai cittadini di poter intervenire attivamente nei dibattiti consiliari. E hanno presentato Agorà 2.0, un progetto informatico per la democrazia diretta online (e-democracy).

Dicono gli attivisti:

> C'è un'evidente e sentita esigenza che il IV punto del "Non Statuto" trovi piena attuazione visto che è riconosciuto alla totalità degli utenti della Rete il ruolo di governo e indirizzo normalmente attribuito a pochi. Per farlo è indispensabile la piattaforma informatica e alcuni cittadini attivi che si riconoscono nelle aspirazioni del

M5S, avendone le competenze, hanno deciso di costruirne una e proporla agli altri.

E intendono ridimensionare la presa di distanza del "ps" di Grillo e Casaleggio: «Il giorno prima in piazza Navona alcuni dei partecipanti all'incontro hanno incrociato Gianroberto Casaleggio e chiacchierando hanno sciolto ogni dubbio sulla faccenda. Tant'è che Casaleggio li ha invitati a continuare con questo lavoro», puntualizzano. Sarà vero? Non vogliamo dubitarne. Ma di certo di lì a poco le cose cambieranno. Sta per scoppiare quella che "dissidenti", i critici, quelli che non si fidano di Casaleggio, le "formiche" pensanti, chiameranno "La bomba atomica". Dopo di che, niente sarà più come prima.

Il 12 novembre 2011 cade il IV governo Berlusconi. Al suo posto si insedia immediatamente il governo tecnico guidato da Mario Monti. Grillo in quel momento sta cominciando una campagna anti-euro che diventerà uno dei suoi cavalli di battaglia. «Uscire dall'euro sarà scontato» dice il 29 novembre durante un incontro a Castelfranco di Sotto, in provincia di Pisa, «Francia e Germania si stanno già preparando a uscirne o, almeno, a organizzare una moneta unica a due velocità». Il comico se la prende naturalmente anche con i politici che «sono scomparsi, è un Alzheimer collettivo fantastico!» Ma su Mario Monti è meno tranchant del solito «è solo un traghettatore di idee economiche sorpassate. Monti non ha la possibilità di fare nulla se non parla con la società civile e con le associazioni di cittadini che sono gli unici a fare politica». Nei primi di dicembre, presentando *Siamo in guerra* alla Feltrinelli di Milano, si spinge anche oltre: Monti, dice, «è un uomo credibile», che va benissimo per traghettare l'Italia verso le elezioni del 2013. «Purché attui le riforme urgenti di cui ha bisogno l'Italia. Per adesso è partito bene. Staremo a vedere». Poi il comico aggiunge: «Non ho mai voluto che si andasse alle elezioni. Mi va benissimo il governo tecnico, purché faccia le tre leggi che servono urgentemente: una riforma elettorale che ridia la voce ai cittadini; provvedimenti per azzerare il debito e una misura contro il conflitto d'interessi».

Questa apertura non durerà molto. Verrà il tempo per parlare di «colpo di stato» dei poteri forti e dare al Monti del «ritardato morale». Ma in quella primissima fase post Berlusconi Grillo ha bisogno soprattutto di una e una sola cosa: tempo. Se il Paese andasse a votare subito, il 5 Stelle non sarebbe pronto in nessun modo per raccogliere le liste, organizzare le candidature, fare campagna elettorale. Eppure, è chiaro: quella è la prospettiva. Si va verso le politiche. E Grillo e Casaleggio tutto vogliono tranne perdere quel treno in corsa.

Sotto la cenere, intanto, cova ancora il dissenso di molti militanti, soprattutto quelli storici. L'eco dello stop all'incontro di Roma si è sparso come un virus nella Rete. Tutti hanno capito che è meglio non sollevare certi temi. Ma in molti non ci stanno: hanno preso alla lettera le promesse sulla democrazia diretta e sulla partecipazione e vogliono metterle in pratica a tutti i costi. L'epicentro di quello che succederà, inoltre, non può essere che nell'Emilia, sempre meno rossa e sempre di più a 5 Stelle. La dinamica dei fatti che seguono è oltremodo interessante, e siamo in grado di svelare dei retroscena inediti che spiegano bene a che punto di raffinatezza – e di efficienza – possano spingersi le tecniche manipolatorie che, partendo da un grosso hub (il blog di Grillo), provano a imporre a tutti una verità parziale.

Torniamo a Parma, città che in un modo o nell'altro risulta sempre epicentro della storia grillina. Oltre a essere la terra di Michele Morini, il militante che abbiamo conosciuto nelle scorse pagine, è anche la città di Peppe Carpentieri. Originario di Salerno, Peppe – detto anche "il Beppe Grillo di Parma – è molto conosciuto in città per le sue battaglie. È blogger, tra i fondatori del 5 Stelle e voce autorevole sulla "decrescita felice", tema molto sentito dagli attivisti. Nei mesi precedenti alla caduta di Berlusconi, da lui è partita online una lunghissima discussione che ha coinvolto prima altri tre autorevoli esponenti del movimento (i romani, impegnati su tematiche ambientali e nella battaglia contro la discarica di Malagrotta, Stefano Vignaroli e Dario Tamburrano) e poi centinaia di persone. Come ormai si usa, non si discute più sui meetup, ma su Facebook, e il gruppo lanciato dai tre grillini diventa presto un fenomeno sul social network. Inizialmente il gruppo viene chiamato Incontro nazionale movimento 5 Stelle. L'obiettivo è lo stesso dell'incontro romano. Parlare dell'organizzazione del movimento, del ruolo di Grillo e di Casaleggio, delle promesse ancora inevase sul "portale" e della democrazia interna. Ma fin dal nome il gruppo si contraddistingue per un obiettivo specifico: organizzare finalmente un "Incontro nazionale" del Movimento, senza ordini del giorno già pronti, senza sfilate. Sul gruppo viene deciso che tutto, dalla sede dell'incontro ai temi che saranno discussi, verrà votato tramite appositi sondaggi online. Non si vuole organizzare una fronda: quanto deliberato dall'incontro "fisico", verrà pubblicato nel sito nazionale del Movimento 5 Stelle (è una sottosezione di beppegrillo.it, con pochissimi strumenti per interagire e dove lo "staff" fa il bello e il cattivo tempo). Questa volta dovrebbe essere davvero la Rete a decidere, e non è per nulla detto che segua le indicazioni che arrivano dall'asse Genova-Milano.

È noto che una notizia, come una freccia dall'arco scocca, vola veloce di bocca in bocca. E non ci vuole molto perché la notizia dell'esistenza del gruppo Facebook arrivi alle orecchie di Beppe Grillo e Gianroberto Casaleggio – e del loro staff al quale grazie al *web monitoring* e al *web sentiment analysis* non sfugge niente di ciò che succede online. Nel gruppo, pian piano, è andata emergendo una data e un luogo per il fatidico incontro. Si parla di Rimini, dove il Movimento è molto forte e alle precedenti amministrative ha raccolto oltre l'11 per cento dei voti. Ma quando la data sta per essere fissata, ecco che tra il ticchettare di tastiere, in mezzo al silenzio digitale di bit scambiati sul social network, a metà del febbraio 2012 si ode netto il suono di un colpo di cannone. È partito dal blog di Grillo, ed è un altro *ps*, un altro *post scriptum* a un articolo in cui si parla di tutt'altro (nel caso specifico c'è un attacco a Vendola). «Ps: Non sono stati programmati incontri nazionali del M5S e neppure riedizioni di Woodstock a Rimini come riportato da alcuni giornali». Chi non è addentro le cose del Movimento, liquida il *ps* come una semplice informazione di servizio: Woodstosck a 5 Stelle è stata una kermesse ambientalista di grande successo realizzata da Grillo a Cesena nel settembre del 2010. Il *ps* sembra soltanto voler dire che non si svolgeranno simili incontri a breve. Quelli del gruppo Facebook, invece, annusano subito l'aria: è evidente che si tratta di una scomunica rivolta a loro. Decidono subito di cambiare il nome del gruppo. Viene tolto il simbolo, la dicitura "nazionale" e il gruppo diventa «Incontro cittadini a 5 Stelle». Questa accortezza non sarà sufficiente. Molti militanti, avendo capito la forte contrarietà di Grillo e Casaleggio all'evento, rimangono impauriti e preferiscono girare al largo. Truppe cammellate a difesa dell'ortodossia, compaiono dal nulla. E se le guerre nel Movimento si vincono online, bisogna fronteggiare anche gli infiltrati: un militante indicato da tutti come un "collaborazionista di Grillo", viene fatto amministratore del gruppo da un "complice". Da quel ruolo, armati di cattive intenzioni, si può fare di tutto. Si possono cancellare commenti e post sgraditi, eliminare degli iscritti, persino pubblicare foto e aggiornamenti *OT* (*off topic*, fuori argomento) per impedire un dibattito civile. Tanto il disagio, che gli attivisti decidono di aprire un terzo gruppo Facebook, con lo stesso nome del precedente (Incontro cittadini a 5 Stelle) e nel quale continua la discussione con ancora maggiore accortezza. Viene steso un ordine del giorno con le proposte più votate. Come luogo dell'incontro è confermato Rimini. La data stabilità è il 3 e 4 marzo. Di tutti gli argomenti discussi tra i circa cento iscritti del gruppo, quello che riscuote un vero e proprio plebiscito è il famoso "portale". Si tratta della piattaforma informatica promessa innumerevoli volte da Grillo e che dovrebbe permettere non solo di commentare le decisioni e le prese di posizioni che arrivano dal blog, ma anche prevedere dei meccanismi per avanzare proposte formali e votarle: questa, per gli attivisti, è la vera democrazia diretta e digitale. Il gruppo vota anche proposte organizzative interne e le classiche tematiche legate al taglio dei costi della politica e all'ambiente. Gli attivisti fanno tutto alla perfezione. Commettono solo un errore, minuscolo, insignificante. Ma che costerà loro carissimo. A dirla tutta, non hanno colpe: se qualcuno da una posizione di forza ti vuole distruggere, troverà sempre un appiglio al quale aggrapparsi. Nell'ordine del giorno redatto, infatti, trovano spazio tutte le proposte uscite dalle discussioni online, anche quelle con pochi – o pochissimi – voti. È una pratica comune, questa, dell'assemblearismo digitale: si dà spazio a ogni idea. E una di queste, lanciata nel forum, è quella di candidare Giovanni Favia a premier del Movimento 5 Stelle per le prossime elezioni politiche. È una proposta che non ha convinto molti, ha raccolto appena due voti, eppure, finisce ugualmente nell'ordine del giorno. La mattina di venerdì 2 marzo, i militanti decisi ad andare a Rimini da tutta Italia hanno prenotato alberghi e treni, sono pronti a partire e, chi può, è già per strada. Anche Valentino Tavolazzi ha assicurato la sua presenza. La sera prima si è anche sentito con Grillo, gli ha spiegato per filo e per segno gli obiettivi dell'appuntamento chiarendo che la volontà del gruppo è quella di discutere unicamente degli argomenti scelti in Rete, per poi sottoporre la proposta al forum del Movimento (è l'unico strumento di interazione che c'è sul sito 5 Stelle). «Se è come dici tu, mi fido», la risposta del comico. Ma nonostante ogni rassicurazione, il bombardiere grillo-casaleggiesco è già in volo. E alle 14.25 sgancerà sul Movimento la sua bomba atomica.

Si tratta naturalmente di un post. Non si è mai visto, negli anni, un post che parlasse del Movimento con questi toni. Anche il titolo è fortemente evocativo: *Il Movimento 5 Stelle è morto, Viva il Movimento 5 Stelle*. Inoltre, per la prima volta in assoluto, compare un nome: "Casaleggio". In pochissimi ne conoscevano l'esistenza. È questo il momento in cui stampa e simpatizzanti cominciano a interrogarsi sul manager invasato dalla Rete e con la testa piena di ricci. Vi riportiamo di seguito il post della "bomba" . Forse a una prima lettura vi sembrerà poco chiaro, anche perché è costruito per sviare l'attenzione e, in stile Wikileaks, pubblica una conversazione privata tra eletti a 5 Stelle. L'esegesi di quando segue la faremo, naturalmente, subito dopo.

> Il M5S è nato per far partecipare alla vita pubblica i cittadini. Non è un partito, non vuole esserlo. Non ha sedi, non ha soldi, né li vuole. Ha un programma, un Non Statuto. Chi li condivide può usare il suo simbolo per la creazione di liste e avere il mio supporto nelle piazze e attraverso il blog. Chi non li condivide non si capisce per quale motivo voglia far parte del M5S. Nessuno lo obbliga. Gli eletti dovrebbero dimostrare la massima trasparenza nei confronti degli elettori, che sono il loro giudice e riferimento. Se un consigliere è stanco, ha impegni personali può passare il testimone a un altro presente nella lista. È un portavoce, è di passaggio, un volontario civile. Il M5S è un virus, non una poltrona. Ribadisco ancora questi punti perché alcuni che si sono avvicinati al M5S lo hanno scambiato per un partito e, ovviamente, si sentono a disagio. La discussione che segue è tratta da un forum privato (trasparenza?) al quale hanno partecipato alcuni consiglieri del M5S. Leggerli mi ha fatto cadere le palle.
> Discussione:
> **Primo consigliere**: «Io non condivido più la leggerezza con cui si affronta il tema dell'organizzazione. Queste cose continueranno ad accadere se non si cambia passo.

Le mie energie per affrontare questo sbranarsi a vicenda, originato dal caos, anche culturale, che ci circonda, stanno per finire».
Secondo consigliere: «Quoto quanto detto: la mancanza di organizzazione sta facendo implodere il Movimento 5 stelle. Mi convinco sempre più che la volontà di Casaleggio e Grillo sia sempre più rivolta all'implosione del Movimento in barba a tanti bravi ragazzi che nel progetto c'hanno messo il cuore, la faccia e, spesso, il culo».
Terzo consigliere: «Temo che più che volontà in tal senso, sia una volontà di portare avanti "un esperimento"... solo che noi siamo le cavie e io personalmente non ne ho tanta voglia».
Quarto consigliere: «Un esercito di formiche è la perfetta organizzazione, senza che neanche lo sappiano. Sono nate per farlo. Questa doveva essere la famosa rete . Che fine ha fatto? Persa nelle nebbie...?
Secondo consigliere: «Non ho voluto parlare di "esperimento" ma la penso esattamente come te. Siamo delle belle cavie in vitro"».
Terzo consigliere: «Credo che noi che abbiamo avuto la bravura e la fortuna di avere creato qualcosa di un pò più omogeneo nella nostra regione, si debba fare qualche passo in più per cercare di capire se c'è la stessa bravura e volontà affinché si prenda spunto da noi per adattarlo ognuno alla propria regione. Per dirla in parole povere, secondo me dobbiamo cominciare a fare qualche passo noi. Quali sono le regole da rispettare? Il non statuto e basta? Non statuto e post di Beppe? Io credo che le uniche regole siano il non statuto e quelle scelte strategiche che poi sono state avallate dalla base ampiamente (come la rinuncia ai rimborsi elettorali ad esempio). Altre "regole" poste con i post sul blog io non le ritengo tali fino a quando non ci sia uno strumento (informatico e/o non informatico) che possa far capire se gli attivisti condividono tali proposte o meno. Sempre il tutto attraverso il

coinvolgimento dei gruppi sul territorio dato che sul blog si può iscrivere chiunque».
Quinto consigliere: «... Non sfogarti sulle bacheche in giro per Facebook! Fallo tra amici fidati».
Quarto consigliere: «Se Casaleggio avesse scritto il primo post in maniera più delicata, invece di pensare a grattare la pancia alle frange più merdose di questo Paese, tutto ciò non sarebbe successo. Frange che al massimo ci regalano qualche estremista in più. Grazie Casaleggio, grazie Beppe. Hai voglia poi a pubblicare autorevoli commentatori sull'argomento. Li potevi pubblicare prima, cretino».
Sesto consigliere: «Due cose gonfie ce le abbiamo sicuramente però...»
Secondo consigliere: «Altroché, io ho una quarta».
Primo consigliere: «Quinta».
Quarto consigliere: «Sesta. È ora di chiedere la testa editoriale di Casaleggio».

Vorrei ricordare, ancora una volta, che la responsabilità editoriale del blog è esclusivamente mia, che il programma comunale e regionale non è scritto da me o dallo staff, ma direttamente dalla lista. In questi giorni si terrà a Rimini una due giorni autoconvocata da fantomatici cittadini a 5 Stelle (chi sono?) a nome del M5S. L'elenco dei punti di discussione è degno della migliore partitocrazia con la proposta finale di un leader del M5S. Se non cambiamo, è meglio scordarci le politiche.

Beppe Grillo

Devo confessare la verità. Quando ho riletto con attenzione questa chat per la preparazione di questo volume, mi è venuto un colpo. Avevo già letto l'eBook di Davide Casaleggio e ritrovare in questa discussione senza filtri il paragone delle "formiche" mi ha lasciato a bocca aperta. Non so dire se anche "il consigliere" che scrive abbia letto quelle pagine. Forse no, ed è arrivato da solo allo stesso concetto teorizzato e poi messo in pratica dalla Casaleggio Associati. Non solo le "formiche", comunque: questo post di Grillo squarcia completamente il velo sul Movimento 5 Stelle. Accusa, blandisce, suggerisce, minaccia. E alla fine scomunica apertamente l'incontro di Rimini. Gli obiettivi che centra sono numerosi e tutti importanti. Innanzitutto mette davvero il "fiato sul collo" ai militanti, ancora di più a quelli maggiormente rappresentativi e critici. La chat è privata – notare che Grillo chiede conto anche della trasparenza («Trasparenza?» scrive tra parentesi, e questo quando sappiamo che trasparenza ai vertici del 5 Stelle non esiste). Come è entrato Grillo in possesso di questa discussione? Nessuno lo sa: sicuramente uno dei sei consiglieri coinvolti gliel'ha girata. I nomi dei partecipanti non usciranno mai. Per una semplice ragione: uno di coloro che ha preso parte alla discussione minaccia tutti gli altri: se escono i nomi, in qualsiasi modo, querelo tutti. E i nomi non uscirono (possiamo svelare qui che tra i "consiglieri" citati c'era senz'altro Giovanni Favia, ma non c'era Valentino Tavolazzi). Il messaggio di Grillo è comunque chiaro: *Big Brother is wahtching you*, il Grande Fratello (quello di Orwell) vi guarda, sa tutto, non gli sfugge niente di quello che si dice online. Non solo. Questo post con la "bomba" rappresenta anche un chiaro avvertimento per i consiglieri citati (che si domandano l'indomandabile: «Quali sono le regole da rispettare? Il Non Statuto e basta? Non Statuto e post di Beppe?»). Da quel giorno in poi devono guardarsi le spalle, non hanno più la fiducia dei vertici. Ma c'è un altro elemento che finora non è mai stato chiarito. Per come è presentato il post, sembra che la discussione dei sei eletti si riferisca all'incontro di Rimini. Ma non è così. La chat in realtà si è svolta parecchio tempo prima la pubblicazione di Grillo sul suo blog. Non a caso c'è una frase scritta dal "quarto consigliere" che non si capirebbe altrimenti. È quando dice: «Se Casaleggio avesse scritto il primo post in maniera più delicata, invece di pensare a grattare la pancia alle frange più merdose di questo Paese, tutto ciò non sarebbe successo. Frange che al massimo ci regalano qualche estremista in più. Grazie Casaleggio, grazie Beppe». Di cosa parla? Di quale "post" che "gratta la pancia" alle "frange più merdose del Paese"? Ebbene, la frase in questione in realtà si riferisce al vero tema che ha dato il via alla discussione tra i consiglieri. E in particolare ad un post precedentemente pubblicato da Grillo che aveva sollevato polemiche feroci. Il post rappresenta un momento di fortissima rottura con tutto un mondo progressista che fino ad allora aveva guardato a Grillo se non con interesse, almeno con rispetto. *La liberalizzazione delle nascite* il titolo. Quello di seguito il testo:

> La cittadinanza a chi nasce in Italia, anche se i genitori non ne dispongono, è senza senso. O meglio, un senso lo ha. Distrarre gli italiani dai problemi reali per trasformarli in tifosi. Da una parte i buonisti della sinistra senza se e senza ma che lasciano agli italiani gli oneri dei loro deliri. Dall'altra i leghisti e i movimenti xenofobi che crescono nei consensi per paura della "liberalizzazione" delle nascite.

Una sparata su un argomento molto sensibile, che riguarda la vita di migliaia e migliaia di giovani italiani. Il post è del 23 gennaio 2012, quaranta giorni prima della pubblicazione della chat. Grillo, inoltre, già nel 2007 aveva attaccato con un altro post, "i rumeni", parlando dei "confini sconsacrati" della patria e scrivendo: «Un Paese non può vivere al di sopra dei propri mezzi. Un Paese non può scaricare sui suoi cittadini i problemi causati da decine di migliaia di rom della Romania che arrivano in Italia» e a margine del post aveva pubblicato la lettera di un lettore sposato con una cittadina rumena che scriveva, tra l'altro, «Ogni giorno si sente parlare di rumeni in italia... è una continua vergogna... per mia moglie... per me! (...) Ora basta! Fuori il marcio dai nostri confini... dalle nostre carceri... dalle nostre strade!»

Dopo queste prese di posizione razziste, quando arriva anche il post sullo Ius Soli, c'è una persona che decide di non poterne più. È Antonia Julia Dejeu, una donna romena residente a Bologna. Nel 2010 si era avvicinata al Movimento ed era stata eletta l'anno dopo consigliera 5 Stelle al quartiere San Vitale di Bologna. L'uscita sui figli di immigrati residenti in Italia per Julia è davvero troppo. Pochi giorni dopo la pubblicazione del post, rassegna le sue dimissioni:

> Beppe l'ha fatta grossa. Partiti, astenetevi da chiamare. Non sono in vendita. Credo ancora nei valori del Movimento 5 Stelle, che sono incompatibili con voi – la sua nota su Facebook – voglio dire una sola cosa, non ho imparato a pensare da Beppe, ma dai miei genitori e dai miei nonni. Rispetto Beppe per mille cose che ha fatto e continua a fare, ma non ne faccio un idolo, perché non ho mai avuto bisogno di idoli, per cui credo di avere il diritto di esprimere democraticamente il mio disappunto quando la fa grossa. Se non si danno messaggi chiari non passa la verità: uno vale uno, bisogna fare chiarezza su quando si parla a nome proprio e quando per un movimento. La mia sì. È una scelta dolorosa, e io continuerò a appoggiare il movimento, ma da fuori.

Ecco, proprio di questo parlavano i "consiglieri" citati nella chat. «Grattare la pancia alle frange più merdose di questo Paese» si riferisce alla discussione sullo Ius soli avvenuta quaranta giorni prima.

Beppe Grillo lascia intendere altro. Ovvero che i congiurati vogliano chiedere «la testa editoriale di Casaleggio» e si stiano organizzando, "partiticamente" per raggiungere questo obiettivo con l'incontro di Rimini. Proprio su quell'appuntamento, d'altronde, le parole di Grillo sono nettissime:

> In questi giorni si terrà a Rimini una due giorni autoconvocata da fantomatici cittadini a 5 Stelle (chi sono?) a nome del M5S. L'elenco dei punti di discussione è degno della migliore partitocrazia con la proposta finale di un leader del M5S. Se non cambiamo, è meglio scordarci le politiche.
>
> *Beppe Grillo.*

Non solo scomunica la riunione e coloro che vi parteciperanno (definiti "fantomatici" militanti). Non solo dà agli organizzatori la responsabilità di come andranno le cose in futuro («Se non cambiano, è meglio scordarci le politiche»). Ma utilizza quel punto all'ordine del giorno su Giovanni Favia, come detto votato da appena due persone, per bollare come proposte "degne della migliore partitocrazia" un incontro che in realtà chiede trasparenza, orizzontalità e il tanto agognato portale.

L'effetto di questo post sui "riminesi" è lo stesso che potrebbe avrebbe su tutti noi la luna se d'un tratto uscisse dalla sua orbita e sbattesse contro la terra. Devastante. Molti militanti preferiscono non farsi vedere. Altri, in viaggio, invertono il senso di marcia. La partecipazione, naturalmente, risulterà molto inferiore alle aspettative anche se tutti i punti verranno discussi e votati – chi ha lanciato "Favia premier" neanche si presenterà, sarebbe interessante capire chi fosse – e quindi le proposte verranno caricate sul portale.

Ma l'onda lunga del post di scomunica, ora che è partita, non si fermerà più. Passano solo due giorni e arriva un altro post. Il titolo *ad personam* è tutto un programma: *Valentino Tavolazzi*.

> Valentino Tavolazzi è consigliere a Ferrara per la lista civica Progetto per Ferrara appoggiata a suo tempo da me. Si candidò prima della nascita del M5S. Non ha purtroppo capito lo spirito del M5S che è quello di svolgere esclusivamente il proprio mandato amministrativo e di rispondere del proprio operato e del programma ai cittadini. Non certamente quello di organizzare o sostenere fantomatici incontri nazionali in cui si discute dell'organizzazione del M5S, della presenza del mio nome nel simbolo, del candidato leader del M5S o se il massimo di due mandati vale se uno dei due è interrotto. Sarà sicuramente in buona fede, ma Tavolazzi sta facendo più danni al M5S dei partiti o dei giornali messi insieme. A mio avviso ha frainteso lo spirito del M5S, ha violato il Non Statuto e messo in seria difficoltà l'operato sul campo di migliaia di persone in tutta Italia. Per questo, anche di fronte ai suoi commenti in cui ribadisce la bontà di iniziative che nulla hanno a che fare con il M5S, è per me da oggi fuori dal M5S con la sua lista Progetto per Ferrara. Chi vuole lo segua.
>
> *Beppe Grillo*

È una vera e propria epurazione. Tavolazzi, come i dissidenti nella Russia dei Gulag, viene accusato di tramare alle spalle del capo. Grillo e Casaleggio commettono un falso documentale (dicono che Tavolazzi ha violato il Non Statuto, ma non chiariscono in quale articolo) e soprattutto, nella loro sorta di *common law*, legge costruita ogni volta in base ai post del blog, chiariscono una volta per tutte che chiunque discuta di temi quali «l'organizzazione del M5S, della presenza del mio nome nel simbolo, del candidato leader del M5S o se il massimo di due mandati vale se uno dei due è interrotto» è automaticamente espulso, senza neanche i probiviri, fantomatiche figure che nei partiti "morti" devono dirimere le questioni più controverse.

L'espulsione di Tavolazzi è un fatto enorme per il Movimento. Valentino, come lo chiamano gli attivisti, è uno dei più bravi grillini su piazza, spesso ha organizzato delle iniziative insieme a Grillo che lo presentava come «il nostro consigliere più preparato». Lui, a caldo, commenta: «Dentro il Movimento sta succedendo qualcosa di molto grave. Vorrei proprio sapere quali danni avrei causato, visto che da quando siedo in Comune ho condotto decine di battaglie. Davvero non capisco quale strategia abbia in mente Grillo». Articolerà la sua posizione più avanti: «Centinaia di migliaia di cittadini non vogliono che il progetto politico M5S sia a scadenza come il latte (nel lungo periodo sì), né un esperimento di marketing politico. Se anche Grillo e Casaleggio non lo vogliono, si diano una mossa per farlo camminare con le sue gambe. Prima o poi (spero tardi) loro non ci saranno più. Gli appuntamenti con la storia politica del Paese incombono. Bisogna far crescere i cittadini che, in servizio civile e a tempo, andranno a fare i sindaci, i deputati, i consiglieri regionali e i presidenti di regione. Pensate a tutto voi, Grillo e Casaleggio? O volete farvi aiutare dai cittadini 5 Stelle?» dirà nel luglio successivo. Dopo alcuni giorni ribadirà su Facebook: «Non è Grillo, ma Gianroberto Casaleggio il vero padrone del Movimento. Grillo gli ha delegato tutto. Attualmente regna e la maggior parte degli eletti e dei cittadini 5 Stelle tace, apparentemente sazia delle aspettative elettorali, ma soprattutto intimorita dalla strategia colpire pochi per educare gli altri». Colpirne uno per educarne cento, in effetti, sembra aver funzionato. Tavolazzi è fuori, Favia è avvertito e sarà espulso presto anche lui. Ma a fare le spese delle reprimende grillesche, sarà anche un piccolo gruppo di grillini che, da un momento all'altro si trova in una situazione più grande. I militanti 5 Stelle di Cento, in provincia di Ferrara, per solidarietà a Tavolazzi hanno deciso di mettere sulla loro pagina Facebook un piccolo fotomontaggio. È il classico simbolo a 5 Stelle con l'aggiunta di una scritta: «Uno vale uno». È un fatto minimo, che rimane confinato nel mondo del social network. Questo fino al 17 marzo. Quando è un altro *ps* a lanciare l'anatema: «Ps: A Cento hanno cambiato il simbolo del MoVimento 5 Stelle con un altro. Liberi di farlo. Non potranno però più usare in futuro il simbolo del Movimento 5 Stelle. In merito alla cosiddetta espulsione della lista di Tavolazzi, non è stata espulsa. Gli è stato invece ritirato l'uso del simbolo del M5S accanto al suo simbolo Progetto per Ferrara, una lista nata prima del M5S, che ha anche un suo Statuto, diverso da quello del MoVimento 5 Stelle». A Cento sono sbigottiti: è una realtà di appena quindici militanti che non ha nessuno strumento per rispondere all'attacco di Grillo. Ci provano, anche loro su Internet: «Abbiamo deciso di usare nelle nostre note stampa il non-simbolo Uno vale uno». Ma rimangono fuori. Proveranno l'estate a lanciare un'altra iniziativa, il "Movimento sei stelle" dove la sesta stella è quella della democrazia. Purtroppo, se ne accorgeranno in pochi: la differenza che passa tra la loro potenza mediatico-digitale e quella di Grillo, è la stessa che passa tra un volantino appeso a un palo della luce e un talk show in prima serata su una rete generalista. Per niente pentito, Grillo invece va avanti per la sua strada. Scriverà nel "Comunicato politico numero quaratanove": «Nel M5S la democrazia diretta è realtà quotidiana, non c'è bisogno che qualcuno la interpreti per noi o ci tenga concioni agitando un libretto. Ogni lista comunale o regionale del M5S ha definito in modo assolutamente autonomo il suo programma. Ne risponde agli elettori quando lo presenta e quando non lo osserva. Per utilizzare il simbolo del M5S i candidati devono essere incensurati (fatto inconsueto per chi fa politica), non essere iscritti a un partito, risiedere nel comune o regione dove si tengono le elezioni, non aver fatto due mandati e osservare le regole del Non Statuto. Un documento di sette semplici punti che ha come obiettivo dichiarato di non volere trasformare il M5S in un partito. Chi non è d'accordo può chiedere ospitalità a Casini, a Vendola, a Bersani, a Bossi. C'è un'ampia scelta. Il mio ruolo è quello di garante di queste (poche) regole e di amplificatore. I media, in particolare quelli liberal e di sinistra, vogliono dividere il M5S da Beppe Grillo, il despota. Poveri coglioni. Non hanno capito nulla di quello che aspetta loro e questo disgraziato Paese».

Sì, poveri coglioni. E se non siete d'accordo potete lasciare sempre un commento in calce al post. Qualcuno, magari, di passaggio riuscirà anche a leggerlo.

Provate a votare qualcos'altro!

L'ultimo anno, il 2012, è vissuto pericolosamente dal Movimento 5 Stelle. Il 2012 sarà in tutto e per tutto l'anno che segnerà la svolta definitiva, la crescita esponenziale in termini di voti ma anche delle critiche che trovano spazio tra la stampa, i militanti e in tutta l'opinione pubblica.

Alle elezioni amministrative del 2012 il Movimento viene travolto da un altro cambio di fase. I voti stanno lievitando, certo, i sondaggi lo danno a circa 7-8 punti percentuali su base nazionale. Ma non c'è ancora idea di quello che sta per succedere. L'epicentro, ancora e di nuovo, è Parma. Qui, nella città emiliana capitale della cucina e della lirica, dove spiccato è il senso civico e il reddito medio risulta in media superiore a quello nazionale, la precedente giunta guidata da Pietro Vignali (centrodestra) è stata travolta da una serie di scandali e ruberie. C'è di tutto: persino un giro di corruzione sugli appalti delle mense di asili e scuole dell'obbligo. A Parma il Movimento 5 Stelle ha una lunga tradizione di attivismo e un gruppo di militanti molto numeroso. Il candidato sindaco è Federico Pizzarotti, un militante di 39 anni che di lavoro fa l'informatico. Il centrosinistra gli schiera contro

Vincenzo Bernazzoli, presidente della provincia in carica e con scarso appeal sull'elettorato locale. Federico Pizzarotti arriva al ballottaggio e clamorosamente, lo vince, anche e soprattutto per la sua promessa di bloccare la costruzione dell'inceneritore fortemente voluta dal suo avversario – anche se successivamente il progetto dell'inceneritore andrà avanti. L'elezione di Pizzarotti è senza dubbio alcuno una vittoria storica. È non è l'unico dato positivo per i grillini. A quella tornata amministrativa il Movimento prende in tutto quattro sindaci (Sarego in provincia di Vicenza, Comacchio in provincia di Ferrara, e Mira in provincia di Venezia) e si contano ottimi risultati ovunque. Il 10 per cento a Piacenza; il 14 a Genova, il 10,3 a La Spezia, il 5 per cento a Como, quasi il 12 ad Alessandria, l'8 per cento a Cuneo, il 7 per cento a Lucca. Al sud ancora non riesce a sfondare, ma ovunque il dato è in crescita. Tutti gli amministratori a 5 Stelle promettono di abbassarsi lo stipendio, di garantire massima trasparenza sul loro operato e di rinunciare ai molti privilegi: di fatto tutti manterranno la promessa. La vittoria del 5 Stelle è amplificata anche da un'ingenuità commessa dal Presidente della Repubblica Giorgio Napolitano – spesso vittima degli strali di Grillo che lo chiama "Orfeo Napolitano" – che, alla domanda «cosa ne pensa del boom a 5 Stelle?» risponde: «Di boom ricordo quello degli anni Sessanta, altri non ne vedo». Con questa risposta Napolitano darà a Grillo il destro per rispondergli da par suo: «L'anno prossimo si terranno le elezioni politiche e, subito dopo, sarà nominato il successore di Napolitano, che potrà godersi il meritato riposo. Se il MoVimento 5 Stelle farà boom (come quello dei favolosi anni Sessanta), il prossimo presidente non sarà un'emanazione dei partiti, come la Bonino, e neppure delle banche, come Rigor Montis».

Eppure, nel bel mezzo di questa fase esaltante, scoppia subito una nuova grana. E di nuovo si torna a parlare del ruolo di Casaleggio nel Movimento. Il neosindaco Pizzarotti si accorge ben presto che la maggioranza conquistata a suon di voti ha portato "nel Palazzo" tanti militanti armati di buona fede ed entusiasmo, ma con poche competenze. L'uomo che gli serve per gestire un ente complesso come un comune di grandi dimensioni, per di più sommerso dai debiti, è Valentino Tavolazzi. Il suo nome comincia a circolare, la scelta di nominarlo direttore generale del Comune di Parma, inoltre, suonerebbe anche come una ricomposizione del quadro all'interno del Movimento, un sorte di pace "fredda" in grado di far calare il livello di conflittualità. Pizzarotti, che è in buoni rapporti sia con Favia che con Tavolazzi, ci pensa seriamente, fa alcune telefonate ma poi dal blog arriva un altro diktat. Ormai le scomuniche non sono più velate. Sono aperte e chiare davanti agli occhi di tutti. Grillo scrive su blog: «La Rete non deve lasciare soli i sindaci a 5 Stelle». Lui, che evidentemente con la Rete si sente un tutt'uno, ritiene che stare vicino ai militanti eletti significhi questo: «Tutto è avvenuto molto in fretta e c'è la necessità di ricoprire ruoli operativi. A Parma abbiamo bisogno di aiuto. Cerchiamo una persona con esperienza della gestione della macchina comunale per la carica di direttore generale al più presto. Incensurata, non legata ai partiti, di provata competenza. Ho saputo soltanto ieri sera della candidatura (appoggiata da un consigliere del M5S dell'Emilia Romagna) di Valentino Tavolazzi di Progetto per Ferrara a cui è stato inibito l'uso congiunto del suo simbolo con quello del MoVimento 5 Stelle qualche mese fa. Ovviamente è una scelta impossibile, incompatibile e ingestibile politicamente. Mi meraviglio che Tavolazzi si ripresenti ancora sulla scena per spaccare il MoVimento 5 Stelle e che trovi pure il consenso di un consigliere. Chiunque fosse interessato alla posizione invii il suo curriculum a questa mail».

Siamo ormai alla più becera propaganda. Questo post è un altro avvertimento per Favia (considerato il regista dell'operazione); dà a Tavolazzi dell'infiltrato, dell'untore, come succede in qualsiasi dittatura con chi la pensa diversamente. Impone una scelta strategica a Pizzarotti: la pubblicazione da parte di Grillo di un indirizzo mail al quale "mandare il proprio curriculum", sembra dimostrare una volta di più che gli esponenti dei 5 Stelle devono fare sempre i conti con Gianroberto Casaleggio, che il potere del manager è più forte del mandato popolare. «Il Fatto Quotidiano» così racconta il retroscena dell'ennesima decisione unilaterale di Grillo. «I problemi nascono ieri. Quando Federico Pizzarotti chiama non Grillo, ma Casaleggio. E gli comunica di aver scelto il direttore generale per il Comune di Parma: si chiama Valentino Tavolazzi. Casaleggio solo a sentirlo nominare sobbalza sulla sedia. La telefonata è gelida, a dir poco. Ma Pizzarotti è deciso, Casaleggio altrettanto deciso a dire no. Pizzarotti è forte di un mandato che gli ha dato la sua squadra e il suo ragionamento, riportato da chi ha assistito alla telefonata, suona più o meno così: se non siamo come gli altri partiti, sono io che scelgo. E Tavolazzi è l'uomo che ha le competenze. Io ho bisogno di un direttore generale che sia bravo, certo. E Tavolazzi lo è. Ma devo anche fidarmi e di lui mi fido. Così finisce la comunicazione. Casaleggio non si ferma, chiama uno dei suoi a Parma, poi un altro a Bologna. E dietro ci vede una manovra diretta e orchestrata da Giovanni Favia, consigliere regionale, che non è per nulla amato da Casaleggio. Così stamani esce il post di Grillo, o chi per lui».

Alla fine Pizzarotti si nasconderà in un codicillo per obbedire alle disposizioni di Casaleggio: dirà che il ruolo di direttore generale prevede una laurea in Giurisprudenza o materie economiche mentre Tavolazzi è... un ingegnere. Compie davvero un grandissimo errore, Federico Pizzarotti. Se in quel momento non avesse fatto "il gran rifiuto" probabilmente la storia del Movimento avrebbe preso altre strade. Fortissimo di un consenso schiacciante nella culla del grillismo, visto con simpatia in buona parte d'Italia, se avesse costruito una "rete" a 5 Stelle con due amministratori dotati di esperienza e consenso come Giovanni Favia e Valentino Tavolazzi, il neo sindaco si sarebbe potuto imporre come riferimento per un nuovo gruppo dirigente del Movimento, sganciato e contrapposto a Casaleggio. Se avesse scelto questa strada, avrebbe avuto la forza per mettere in atto quello che moltissimi cittadini e militanti pensano, proprio quel "frame", quella cornice generale che, nell'incontro del 2009 con gli eletti, Casaleggio aveva imposto di smontare: «Il Movimento è bello ma deve liberarsi di Grillo (o di Casaleggio) che è brutto». A discolpa di Pizzarotti va detto che non sarebbe stato facile contrapporsi alla legge del padrone e del copyright: cosa avrebbe dovuto fare se Grillo gli avesse tolto il simbolo, come nelle sue prerogative? Pizzarotti, alla fine, preferisce il quieto vivere: abbassa il capo e si adegua. Da allora in poi, di certo, nel Movimento ufficialmente non ci sarà più spazio per nessun tipo di pensiero critico. I dissidenti cominceranno a organizzarsi, ma in una sorta di "clandestinità", guardandosi bene dal pubblicare su Internet le loro opinioni. Anche perché, come sempre nella storia, così come quando in un film una telefonata interrompe il probabile primo bacio tra i due protagonisti, si manifesta sempre un avvenimento che non ti aspetti. E quando te lo trovi davanti, è praticamente impossibile sfuggire alla forza del destino.

La stampa e la comunicazione funzionano in modo tutto speciale. Si trasformano a volte in un'animale selvaggio e indomito del quale è impossibile prevedere il comportamento. Così succede anche per la copertura mediatica dei 5 Stelle. È singolare, per un movimento contrario alle forme e agli strumenti della politica classica, che tutto cambi per un sondaggio. Venerdì 25 maggio, durante la trasmissione *Agorà,* in onda la mattina su RaiTre e condotta da Andrea Vianello; il sondaggista della società SVG, Roberto Weber, presenta un dato clamoroso. Il Movimento 5 Stelle, dato al 13 per cento fino ad una settimana prima, in sette giorni ha registrato un enorme incremento nelle intenzioni di voto: il 17 per cento degli italiani si dice pronto a votarlo. È sicuramente una conseguenza del "boom" di Parma e fornisce anche una chiave di lettura. Agli elettori, stanchi degli sprechi di una politica che ha dato prove di pessimo governo, delle epurazioni nei 5 Stelle, dei diktat, delle ingerenze di Casaleggio non importa niente. Il Movimento funziona, piace, per i sondaggi è il secondo partito italiano. Il "tipping-point", il punto di non ritorno, quello in cui una innovazione viene adottata dalla massa, è stato superato. È così che comincia un enorme can

can mediatico che porta Grillo e i suoi a spopolare nei telegiornali, nei talk-show, sui giornali, sul web naturalmente. È ovvio che la stampa si occupa di ciò che interessa ai cittadini, ed è ovvio che in quel momento si registra un'enorme curiosità per una forza politica appena nata che ha centrato un successo clamoroso. Inoltre, Grillo, ha sempre "funzionato" tantissimo in televisione: quando c'è lui, a un comizio, per strada, in mezzo alla gente, lo share va alle stelle. È la forza della sua abilità, della sua capacità propagandistica, ma anche della sua storia, dell'essere uomo dei *Fantastico*, degli show del sabato sera, degli spot (negli anni Ottanta diventò molto famoso uno spot commerciale di Beppe Grillo per un marca di Yogurt: il comico non diceva nulla, teneva soltanto un barattolo Yomo in mano e alla fine diceva: «E ora provate a mangiare qualcos'altro». Stesso spot verrà rifatto per il Movimento 5 Stelle: Grillo tace e poi dice: «E ora provate a votare qualcos'altro»). Ma questa crescita esponenziale porta con sé anche un altro risultato. Tantissimi cittadini, incuriositi, si avvicinano ai gruppi locali a 5 Stelle. La geografia umana delle realtà locali, così, cambia ancora. I nuovi, in totale buona fede, credono sinceramente alle promesse di Grillo, all'obiettivo salvifico che offre a tutti. I "nuovi", a differenza di molti "storici" – che stremati dalle epurazioni e delle contraddizioni hanno lasciato il campo ai fedelissimi – non hanno una "memoria" che li possa mettere in guarda sui limiti del Movimento. A farla da padrone, così, saranno ancora una volta gli "hub" principali, gli esponenti locali che hanno avuto la benedizione di Casaleggio. E troveranno la loro forza politica, e la loro incisività sul territorio, di molto accresciuta grazie all'arrivo delle nuove leve.

La grande curiosità dell'opinione pubblica sul Movimento porterà perfino Casaleggio, in quell'estate, a uscire allo scoperto con la lettera al «Corriere della Sera». E così, come visto, farà Enirco Sassoon. I programmi televisivi farebbero a botte pur di aver un grillino in studio, urla e comizi di Grillo rimbalzano su ogni media. Se la stampa fa bene il suo lavoro, però, è inevitabile che parte delle contraddizioni che abbiamo raccontato in queste pagine finiscano sotto gli occhi di qualche bravo cronista. E che diventino pian piano pubbliche. In piena estate, l'11 agosto, alla Regione Emilia-Romagna è scoppiato un caso che vede coinvolto proprio il consigliere grillino Favia. Si è scoperto infatti che tutti i gruppi di consiglieri pagano – con soldi pubblici – una emittente locale per farsi intervistare. Molti consiglieri si giustificano spiegando che è una prassi utile per spiegare la propria attività ai cittadini. Pochi rispondono sul fatto che, durante la messa in onda, non viene chiarito che si tratta di spazi a pagamento. Giovanni Favia non si tira indietro e fornisce la sua versione dei fatti. Dice a Silvia Bignami di «Repubblica»: «Avevamo un contratto con 7 Gold per circa 200 euro al mese. Ho sempre richiesto però che nelle interviste a pagamento non mi facessero domande sulla politica nazionale, ma solo sul mio lavoro istituzionale in Regione, come è previsto e consentito dalla legge 150 del 2000. Del resto, la giunta ha 31 giornalisti e 40 comunicatori, noi dobbiamo difenderci e far sapere cosa stiamo facendo». E poi assicura che le spese per le partecipazioni a radio e tv, «sono state tutte pagate coi soldi del gruppo e rendicontate sul nostro sito, dove abbiamo specificato anche che erano interviste a pagamento. Se faremo un altro contratto pretenderemo che anche in tv appaia in sovrimpressione che quella è una comunicazione a pagamento». Basta come giustificazione? Ad alcuni militanti sì, altri hanno dei dubbi. Ma presto interviene Grillo per spiegare come vada valutato il caso, e lo fa con un apposito post pubblicato esattamente il giorno di Ferragosto: «Pagare per andare in televisione per il MoVimento 5 Stelle è come pagare per andare al proprio funerale, anche se è certamente lecito. La mia è un'opinione molto radicata, altri magari ne hanno di diverse». Grillo crea così quello che diventerà un diktat: eletti e militanti non possono andare in tv, pena l'espulsione (come succederà a Federica Salsi). L'ordine naturalmente non vale per il capo che, nonostante tutte le sue chiacchere sulla Rete alla vigilia delle politiche del 2013 annuncerà il suo ritorno sul piccolo schermo.

Il post di Grillo è anche l'ennesimo avvertimento al consigliere dell'Emilia Romagna da tempo nel mirino (politico) di Casaleggio. La situazione, però, è destinata a precipitare di lì a breve. Nella seconda puntata della nuova stagione di *Piazzapulita,* in onda su La7 giovedì 6 settembre, scoppia il caos. È il famoso fuorionda di Giovanni Favia. Il consigliere parla con il giornalista a margine di un'intervista. Non sa di essere registrato, quindi si lascia andare come in una conversazione privata. Le sue parole, allora del tutto inedite, i suoi racconti che risultano lunari rispetto a come Grillo si è raccontato negli anni precedenti, evidenziano molti dei punti che abbiamo cercato di evidenziare in queste pagine. E dette da lui, fino a poco prima uno dei più vicini a Grillo, inevitabilmente segnano un prima e un dopo. Come già scritto il consigliere regionale dirà: «Casaleggio prende per il culo tutti, perché da noi la democrazia non esiste. Grillo è un istintivo, io lo conosco bene: non sarebbe mai stato in grado di pianificare una cosa del genere. I politici, Bersani, non lo capiscono. Non hanno capito che c'è una mente freddissima, molto acculturata, molto intelligente dietro, che di organizzazione, di dinamiche umane e di politica se ne intende». Ma la sua "confessione" non si ferma qua. Continua: «Il problema è su, ai vertici. E quindi, o si levano dai coglioni oppure il movimento a loro gli esploderà in mano. Ma loro stavano già andando in crisi con questo aumento di voti. Come si sono salvati? Con il divieto di andare in tv». Quindi Favia confessa che, nella sua ospitata nella primavera precedente da Santoro, con il conduttore che lo incalzava rispetto al ruolo di Grillo è riuscito anche a «strappare l'applauso» ma dicendo «quello che non pensavo». Non solo, conferma che «Grillo espellendo Tavolazzi ha soffocato nella culla un dibattito che stava nascendo in Rete di contrapposizione alla gestione Casaleggio». Spiega come nei 5 Stelle regole certe non ne esistono, la "legge" à fatta volta per volta con i post estemporanei di Grillo e come nel Movimento non si sia mai votato alcunché: «Le iniziative pubbliche che prende il movimento di fare un referendum o non farlo. Perché su questo hai sempre deciso te e Casaleggio da solo? Non ce n'è stata una». Casaleggio inoltre, tiene ferma la barra del comando: «Controlla dall'alto tutta questa roba. Tutta. Lui quando qualcosa non va telefona, o fa telefonare a Grillo. Il problema è che loro hanno messo in moto una macchina che sarebbe veramente un faro a livello mondiale. Se loro superassero quella complicità che hanno di sistema padronale, sarebbe una bomba incredibile». Poi un ultimo retroscena: «Tra gli eletti ci sono degli infiltrati di Casaleggio. Quindi noi dobbiamo stare molto attenti quando parliamo. Casaleggio è spietato, vendicativo».

Non è solo uno scoop. È un vero e proprio caso. Beppe Grillo, il comico "scomodo" amato dagli italiani, il vendicatore dei cittadini contro l'odiata "casta", appare per la prima volta sotto tutt'altra luce, e platealmente. Per giorni e giorni non si parla d'altro. Favia prima è scosso. Tutto è successo sopra la sua testa ma probabilmente, suo malgrado si è tolto un peso che non riusciva più a reggere: di lì a breve andrà negli studi di Lilli Gruber a *Otto e mezzo* e confermerà ogni cosa. Sul blog di Grillo, intanto, succede di tutto. Per la prima volta, Gianroberto Casaleggio pubblica una nota di suo pugno: «Né io, né Beppe Grillo» scrive «abbiamo mai definito le liste per le elezioni comunali e regionali. Né io, né Beppe Grillo, abbiamo mai scritto un programma comunale o regionale. Né io, né Beppe Grillo abbiamo mai dato indicazioni per le votazioni consiliari, né infiltrato persone nel MoVimento 5 Stelle». Grillo si rifugia in un verso di Fabrizio De André: «Perché non riesci più a volare? Ti senti rinchiuso senza vie di uscita, ma la porta del piccolo locale dove ti trovi (da quanto tempo?) non ha serrature. Se abbassi quella maniglia potrai uscire fuori, ma non lo fai». Eppure la vera risposta a Favia sulle colonne di beppegrillo.it, viene affidata con un escamotage a una terza persona. La firma tale Maurizio Ottomano, "Freelance Journalist", un esponente del Movimento sconosciuto e che presto tornerà nell'anonimato. Dice che Favia non poteva essere all'oscuro della registrazione perché «non è un'anziana signora ottantenne, ignara di qualsiasi marchingegno elettronico, con il panico da telecamera e la voglia di salutare a casa. Il nostro Favia è abituatissimo alle interviste» e afferma che nell'audio del fuorionda si sente l'accensione e lo spegnimento del microfono. Il tutto, è condito con un racconto in stile parabola, «Grillo alla festa del 5 Stelle di Brescia, a Roncadelle per la precisione, apparve abbastanza nervoso e scuro in volto, forse come mai era stato. Disse quasi subito che "anche noi avremo i nostri Scilipoti", intendendo una sorta di sillogismo per un tradimento politico di cui forse sapeva l'esistenza, ma non i termini precisi». Grillo sembra Gesù all'ultima cena.

Eppure, nonostante i tentavi del quartier generale per gettare acqua sul fuoco, l'incendio divampa. Da più parti vengono sviscerati i rapporti tra Grillo e Casaleggio, storici dissidenti, a partire da Tavolazzi, vanno a raccontare la loro verità in tv. L'immagine del comico, non c'è dubbio, è offuscata. Una sensazione confermata da un'iniziativa che Grillo organizza nella sua Parma, a fine settembre, contro l'inceneritore. Da molti è atteso come un test: la città è contenta del suo sindaco? I cittadini accorreranno come una volta a sentire il comico? Le foto che arrivano dalla piazza sembrano dire di no. Tutti i siti e i giornali parlano di "flop". Grillo, che già sul palco è scatenato e urlerà "merde" all'indirizzo dei giornalisti, prende i racconti delle testate come una dichiarazione di guerra, e lancia un'altra delle sue iniziative. La chiama "Intervistiamo i giornalisti" e invita militanti di stretta osservanza a accerchiare i giornalisti durante gli incontri pubblici del 5 Stelle "chiedendo conto" di quanto hanno raccontato. Le domande tipiche sono: «Perché non scrivete la verità?», «Perché vi interessate di noi solo quando ci sono delle polemiche interne?» domande che potrebbero essere sulla bocca di politici di ogni colore. È capitato anche a chi scrive di subire questa "iniziativa" di Grillo, a Bologna, che nell'occasione si è trasformata in una vera aggressione da parte di alcuni facinorosi – poi documentata su YouTube. Ero presente per seguire la prima uscita pubblica di Federica Salsi dopo la reprimenda via blog di Grillo per la partecipazione della consigliera a *Ballarò*. I facinorosi urlavano all'indirizzo della stampa «Vergogna, vergogna» impedendo così alla Salsi di raccontare ai giornalisti l'esatta dinamica dei fatti. Quello lanciato da Grillo è in realtà un tentativo di intimidazione, che però, nonostante gli insulti, non ha finora dato i suoi frutti: la maggior parte dei colleghi hanno continuato a raccontare quello che piaceva e quello che non piaceva a Casaleggio.

In questa fase sembra che Grillo abbia intrapreso una parabola discendente. Ma si sbaglierebbe a sottovalutare l'intelligenza strategica di Gianroberto Casaleggio. Per il 28 ottobre sono fissate le elezioni in Sicilia. Sono l'ultimo test elettorale prima delle politiche. In Sicilia, dai tempi della candidatura di Sonia Alfano, il Movimento è cresciuto e si è strutturato. Le assemblee locali hanno designato come candidato presidente Giancarlo Cancelleri, un geometra di Caltanissetta con le idee chiare e molto efficaci televisivamente. Nell'isola governata prima da Cuffaro e poi da Lombardo, dove sprechi e clientelismo sono una realtà consolidata, i consiglieri regionali si chiamano "onorevoli" e percepiscono anche 21 mila euro al mese, il messaggio di chi promette tagli ai costi della politica fa evidentemente presa. Cancelleri è già stato ospite a *Servizio Pubblico* per presentare una petizione, firmata da 10 mila persone che chiede la riduzione dello stipendio degli "onorevoli" a 3 mila euro, una "cifra più che dignitosa" fa notare giustamente. Grillo è deciso a lasciarsi alle spalle le polemiche del fuorionda per far vedere di che pasta è fatto. L'annuncio arriverà come al solito sul blog: «Le elezioni regionali in Sicilia si terranno il prossimo 28 ottobre. Il MoVimento 5 Stelle si sta preparando. Io arriverò dal "Continente", a nuoto da Reggio Calabria a Messina. Mi sto allenando ogni giorno a Nervi». L'idea di arrivare a nuoto dalla Sicilia per poi, come annuncerà, procedere per due settimane a tappe forzate, spostandosi anche di corsa da una città all'altra, come nel film *Forrest Gump*, è senz'altro geniale. Lo "sbarco" avviene mercoledì 10 ottobre. È una prova di forza straordinaria per Grillo. Si tratta appena di tre chilometri di mare. È vero, inoltre, che imprese simili sono state realizzate negli anni da populisti di estrema destra (a cominciare dall'ex sindaco di Taranto Giancarlo Cito), da Mussolini, da Mao Tse-tung. Ma Grillo ha 64 anni, e gli sono bastati un'ora e diciassette minuti – senza mai fermarsi – per terminare l'impresa. È ovvio inoltre che "la traversata" si porta con sé tutta una serie di metasignificati: il nume tutelare mette in gioco il suo stesso corpo per il bene del Movimento; la Sicilia, di cui pochi si interessano nel continente, torna sui riflettori: elezioni che potevano risultare marginali per il grande pubblico, diventano un banco di prova nazionale. È sicuramente una gran trovata, come enorme sarà la generosità dimostrata da Grillo nel tour che lo porterà ad attraversare l'isola. Con questa impresa si conquisterà anche consensi inaspettati: tutti sembrano diventati grillini, perfino il noto giornalista di destra (quello del caso Boffo) Vittorio Feltri, dichiarerà: «Voto Grillo, mi fa godere come un orgasmo». Il giorno delle elezioni, il risultato di questo sforzo immane si trasferirà dirattmente nelle urne. A diventare presudente è l'ex sindaco di Gela, icona dell'antimafia, Renato Crocetta – che sconta un apparentamento con la "vecchia" politica dell'Udc. Ma la sorpresa è proprio quella del Movimento. Cancelleri, con oltre 350 mila voti, porta a casa il 18,17 per cento delle preferenze. Il Movimento 5 Stelle raggiunge il 14,88: è il primo partito dell'isola. È un'altra rivoluzione, un altro incredibile successo. Gli eletti promettono – cosa che faranno di lì a breve – di tagliarsi lo stipendio (verrà destinato a un fondo per le piccole imprese e il microcredito) e di restituire, come già successo in altre regioni, i rimborsi elettorali che gli spettano di diritto (si tratta di oltre un milione di euro).

Non c'è tempo per riprendersi dalla sbornia però. Tutto cambia ancora. Ad urne ancora calde, Grillo sforna l'ennessimo "comunica politico". Siamo arrivati al numero 53, ed è quello che suscita più scalpore.

Grillo, anche in Sicilia, l'aveva ripetuto in lungo e in largo: «Chiunque si potrà candidare al Parlamento con il Movimento 5 Stelle». L'idea è alla base della retorica grillina: ridare "il potere ai cittadini", come promesso da sempre, porta inevitabilmente ad aprire le porte a tutti. Ma il giorno dopo il boom siciliano, tutto cambia ancora. Con un nuovo post. E un nuovo "comunicato politico". Il 53. Scrive:

> Signori stiamo per affrontare qualche cosa di straordinario, delle elezioni in Parlamento, un Movimento, elezioni via Web, non è mai stato fatto nulla di così straordinario. Facciamo quello che possiamo, le regole sono molte, poi stanno molto attenti se sbagliamo, bisogna non sbagliare nulla. Quindi queste elezioni ci saranno e potranno votare tutti i nostri iscritti, che ovviamente sono quelli che hanno dato la documentazione, mandato la carta di identità, le solite cose che abbiamo chiesto, anche per garantire un po' chi entra, sennò ti entra *Toto u curtu* [Totò Riina, ndr] e poi ce lo hai tutta la vita dentro, Toto u curtu. Chi può essere eletto? Chiunque abbia già fatto una lista, perché più o meno le liste le abbiamo in tutta Italia, quindi per premiare quelli che sono stati con noi per 5 anni, che hanno combattuto sul territorio, che poi non sono stati eletti e si sono candidati. Quindi

chiunque sia stato iscritto a una lista comunale o regionale può candidarsi.

La doccia è gelata. Primo dato (deciso da chi?). Solo chi è iscritto al Movimento potrà votare i candidati al Parlamento. E solo chi si è già candidato non risultando eletto (quindi trombato) potrà correre per andare a Roma. Ma Grillo dice anche qualcosa di più: «Tutte queste cose dovremmo metterle a punto anche insieme, io devo essere il capo politico di un movimento, però io voglio solo dirvi che il mio ruolo è quello di garante, di essere a garanzia di controllare, vedere chi entra, dobbiamo avere soglie di attenzione molto alte. Chi entrerà in Parlamento si toglierà questo nomignolo ormai deleterio di onorevole: macché onorevole! Niente onorevole, sarà Cittadino del MoVimento 5 Stelle, il leader sarà il MoVimento, il leader vero». Insomma, Grillo è finalmente venuto fuori allo scoperto: si definisce capo politico (ma chi si definisce leader non meritava un pso?) e al contempo, «garante» del Movimento. Mette anche le mani avanti, ma ormai il dato è tratto: «Sarà un cambiamento epocale, duro, sbaglieremo, sbaglierò, mi accuserete di qualsiasi cosa, non lo so. Io credo che dovremmo affrontare insieme una grande cosa che stiamo facendo, ce ne renderemo conto tra qualche anno, quindi dateci una mano piuttosto che martellarci, a me e a Casaleggio, di darci delle martellate in testa, dateci consigli, una mano, abbiamo bisogno tutti uno dell'altro. Grazie». La scelta più clamorosa è quella di auto-investirsi "capo politico". Commenterà Gad Lerner su «Vanity Fair»: «Il geniale capo politico del M5S sta riuscendo a far passare sotto silenzio la truffa perpetrata ai danni dei cittadini che aveva illuso promettendo l'invenzione di una politica costruita dal basso». Non solo. Sui territori non sono pochi i malumori per una scelta così restrittiva, chiusa soltanto a militanti e iscritti. Dalla base inoltre, non c'è modo di contestarla, di ribadire il carattere originario dei 5 Stelle e le promesse fatte per tanti anni. Un militante storico di Napoli, Luca, mi racconta via mail il suo tentativo di esprimere ogni contrarietà alla autonomina di Grillo durante una riunione locale molto partecipata sulle elezioni politiche. Nelle sue poche righe Luca racconta in modo esemplare tutte le contraddizioni e le manipolazioni che anche i militanti periferici hanno imparato a usare e a gestire o, nel caso di Luca, a subire.

«Come al solito, durante la riunione, le stesse persone che professano l'inesistenza di ruoli e deleghe, all'occorrenza si auto-conferiscono il ruolo di Guida spirituale del MoVimento per spiegarci anche il concetto di Rete. Così ci informano, ad esempio, che la rete sarebbe il nuovo organo sovrano del MoVimento. Piuttosto che votare in sala una mozione scomoda, come la richiesta che Grillo receda dalla sua auto nomina a capo politico del MoVimento avanzata da me, col rischio di ottenere una decisione non gradita, le persone che oggi percepiscono il MoVimento Napoli come una propria creatura si arrogano il diritto di delegittimare l'assemblea e spostare la sovranità dalla base alla rete. Qual è la differenza? Il voto immediato per alzata di mano produce un risultato inequivocabile. La rete, invece, è fumo. Esercitare la sovranità facendo rete, come costoro pretenderebbero, significa tornare a casa, mettersi davanti a un computer, scrivere un post sul forum di Grillo (che non nasce a questo scopo), cercare di collezionare tanti "Mi piace" facendo magari un po' di propaganda su Facebook e sperare, infine, che Grillo voglia prendere in considerazione quella "proposta". Tra "facoltà di avanzare proposte" e "sovranità", a mio avviso c'è una enorme differenza». Naturalmente, non c'è modo per giornalisti, attivisti, simpatizzanti, semplici cittadini, per interrogare Grillo su questi temi.

Al comunicato 53 che arriva come un dato di fatto, seguono numerose istruzioni per le candidature e per le elezioni – *Casaleggum* verrà rinominato ironicamente questo meccanismo elettorale. Viene fornito un "codice di comportamento degli eletti del MoVimento 5 Stelle in Parlamento" con gli obblighi dei parlamentari grillini (tra cui «Votazioni parlamentari motivate e spiegate giornalmente con un video pubblicato sul canale YouTube del MoVimento 5 Stelle») e impegni cogenti: «I parlamentari sono tenuti al rispetto dello Statuto, riferito come Non Statuto»; ce n'è perfino per gli appellativi: «I parlamentari dovranno rifiutare l'appellativo di "onorevole" e optare per il termine "cittadina" o "cittadino"». Ci sono, anche se pochi se ne sono accorti, norme che fanno sì che nessuno, tra i parlamentari 5 Stelle, possa affermarsi per le sue capacità e il suo lavoro. È prevista infatti obbligatoriamente una «rotazione trimestrale del capogruppo e portavoce a Camera e Senato con persone sempre differenti, la scelta dei capogruppo sarà operata dai gruppi di Camera e Senato». Viene anche affermato che il Movimento rinuncerà a chiedere i rimborsi elettorali: secondo i sondaggi, dice Grillo, dovrebbe trattarsi di 100 milioni di euro. Sono tutti impegni inderogabili: nel "codice di comportamento" c'è una norma che prevede un solo caso di espulsione, ovvero quello in cui il parlamentare non rispetti lo stesso codice di comportamento: «I parlamentari del M5S riuniti, senza distinzione tra Camera e Senato, potranno per palesi violazioni del Codice di Comportamento, proporre l'espulsione di un parlamentare del M5S a maggioranza. L'espulsione dovrà essere ratificata da una votazione on line sul portale del M5S tra tutti gli iscritti, anch'essa a maggioranza». Questo vale per tutte le norme imposte dal codice di comportamento, compresa quella che vedremo a breve.

Intanto, il 25 novembre 2012 si svolgono le primarie del Partito democratico che devono designare il candidato presidente del Consiglio dello schieramento progressista. Per la prima volta, la contesa è reale, aperta, tra ben cinque concorrenti: Bersani, Renzi, Vendola, Puppato, Tabacchi. Il sindaco di Firenze è impegnato con ogni sforzo per strappare la vittoria e "rottamare" la vecchia classe dirigente del partito. È un momento di grande effervescenza, di attenzione del Paese sulle dinamiche del partito guidato da Bersani. Al primo turno partecipano oltre tre milioni di elettori, al secondo, domenica 2 dicembre, a decretare la vittoria di Pierluigi Bersani saranno oltre due milioni e mezzo. Grillo dopo il primo turno è già intervenuto a gamba tesa: «Le primarie dei folli sono un bromuro sociale, un calmante» scrive. Ma è alla vigilia del secondo turno che si fa di nuovo vivo. Lancia, finalmente, le "Parlamentarie". Ovvero le tanto annunciate votazione online. Si tratta delle prima volta che su Internet si vota qualcosa per il Movimento. «1.400 candidati parteciperanno la prossima settimana alle elezioni online del MoVimento 5 Stelle – le istruzioni di Grillo -. Tutti coloro che hanno accettato la candidatura si sono in precedenza presentati alle elezioni comunali o regionali per il M5S, non hanno precedenti penali, non sono in carica come sindaci o consiglieri, non hanno fatto due mandati. Può votare chi è iscritto al M5S al 30/9/2012 e ha inviato i suoi documenti di identità digitalizzati. Ogni votante ha a sua disposizione tre preferenze da attribuire a candidati della sua circoscrizione elettorale, al cui elenco viene indirizzato al momento del voto». È la conferma di una scelta "minimal". Nessuno sa quanti siano gli iscritti al Movimento, nessuno sa quanti siano gli iscritti "certificati", ovvero quelli che potranno votare; nessuno ha accesso agli elenchi dei votanti, non sono previste figure "terze" che possano vigilare sul voto. Tutto passa attraverso gli uffici (e i server) della Casaleggio Associati. Solo una volta chiuse le consultazioni – durante le quali non mancano alcuni problemi informatici per la tenuta del sito – verranno forniti i numeri sul blog: «Oggi si sono concluse le Parlamentarie, le votazioni per le liste dei candidati a 5 Stelle per il Parlamento italiano. I voti disponibili erano circa 95.000 per 1.400 candidati presenti in tutte le circoscrizioni elettorali incluse quelle estere. Dai primi dati si vede una netta affermazione delle donne, infatti su 31 capilista 17 sono donne, il 55 per cento». Il dato molto basso dei partecipanti alla Parlamentarie lascia tutti attoniti. 95 mila voti in totale, diviso tre preferenze a testa, porta al risultato di poco più di 30 mila votanti (e perciò di 30 mila iscritti al Movimento), di fatto gli abitanti di una piccola città, o un grosso paese. A scegliere quelli che potrebbero diventare circa 100 parlamentari, onorevoli e senatori, sono stati una manciata di persone, altro che "i cittadini" contrapposti alla "casta"; se una «investitura popolare dal basso» c'è stata, è stata molto molto ridotta. Non è un caso quindi che i candidati grillini più votati nelle singole circoscrizioni raccolgano in tutto poche centinaia di voti a testa. Giulia Sarti, che arriva prima in Emilia-Romagna conquistando il posto di capolista, ha preso in tutto 280 voti; pochi di più la capolista nel Lazio, la più votata in assoluto, Federica Daga. Grillo, inoltre, non pubblica il numero assoluto di voti presi dai singoli candidati, ma solo l'ordine di lista. Vengono fuori, inoltre, varie candidature dal forte odore di "nepotismo": in Sicilia è entrata in ottima posizione Azzurra Cancelleri, sorella dell'ex candidato presidente a 5 Stelle, Giancarlo; in lista nella circoscrizione estero è finita anche la fidanzata del leader napoletano Roberto Fico, Yvonne De Rosa: se Grillo aveva sempre preso la coppia Pietro Fassino-Anna Serafino, marito e moglie, entrambi in Parlamento, come caso di mala politica, anche il suo movimento avrà la coppia parlamentare.

Piovono critiche dappertutto. Anche i video che molti dei 1400 candidati hanno realizzato per presentarsi ai loro elettori, hanno scatenato un'ondata di ironia on e off line: appare evidente che Grillo non dispone di alcun ceto politico, che i suoi seguaci hanno una preparazione improvvisata e nessuna competenze da spendere: la buona volontà e l'onestà possono bastare per governare un Paese?

Le critiche non lasciano indifferenti Grillo e Casaleggio. Nel loro stile, però, non reagiscono chiarendo la situazione, le loro scelte, magari giustificando il loro errore con l'enorme sforzo messo in campo per mettere in piedi la macchina organizzativa. No. Rispondono con un post e per chi non avesse capito, (e per finire sui telegiornali) replicano lo stesso concetto con un video di Grillo. I toni sono durissimi. I concetti di una chiarezza cristallina.

Tre cose fondamentali abbiamo fatto con queste votazioni. Una è che abbiamo dato un voto libero e da questo voto libero è nata una cosa che voglio sottolineare: il voto alle donne. Se il voto fosse sempre stato libero, in Parlamento oggi avremmo molte più donne che uomini. La seconda cosa è il permettere di conoscere i candidati, che forse andranno in Parlamento, 3 mesi prima in modo che tu puoi andare lì, discutere, conoscerli, votarli o non votarli. Consigliarli o maledirli. E la terza cosa è che non abbiamo speso un euro. Tutto a costo zero. A chi dice che non c'è stata democrazia perché i voti sono stati pochi io faccio una domanda: quanti voti ha preso ognuno dei mille parlamentari oggi in Parlamento? Chi ha deciso di quella gente lì? Ve lo dico io: 5 segretari di partito. Non venite a rompermi i coglioni (a me!) sulla democrazia. Io mi sto stufando. Mi sto arrabbiando. Mi sto arrabbiando seriamente. Abbiamo una battaglia, abbiamo una guerra da qui alle elezioni. Finché la guerra me la fanno i giornali, le televisioni, i nemici quelli veri va bene, ma guerre dentro non ne voglio più. Se c'è qualcuno che reputa che io non sia democratico, che Casaleggio si tenga i soldi, che io sia disonesto, allora prende e va fuori dalle palle. Se ne va. Se ne va dal MoVimento. E se ne andrà dal MoVimento. Noi dobbiamo avere una forza unita per arrivare a fare un risultato che mai potevamo aspettarci di avere. Abbiamo poco tempo e le nostre forze devono essere indirizzate su queste cose, sulle cose reali, sul Programma, su quello che porteremo avanti, sulla campagna che ci aspetta. All'ultimo sangue. Siamo in una guerra. Siamo con l'elmetto, così come siamo partiti. Chi è dentro il MoVimento e non condivide questi significati e fa domande su domande e si pone problemi della democrazia del MoVimento va fuori! Va fuori dal MoVimento. Non lo obbliga nessuno. E andranno fuori.

Il messaggio lascia attoniti. Il leader-megafono, quello che era solo "garante" del Movimento ora non accetta più alcuna critica: «Non venite a rompermi i coglioni (a me!) sulla democrazia. Io mi sto stufando. Mi sto arrabbiando. Mi sto arrabbiando seriamente». E nel movimento nato chiedendo la diretta streaming dei Consigli Comunali, a chi chiede più trasparenza risponde: «Chi è dentro il MoVimento e non condivide questi significati e fa domande su domande e si pone problemi della democrazia del MoVimento va fuori! Va fuori dal MoVimento». Non solo, viene anche usato il classico pretesto da sempre preso a prestito dai regimi in ogni epoca e a ogni latitudine per procedere con una stretta autoritaria: quella dell'emergenza. «Siamo in una guerra. Siamo con l'elmetto». Se si è in trincea cosa volete che contino tutte le promesse fatte finora? Si combatte e basta, seguendo gli ordini del capo. Di lì a breve le minacce diventeranno realtà: Federica Salsi e Giovanni Favia saranno espulsi dal Movimento (quest'ultimo aveva scritto a Grillo subito dopo il fuorionda: «Che fai mi cacci?» citando il dito alzato di Fini di fronte a Berlusconi. Finirà proprio così e Favia deciderà di correre alla Camera nelle liste di Rivoluzione civile guidate dall'ex pm Antonio Ingroia). Altri militanti seguiranno.

Certo, questa rabbia di Grillo contro i suoi è davvero inedita. Fino ad allora i suoi strali era tutti concentrati sul nutrito novero di istituzioni e personalità da lui ritenute nemiche. Adesso il nemico lo vede in casa, tra le sue file, tra i suoi «ragazzi straordinari». A cosa si deve questo livore? E c'è un'altra questione che non quadra. Riguarda gli stipendi che prenderanno i parlamentari a 5 Stelle. Anche questo è stato imposto da Grillo con il Codice di comportamento. Alla voce «trattamento economico» è infatti deciso quanto segue: «L'indennità parlamentare percepita dovrà essere di 5 mila euro lordi mensili, il residuo dovrà essere restituito allo Stato insieme all'assegno di solidarietà (detto anche di fine mandato). I parlamentari avranno comunque diritto a ogni altra voce di rimborso tra cui diaria a titolo di rimborso delle spese a Roma, rimborso delle spese per l'esercizio del mandato, benefit per le spese di trasporto e di viaggio, somma forfettaria annua per spese telefoniche e trattamento pensionistico con sistema di calcolo contributivo». L'indennità del parlamentare è quindi limitata a 5 mila euro. Ma come Grillo e i suoi militanti ci hanno spiegato in questi anni a ogni pie' sospinto, il grosso dell'incasso di ogni parlamentare non dipende dall'indennità, ma da tutta l'altra serie di voci, rimborsi e diarie, che vanno a gonfiare lo stipendio a fine mese. I parlamentari grillini, insomma, si taglieranno sì lo stipendio, ma quanto porteranno a casa, sarà molto molto di più di quanto prevede lo stesso programma ufficiale del Movimento («Stipendio parlamentare allineato alla media degli stipendi nazionali»). Alla fine il "cittadino" grillino in parlamento porterà a casa 11.283 euro netti al mese (i 2.500 euro netti dei 5000 lordi di indennità, più 3.503 euro di diaria, 3690 euro per le spese di esercizio di mandato, 1.331 euro al mese per le spese di viaggio per chi vive a più di 100 km da Roma, 258 euro per il telefono). Tutti gli altri onorevoli, di qualsiasi schieramento, portano a casa 13.783 euro netti ogni mese, appena 2500 euro di più. Se si considera poi che molti parlamentari non grillini girano una parte del loro stipendio al partito, si potrebbe arrivare al paradosso che i parlamentari 5 Stelle saranno quelli che incasseranno di più in tutto il Parlamento. Perché questa scelta? Perché queste decisioni? Perché chiudere le elezioni interne a un pugno di fedelissimi, perché scegliere come candidati solo figure già sconfitte a precedenti elezioni, e quindi probabilmente con meno appeal sul territorio di tanti loro colleghi? Perché non dare massima trasparenza alle Parlamentarie? Perché far ruotare ogni tre mesi i capogruppo, perché "pagare" così tanto i parlamentari? La risposta c'è, ed è quella che non ti aspetti. Si trova in un accordo cogente fatto firmare a ogni candidato. Se ne sono accorti in pochi, nonostante alcuni quotidiani (come «Pubblico») ne abbiamo scritto. A Ivano Mazzacurati, un militante di Bologna che a *Servizio Pubblico* denunciò questa vicenda, rispose Gianroberto Casaleggio sul blog agitando l'ascia di guerra: «In un'intervista trasmessa da *Servizio Pubblico* la scorsa settimana Ivano Mazzacurati ha affermato che Casaleggio prenderà i soldi destinati ai gruppi parlamentari del MoVimento 5 Stelle. La notizia è falsa e offensiva. Ho dato disposizioni ai miei legali per querelare Ivano Mazzacurati e il direttore di rete de La7». Di certo questa minaccia ha aiutato a mettere a tacere molte bocche. Noi non possiamo stare zitti. E dobbiamo rendere conto di questo "patto" a cui sono obbligati i parlamentari grillini. Non potremmo fare altrimenti: è questa la vicenda che "chiude il cerchio" e dà un senso compiuto a quanto scritto in queste pagine. È probabilmente questo accordo che ha convinto il sottoscritto che qualcosa nel Movimento non andava, e che era necessario raccontarne il lato oscuro.

Per candidarsi in Parlamento con il Movimento 5 Stelle era obbligatorio, avendo i requisiti richiesti, compilare un modulo online con i propri dati, le proprie generalità e acconsentire ad una serie di impegni. Tra questi, era obbligatorio accettare ufficialmente una richiesta ben specifica. Se non si apponeva la propria firma in calce a questo accordo, la candidatura non sarebbe stata accettata. Non c'era modo di svincolarsi: o dentro o fuori. Cosa dice questo patto? La stessa cosa che poi è finita direttamente nel "codice di comportamento. Eccola di seguito.

Costituzione di "gruppi di comunicazione" per i parlamentari del M5S di Camera e Senato
Il Regolamento della Camera dei Deputati e del Senato prevede che a ciascun gruppo parlamentare vengano assegnati dall'Ufficio di Presidenza contributi da destinarsi agli scopi istituzionali riferiti all'attività parlamentare, nonché alle "funzioni di studio, editoria e comunicazione ad essa ricollegabili". La costituzione di due "gruppi di comunicazione", uno per la Camera e uno per il Senato, sarà definita da Beppe Grillo in termini di organizzazione, strumenti e di scelta dei membri, al duplice fine di garantire una gestione professionale e coordinata di detta attività di comunicazione, nonché di evitare una dispersione delle risorse per ciò disponibili. Ogni gruppo avrà un coordinatore con il compito di relazionarsi con il sito nazionale del M5S e con il blog di Beppe Grillo. La concreta destinazione delle risorse del gruppo parlamentare ad una struttura di comunicazione a suppor-

to delle attività di Camera e Senato su designazione di Beppe Grillo deve costituire oggetto di specifica previsione nello Statuto di cui lo stesso gruppo parlamentare dovrà dotarsi per il suo funzionamento. È quindi necessaria l'assunzione di un esplicito e specifico impegno in tal senso da parte di ciascun singolo candidato del M5S al Parlamento prima delle votazioni per le liste elettorali con l'adesione formale a questo documento.

Cosa vuol dire tutto ciò? La risposta è spiazzante, questo documento ricorda molto, nei toni e nelle finalità, la denuncia fatta da alcuni attivisti in riferimento ai famosi rimborsi – poi saltati – per il referendum sulla stampa lanciato al V-Day2. Ebbene va spiegato che in Parlamento deputati e senatori si dividono nelle rispettive Camere, in gruppi parlamentari. Alla Camera i partiti con almeno venti deputati - al Senato ne bastano dieci - formano appunto il gruppo parlamentare del partito: ogni formazione ne ha uno, chi non arriva a 20 deputati o a 10 senatori, confluisce nel gruppo misto. Cosa fa un gruppo? Ogni Camera mette a disposizione dei gruppi varie risorse per poter svolgere il proprio lavoro. Maggiore il numero di parlamentari, maggiore la dotazione ad ogni gruppo. Per risorse si intendono uffici, personale ma, soprattutto, risorse economiche. Molto ingenti. Il regolamento della Camera dei Deputati prevede: «È assicurato annualmente a ciascun Gruppo un contributo finanziario a carico del bilancio della Camera» si tratta in particolare di contributi finalizzati «esclusivamente agli scopi istituzionali riferiti all'attività parlamentare e alle funzioni di studio, editoria e comunicazione ad essa ricollegabili, nonché alle spese per il funzionamento degli organi e delle strutture dei Gruppi».

La dicitura è identica a quella fatta firmare da Grillo-Casaleggio ai candidati. Stesse disposizioni nel regolamento del Senato che prevede risorse per i Gruppi «destinate esclusivamente agli scopi istituzionali riferiti all'attività parlamentare e alle attività politiche ad essa connesse, alle funzioni di studio, editoria e comunicazione ad esse ricollegabili».

Quindi? Quindi vuol dire che Grillo e Casaleggio, facendo firmare quell'impegno ai loro candidati, hanno obbligato chi verrà eletto in Parlamento a delegare a loro due la gestione di quei fondi. Parliamo di somme ingenti. Visto che lo stesso Grillo prevede l'elezione di "circa cento parlamentari" potrebbero arrivare anche a 5 milioni di euro ogni anno. E cosa ne faranno di questi soldi? Qualcosa che un po' inquieta: «una struttura di comunicazione a supporto delle attività di Camera e Senato su designazione di Beppe Grillo» che sarà definita «da Beppe Grillo in termini di organizzazione, strumenti e di scelta dei membri». Vuol dire che finalmente, Grillo, e soprattutto Gianroberto Casaleggio, avranno fondi ingentissimi per installare i propri uomini a Roma (qualcuno dello "staff"?) che possano controllare da vicino i parlamentari eletti e in grado di portare alla massima potenza la guerra digitale grillina. Visto quanto detto in queste pagine, leggere di «gestione professionale e coordinata di detta attività di comunicazione» non fa pensare a niente di buono. Il tutto nella Capitale, con un guinzaglio strettissimo intorno al collo dei parlamentari tirato da Milano e da Genova: «ogni gruppo avrà un coordinatore con il compito di relazionarsi con il sito nazionale del M5S e con il blog di Beppe Grillo». E il tutto, la beffa finale, con fondi pubblici, li stessi da sempre nel mirino del Movimento 5 Stelle.

Questa misura non solo è grave perché finirà per limitare la libera di numerosi parlamentari della Repubblica italiana imponendo loro un vincolo di mandato: onorevoli e senatori dovrebbero rispondere ai cittadini italiani, non solo a due persone. Ma ancora di più perché, guardando indietro, tutto l'edificio casaleggesco sembra essere in piedi solo per arrivare a questo scopo. Non si spiegano altrimenti le "strane" scelte viste prima. Perché ridurre di così tanto la base degli elettori grillini? Perché restringere ancora di più le candidature? Forse per evitare qualche testa troppo "calda", troppo autonoma. Fose per buttare dentro solo persone fidate e in qualche modo "miracolate", che molto, moltissimo dovranno a Grillo e Casaleggio per il loro sbarco a Roma. Perché garantire uno stipendio così alto ai parlamentari grillini? Forse per assicurare così una sorta di scambio: voi guadagnate di più, noi gestiamo i vostri fondi.

Quello che preoccupa di questa situazione è il cambio di atteggiamento all'interno del Movimento. Abbiamo visto che, nel 2008, ai tempi del referendum sulla stampa lanciato da Grillo, Serenetta Monti e gli altri responsabili del comitato promotore risposero No! alla richiesta della Casaleggio Associati di delegare a Grillo la gestione dei rimborsi referendari. Nel 2012, quattro anni dopo, in seguito ai vari repulisti, dik-tat, espulsioni, minacce, nessuno dei 1400 candidati grillini al Parlamento ha avuto il coraggio di denunciare l'accordo capestro che gli è stato sottoposto. Nessuno candidato si è rifiutato di firmare. Certo, tra i candidati ci sono molte teste pensanti. E alcuni, vicini ai dissidenti, aspettano solo di arrivare a Roma per poi, da una posizione di forza, mettere in discussione la gestione padronale Grillo-Casaleggio. Vedremo.

Certo che di tutta questa storia, di questo Movimento che come disse Favia "poteva essere un faro a livello mondiale", sul piatto è rimasto davvero poco.

Le conclusioni le lascio a Valentino Tavolazzi e a una sua nota del gennaio 2013 con cui, annunciando che lui e altri proveranno a ricominciare seguendo altre strade, illustra tutta la sua amarezza. Numerosi *pasdaran* in difesa di Grillo chiedono spesso: «Dove sarebbero i Favia, i Tavolazzi, le Salsi, senza Beppe Grillo?». La domanda a mio avviso va ribaltata. Dove sarebbero Grillo e Casaleggio se persone comuni, cittadini stufi della solita politica, non si fossero spesi in prima persona, non avessero dedicato tempi e risorse a banchetti, incontri, dibattiti, attività sul territorio? Cosa ne sarebbe stato di Grillo senza i grillini? Anche a questo quesito risponde la lettera di Tavolazzi. È una lettera amara: sprizza delusione ad ogni sillaba. Non possono che essere queste parole l'epilogo migliore per la storia che abbiamo raccontato.

M5S, UN SOGNO SVANITO, UNA SPERANZA CALPESTATA
nota Facebook di Valentino Tavolazzi, 19 gennaio 2013
Il sogno del M5S è svanito nella delusione. Se ne sono incaricati i fatti che hanno calpestato la speranza. Quello che doveva essere un progetto politico rivoluzionario e dal basso, governato dai cittadini con il metodo della democrazia diretta, si è rivelato una cinica operazione di marketing politico, concepita da un'azienda e sviluppatasi grazie alla straordinaria capacità di attrazione di Beppe e all'impegno, dedizione e buona fede di migliaia di cittadini che hanno creduto a ciò che urlava nelle piazze. Dopo il pionerismo iniziale, nel quale, sui voti da conquistare, prevaleva la sfida del cambiamento culturale e dell'innovazione delle proposte per migliorare la vita delle comunità (città, regioni), sono arrivati la

deriva populista, il fine giustifica i mezzi, il consenso a tutti i costi per le poltrone, l'arruolamento degli adepti prendendoli per la pancia, il dominio della comunicazione sui contenuti. E dentro al Movimento sono arrivate le espulsioni, le promesse di democrazia disattese, l'arroganza di una direzione manageriale basata sul "colpire pochi per educarne molti", gli influencer, il dominio della rete. Infine il Casaleggium. Importa poco se il prodotto sfornato dal cofondatore del Movimento sia meglio o peggio del marciume dei partiti. Il tema non è se il M5S esca vincente o perdente dal paragone con Pd, Pdl o Idv oggi nascosto dietro a Ingroia. Il disastro consiste nel fatto che il Movimento 5 Stelle è tutt'altro rispetto a ciò che doveva essere. Chi ci ha creduto, per anni ha raccontato balle ai cittadini che venivano ai banchetti o alle iniziative politiche. C'è chi lo ha fatto nei consigli comunali e regionali (gli eletti del M5S). Spiace constatarlo, ma fatichiamo a fare la differenza, e lo dico con grande rispetto per chi vi è impegnato, anche nei pochi luoghi in cui governiamo. Un enorme fallimento. Un disastro per la speranza di quegli italiani che volevano cambiare il paese. Una presa per il culo di attivisti ed eletti, che hanno creduto nel sogno e dedicato un pezzo della loro vita al tentativo di realizzarlo. Grazie Casaleggio e grazie anche a te Beppe, che non hai saputo evitare il disastro. Adesso, per chi ne ha voglia e può contare sull'energia rimasta, non rimane che ripartire da zero. O da dove eravamo rimasti.

Grillo ha presentato la lista del Movimento 5 Stelle al Viminale l'11 gennaio 2013. Le liste sono accompagnate dal simbolo del Movimento (di cui Grillo detiene il copyright) e dal programma ufficiale (scritto sostanzialmente tutto da lui).

Arrivati alla fine di questo percorso devo fare una confessione. A me piace Beppe Grillo. Sinceramente. Davvero. Mi fa ridere, a volte mi fa riflettere. La sua è da sempre una figura vicina, familiare. Uno dei miei primi ricordi riguarda proprio lui - è un ricordo (ahimè) televisivo. Ero ancora un bambino, avrò avuto sei o sette anni, e in un "Fantastico" o in qualche trasmissione del genere ricordo Beppe che camminava su una... pizza. Sì esatto! Una enorme pizza lunga almeno cinque metri, fumante. Ci camminava sopra, a piedi nudi, come avrebbe potuto fare su dei carboni ardenti. La gente tutto intorno lo applaudiva e lo incitava: «Gnam, gnam» scandiva con lui il pubblico in studio.

Non solo. Quando vedo, leggo e ascolto Beppe Grillo, ancora oggi, lo sento a volte esprimere dei concetti condivisibili, farsi interprete di alcune battaglie che anche a me sono care. Fino a quando non arriva all'insulto gratuito, all'umiliazione dell'avversario, alla bufala belle e buona, le sue suggestioni stimolano, fanno riflettere. E non si può dire che la sua azione, fino a quando è rimasta in un alveo "culturale" e sociale, non abbia avuto anche del buono. Se in Italia si è tornati a parlare di onestà e moralità nella politica e nella vita pubblica, di "impresentabili" in Parlamento, di sprechi e privilegi, lo si deve anche alle sue campagne. Un mio caro amico, storicamente di sinistra, subito prima delle elezioni 2013 mi ha fatto una confessione: «Io voterò il Pd, e lo farò grazie a Grillo». Una frase sibillina, che racconta molto: se il Movimento 5Stelle non avesse imposto all'agenda mediatica i classici temi grillini, probabilmente la politica tutta – e alcuni partiti come quello di Bersani in particolare - non sarebbe riuscita a fare un passo avanti nel senso di una proposta "migliore" da offrire ai cittadini.

Eppure, nonostante tutto questo, più di Beppe Grillo, mi sempre è piaciuta sopra ogni altra la figura del "dissidente". Il vocabolario Sabatini-Colletti spiega che il "dissidente" è colui che «non si uniforma alle idee e alla prassi di una maggioranza, manifestando il proprio dissenso». In questa parola ci ho sempre visto il senso della modernità, da un punto di vista storico. Dopo la rivoluzione francese, un uomo è libero quando può dire di no. Un uomo è libero quando può esprimere le sue idee su un potere che lo opprime e vorrebbe uniformare persone e pensieri; è libero quando ha la possibilità di esporre criticità e dubbi su una proposta politica, su un sistema di potere, perfino su un credo religioso. Là dove un dissidente può dire quello che pensa, e comportarsi di conseguenza, senza il rischio di essere screditato, svillaneggiato, accusato, là c'è vera democrazia. Così non è stato per il Movimento.

In Rete, l'abbiamo capito, non tutti siamo uguali, non tutti abbiamo la stessa visibilità, lo stesso impatto, la stessa occasione di dire la nostra. Per questo era giusto che anche "un'altra storia" del Movimento 5 Stelle venisse raccontata, che anche le ragioni dei dissidenti che non si sono "uniformarti alle prassi" imposte da Gianroberto Casaleggio, venissero inquadrate in una cornice generale non sottoposta alle manipolazioni via blog.

La lotta tra bene e male è e sarà sempre alla base dell'esistenza degli esseri umani. È ingenuo e fuorviante pensare che un giorno, su questa terra, approderemo in un mondo nuovo, che si chiami Gaia o Pandora, nel quale tutti vivremo in pace, in giustizia, nel quale i conflitti saranno azzerati. La dialettica, il confronto, i dubbi, sono ciò che fanno avanzare l'umanità. Il ragionamento, l'approfondimento, lo scambio delle idee, sono ciò che ci fa progredire. E i lati oscuri, dove ci sono, vanno raccontati sempre. «Il vigore di un Jedi scaturisce dalla Forza, ma attento al Lato Oscuro! Rabbia, paura, violenza: sono loro il Lato Oscuro! Veloci ti raggiungono quando combatti! Se anche una sola volta la strada buia tu prendi, per sempre essa dominerà il tuo destino!» insegna il maestro Yoda. E sempre, in qualsiasi epoca, cavalieri Yedi saranno necessari per combattere ogni lato oscuro, ovunque esso si nasconda.

Indice

Questa parte di albero
è diventata libro
sotto i moderni torchi
di PuntoWeb, Ariccia (Rm)
nel mese di gennaio 2013.
Possa un giorno
dopo aver compiuto il suo ciclo
presso gli uomini desiderosi di conoscenza
ritornare alla terra
e diventare nuovo albero.